JAMES BOND

007

EISBRECHER

von

JOHN GARDNER

Ins Deutsche übertragen
von Stephanie Pannen und Anika Klüver

Die deutsche Ausgabe von JAMES BOND – EISBRECHER
wird herausgegeben von Amigo Grafik, Teinacher Straße 72, 71634 Ludwigsburg.
Herausgeber: Andreas Mergenthaler und Hardy Hellstern,
Übersetzung: Anika Klüver und Stephanie Pannen;
verantwortlicher Redakteur und Lektorat: Markus Rohde;
Lektorat: Katrin Aust und Gisela Schell; Satz: Rowan Rüster/Amigo Grafik;
Cover Artwork: Michael Gillette. Printausgabe gedruckt von
CPI Moravia Books s.r.o., CZ-69123 Pohorelice.
Printed in the Czech Republic.

Titel der Originalausgabe: JAMES BOND – ICEBREAKER

IAN FLEMING PUBLICATIONS LIMITED

Print ISBN 978-3-86425-454-3 (März 2015)
E-Book ISBN 978-3-86425-465-9 (März 2015)

WWW.CROSS-CULT.DE · WWW.IANFLEMING.COM

ÜBER DEN AUTOR

John Gardner war ein britischer Spionageroman- und Krimiautor. 1979 erhielt er von Glidrose Publications (heute Ian Fleming Publications) offiziell den Auftrag, Ian Flemings Vermächtnis weiterzuführen und neue James-Bond-Abenteuer zu schreiben. Zwischen 1981 und 1996 schrieb Gardner vierzehn eigene James-Bond-Romane und die Bücher zu zwei James-Bond-Filmen.

Bevor er in den frühen 1960ern eine Karriere als Romanschriftsteller begann, war John Gardner als Zauberkünstler, Offizier der königlichen Marine, Journalist und für kurze Zeit auch als Priester der Anglikanischen Kirche tätig. Gardner erschuf viele beliebte Figuren wie zum Beispiel Boysie Oakes und Herbie Kruger und verfasste insgesamt fünfundfünfzig Romane – darunter zahlreiche Bestseller –, bevor er im August 2007 verstarb.

Weitere Informationen finden sich auf *www.john-gardner.com* oder der Webseite für Ian Fleming: *www.ianfleming.com*.

INHALT

ANMERKUNG DES AUTORS

Ich möchte gern allen danken, die mich bei der Vorbereitung für dieses Buch tatkräftig unterstützt haben. Zuerst meinen guten Freunden Erik Carlsson und Simo Lampinen, die mich am Polarkreis ertragen haben. John Edwards, der mir vorschlug, nach Finnland zu gehen, und es möglich machte. Ian Adcock, der nie die Geduld verlor, sondern gelassen blieb, als ich ihn während einer Reise quer durch den Norden Finnlands – Anfang Februar 1982 – nicht ein, sondern drei Mal in eine Schneeverwehung führte.

Mein Dank geht außerdem an den Diplomaten unter den finnischen Gentlemen, Bernhard Flander, der das Gleiche mit mir machte, allerdings an einem wesentlich unangenehmeren Ort – direkt an der finnisch-russischen Grenze. Wir beide danken dem finnischen Militär dafür, dass sie uns da rausgeholt haben.

Diese Danksagung wäre nicht komplett, ohne Philip Hall zu erwähnen, der mich die ganze Zeit über enorm unterstützt hat.

JOHN GARDNER, 1983

1

DER TRIPOLI-ZWISCHENFALL

Der militärische Handelsmissionskomplex der Sozialistischen Volksrepublik Libyen liegt etwa fünfzehn Kilometer südöstlich von Tripoli. Der Komplex ist nah an der Küste angesiedelt und gut vor neugierigen Augen verborgen. Von allen Seiten ist er durch süß duftenden Eukalyptus, ausgewachsene Zypressen und große Kiefern abgeschirmt. Aus der Luft könnte man ihn leicht für ein Gefängnis halten. Der nierenförmige Bereich ist von einer Begrenzung aus drei einzelnen sechs Meter hohen Sturmschutzzäunen umgeben, auf denen oben jeweils noch einmal ein Meter Stacheldraht und Elektrozaun befestigt sind. Nachts laufen Hunde in den Gängen zwischen den Zäunen auf und ab, während reguläre Patrouillen den äußeren Bereich in Cascavel-Panzerfahrzeugen umrunden. Die Gebäude innerhalb der Anlage sind in erster Linie funktional. Es gibt niedrige Baracken aus Holz für die Sicherheitskräfte. Zwei komfortablere Bauwerke dienen als »Hotels« – eins für ausländische Militärdelegationen, das andere als Unterkunft für ihre libyschen Kollegen.

Zwischen den »Hotels« steht ein beeindruckender einstöckiger Block. Seine Wände sind über einen Meter dick, doch ihre Stabilität wird durch die pinke Stuckverkleidung und die verzierte Fassade verborgen. Stufen führen zu einem Haupteingang, und das Innere wird durch einen einzigen Korridor geteilt, der durch die Mitte verläuft. Links und rechts davon befinden sich Verwaltungsbüros und ein Funkraum. Der Korridor selbst endet abrupt vor einer zweiflügeligen schweren und hohen Tür, die in einen langen, schmalen Raum führt, in dem sich lediglich ein gewaltiger Konferenztisch mit Stühlen sowie technische Ausrüstung für das Abspielen von Filmen, Videos und Dias befinden.

In diesem wichtigsten Raum des gesamten Komplexes gibt es keine Fenster. Eine Klimaanlage sorgt für eine gleichbleibende Temperatur, und eine kleine Metalltür am anderen Ende für das Reinigungs- und Sicherheitspersonal stellt den einzigen anderen Eingang dar.

Der militärische Handelsmissionskomplex wird fünf oder sechs Mal im Jahr benutzt, und die Vorgänge im Inneren werden ständig – so gut wie möglich – von den Geheimdiensten der westlichen Demokratien überwacht.

An dem Morgen, an dem es geschah, arbeiteten vielleicht einhundertvierzig Menschen in der Anlage.

Diejenigen in den Hauptstädten des Westens, die ein wachsames Auge auf die Vorgänge im Nahen Osten hatten, wussten, dass ein Abkommen getroffen worden war. Obwohl die Wahrscheinlichkeit einer offiziellen Stellungnahme minimal blieb, würde Libyen irgendwann mehr Raketen, Flugzeuge und diverse militärische Ausrüstung erhalten, um sein ohnehin schon gut ausgestattetes Arsenal aufzustocken.

Die letzte Sitzung der Verhandlungen sollte um Viertel nach neun beginnen, und beide Parteien hielten sich streng ans Protokoll. Die libyschen und die sowjetischen Delegationen, die jeweils aus etwa zwanzig Personen bestanden, trafen sich vor dem pinken Stuckgebäude und nach den üblichen herzlichen Begrüßungen gingen sie hinein und durch den Korridor zu der hohen Doppeltür, die dank ihrer gut geölten Angeln lautlos von zwei bewaffneten Wachen geöffnet werden konnte.

Etwa die Hälfte der beiden Delegationen war bereits in den Raum gegangen, als die ganze Gruppe schockiert innehielt und angesichts des Anblicks, der sich ihnen bot, wie angewurzelt stehen blieb.

Zehn identisch gekleidete Gestalten bildeten am anderen Ende des Raums einen großen Halbkreis. Sie trugen Kampfjacken und graue Baumwollhosen, die in Lederstiefeln steckten. Ihre Erscheinung wirkte durch die feinen Tarnnetze, die ihre Gesichter bedeckten, noch bedrohlicher. Die Netze wurden von schwarzen Baskenmützen an Ort und Stelle gehalten, auf denen polierte silberne Abzeichen prangten. Die Abzeichen hatten die Form eines Totenschädels unter dem die Buchstaben NSAA standen. Flankiert wurde das Ganze von blitzförmigen Runen.

Die Situation war unfassbar, da die libyschen Offiziere den Raum weniger als fünfzehn Minuten vor dem Eintreffen der beiden Delegationen draußen vor dem Gebäude überprüft hatten.

Die zehn Gestalten nahmen klassische Feuerpositionen ein – linkes Bein nach vorn, Knie gebeugt, die Griffe ihrer

Maschinenpistolen oder Automatikgewehre fest an die Hüften gepresst. Zehn Mündungen waren auf die Delegierten gerichtet, die sich bereits im Raum befanden, und auch auf den Rest der Gruppe, der noch draußen im Korridor stand. Für ein paar Sekunden war die Szene wie eingefroren. Dann brach eine Welle aus Chaos und Panik los, als der Beschuss losging.

Die zehn Automatikwaffen feuerten systematisch auf den Eingang. Kugeln bohrten sich mit einem Getöse, das in dem geschlossenen Raum noch verstärkt wurde, durch Fleisch und Knochen.

Die Feuersalve dauerte weniger als eine Minute an, doch als sie aufhörte, waren alle bis auf sechs der sowjetischen und libyschen Delegierten entweder tot oder tödlich verwundet. Erst dann reagierten die libyschen Truppen und Sicherheitsoffiziere.

Der Attentätertrupp war außergewöhnlich diszipliniert und gut ausgebildet. Bei dem Feuergefecht – das etwa fünfzehn Minuten dauerte – wurden nur drei der Eindringlinge erwischt, während sie noch im Raum waren. Die restlichen entkamen durch den Hintereingang und nahmen innerhalb der Anlage Verteidigungsstellungen ein. Die folgende Auseinandersetzung forderte weitere zwanzig Leben. Am Ende waren alle zehn Mitglieder des Teams tot. Sie lagen zwischen ihren Opfern wie Teile eines bizarren Puzzles.

Um neun Uhr westeuropäischer Zeit am nächsten Morgen erhielt Reuters eine Nachricht per Telefon. Innerhalb weniger Minuten wurde der Text an die Medien auf der ganzen Welt weitergeleitet.

Die Botschaft lautete:

> In den frühen Stunden des gestrigen Morgens befanden sich drei leichte Flugzeuge im Luftraum über dem militärischen Handelsmissionskomplex außerhalb von Tripoli, der Hauptstadt der Sozialistischen Volksrepublik Libyen. Sie flogen tief, um nicht auf dem Radar zu erscheinen, stellten ihre Motoren ab und glitten über die gut bewachte Anlage hinweg.
>
> Eine Einheit der Nationalsozialistischen Aktionsarmee landete unentdeckt per Fallschirm auf dem Gelände des Komplexes.
>
> Später fügte diese Einheit dem internationalen Faschismus einen schweren Schlag zu, indem sie eine große Anzahl Menschen exekutierte, die sich dafür einsetzten, die weitere Verbreitung der bösen kommunistischen Ideologie zu unterstützen, die nach wie vor eine Bedrohung für den Weltfrieden und die Stabilität darstellt.
>
> Voller Stolz betrauern wir den Tod der Mitglieder dieser Einheit, der sie in Ausübung ihrer noblen Aufgabe ereilte. Die Einheit wurde aus der Elite unserer Ersten Division zusammengestellt.
>
> Die Vergeltungsschläge für Verbrüderung oder Handel zwischen kommunistischen und nicht kommunistischen Ländern oder Individuen werden schnell ausgeführt. Wir werden den

kommunistischen Teil vom Rest der freien Welt abschneiden.

Dies ist die amtliche Verlautbarung Nummer eins des Oberkommandos der NSAA.

Zu diesem Zeitpunkt kam es niemandem besonders bösartig vor, dass die Waffen, die die NSAA-Truppe benutzt hatte, alle aus russischer Herstellung stammten: sechs leichte Kalaschnikow-RPK-Maschinenpistolen und vier der kleinen Brüder der RPK – das leichte und sehr effektive AKM-Sturmgewehr. Tatsächlich war der Überfall in einer Welt, die durchaus an Terrorismus gewöhnt war, nur eine Schlagzeile unter vielen. Die Medien stellten die NSAA als eine kleine Gruppe faschistischer Fanatiker dar.

Knapp einen Monat nach dem Ereignis, das als der »Tripoli-Zwischenfall« bekannt wurde, veranstalteten fünf Mitglieder der britischen Kommunistenpartei ein Abendessen, um drei russische Parteimitglieder zu unterhalten, die im Zuge einer Mission zur Demonstration des guten Willens in London zu Besuch waren.

Das Abendessen wurde in einem Haus in der Nähe des Trafalgar Square abgehalten. Der Kaffee war gerade serviert worden, als ein Klingeln an der Vordertür den Gastgeber zwang, den Tisch zu verlassen. Alle Anwesenden hatten eine Menge Wodka getrunken, den die Russen mitgebracht hatten.

Die vier Männer, die vor der Tür standen, trugen paramilitärische Uniformen, die denen des Trupps beim Tripoli-Zwischenfall ähnelten.

Der Gastgeber – ein bekanntes und lautstarkes Mitglied

der britischen Kommunistenpartei – wurde auf seiner eigenen Türschwelle erschossen. Die verbleibenden vier Briten und die drei Russen wurden innerhalb von Sekunden ausgeschaltet.

Die Mörder verschwanden und wurden nicht gefasst.

Während der Autopsien an diesen acht Opfern wurde klar, dass sie alle durch Schüsse aus einer Waffe russischer Herstellung getötet worden waren – vermutlich Automatikpistolen der Marke Makarow oder Stetschkin. Die Munition war eindeutig in der UdSSR hergestellt worden.

Die amtliche Verlautbarung Nummer zwei des Oberkommandos der NSAA wurde am nächsten Tag um neun Uhr westeuropäischer Zeit herausgegeben. Dieses Mal wurde verkündet, die Einheit habe zum »Adolf-Hitler-Kommando« gehört.

In den folgenden zwölf Monaten standen nicht weniger als dreißig »Zwischenfälle« mit Mehrfachermordungen auf Befehl des Oberkommandos der NSAA in den Schlagzeilen der Zeitungen.

In West-Berlin, Bonn, Paris, Washington, Rom, New York, London – zum zweiten Mal –, Madrid, Mailand und mehreren Städten im Nahen Osten wurden bekannte Kommunisten ermordet, zusammen mit Menschen, die offiziell oder nur freundschaftlich mit ihnen zu tun hatten. Unter den Opfern befanden sich drei britische und amerikanische Gewerkschafter.

Mitglieder der Mordanschlagtrupps verloren ebenfalls ihr Leben, aber nie wurden Mitglieder der Organisation gefangen genommen. In vier Fällen begingen die Männer der NSAA Selbstmord, um einer Verhaftung zu entgehen.

Alle Ermordungen erfolgten schnell und wurden mit sorgfältiger Planung und großer militärischer Präzision ausgeführt. Nach jedem Zwischenfall wurde die unvermeidliche amtliche Verlautbarung des Oberkommandos herausgegeben. Sie war stets in der gestelzten Sprache gehalten, die für alle Ideologien typisch ist. Jede Verlautbarung enthielt Einzelheiten über die angeblich beteiligte Einheit und die alten Namen, wie Erstes Eichmann-Kommando und Heinrich-Himmler-SS-Division, weckten schreckliche Erinnerungen an das berüchtigte Dritte Reich. Für die Polizei- und Sicherheitsdienste der Welt war das die einzige Konstante, der einzige Hinweis. Die Leichen der NSAA-Männer und -Frauen wiesen keinerlei Beweise auf. Es war, als wären sie plötzlich aus dem Nichts aufgetaucht, voll ausgewachsen und in die NSAA hineingeboren. Nicht eine einzige Leiche konnte identifiziert werden. Experten der Spurensicherung plagten sich mit winzigen Hinweisen ab, Sicherheitsbehörden gingen ihren Spuren nach, Behörden für vermisste Personen gingen auf ähnliche Weise vor. Und alle Spuren endeten in einer Sackgasse.

Der Bericht einer Zeitung klang wie ein Poster für einen Film aus den 1940ern:

> Sie kommen aus dem Nichts, töten, sterben oder verschwinden – und kehren in ihre Verstecke zurück. Sind diese Gefolgsleute der dunklen Nazizeit ihren Gräbern entstiegen, um sich an ihren einstigen Bezwingern zu rächen? Bislang wurde der Großteil des städtischen Terrorismus durch linksgerichtete Ideologien motiviert. Die

selbsternannte und effiziente NSAA hebt ihn auf
ein neues und äußerst verstörendes Level.

Doch in den Schatten jener verborgenen und geheimen Welt der Geheimdienste und Sicherheitskomitees fingen die Leute an, unruhig zu werden, als würden sie aus einem Albtraum erwachen, nur um festzustellen, dass dieser Albtraum wahr geworden war. Es begann mit dem Austauschen von Meinungen und dann, vorsichtig, Informationen. Schließlich arbeiteten sie sich zu einer seltsamen und nie da gewesenen Allianz vor.

2

EINE VORLIEBE FÜR BLONDINEN

Schon lange bevor er dem Secret Service beigetreten war, hatte James Bond ein spezielles System der Gedächtniskunst verwendet, um sich Telefonnummern zu merken. Nun hatte er in seinem Gedächtniscomputer die Nummern Tausender Leute gespeichert und konnte sie bei Bedarf jederzeit abrufen. Die meisten dieser Nummern waren beruflicher Natur, weshalb man sie ohnehin besser nicht aufschrieb.

Paula Vacker hatte nichts mit seinem Beruf zu tun. Paula diente einzig und allein dem Vergnügen.

In seinem Zimmer im Inter-Continental Hotel am nördlichen Ende von Helsinkis großer Hauptstraße Mannerheimintie wählte Bond die Telefonnummer. Es tutete zwei Mal, dann meldete sich eine Frau auf Finnisch.

Bond sprach in höflichem Englisch: »Paula Vacker, bitte.«

Die finnische Telefonistin wechselte problemlos in Bonds Muttersprache. »Wen soll ich als Anrufer nennen?«

»Mein Name ist Bond. James Bond.«

»Einen Augenblick, Mr Bond. Ich werde nachsehen, ob

Ms Vacker zur Verfügung steht.«

Stille. Dann ein Klicken und die Stimme, die er so gut kannte. »James? James, wo bist du?« Der Akzent wies nur einen leichten Hauch des Singsangs auf, der für die Skandinavier so typisch war.

Bond erwiderte, er sei im Inter-Continental.

»Hier? Hier in Helsinki?« Sie versuchte gar nicht erst, ihre Freude zu verbergen.

»Ja«, bestätigte Bond, »hier in Helsinki. Sofern Finnair keinen Fehler gemacht hat.«

»Finnair ist wie eine Brieftaube«, sagte sie lachend. »Die machen nur selten Fehler. Aber was für eine Überraschung. Warum hast du mir nicht mitgeteilt, dass du kommst?«

»Ich wusste es selbst nicht«, log Bond. »Eine unerwartete Planänderung.« Das stimmte zumindest teilweise. »Ich musste über Helsinki reisen, also dachte ich, ich mache einen kleinen Zwischenstopp. Eine Art spontane Entscheidung.«

»Spontane Entscheidung?«

»Eine Laune. Eine plötzliche Idee. Wie könnte ich denn bitte durch Helsinki reisen, ohne mich mit Paula Schön zu treffen?«

Sie lachte von Herzen. Bond stellte sich vor, wie sie den Kopf zurückwarf und den Mund öffnete, sodass die hübschen Zähne sowie die zierliche rosa Zunge zum Vorschein kamen. Paula Vackers Name deutete darauf hin, dass sie schwedische Vorfahren hatte. Eine direkte Übersetzung ihres Namens aus dem Schwedischen würde sie zu Paula Schön machen. Der Name passte zu ihr.

»Hast du heute Abend Zeit?« Falls sie nicht zur Verfügung

stand, würde es ein langweiliger Abend werden.

Erneut ließ sie ihr besonderes Lachen vernehmen, voller Humor und ohne die Schärfe, die manche Karrierefrauen entwickelten. »Für dich habe ich immer Zeit, James. Aber ich bin nicht leicht zu haben.« Es war ein alter Scherz, den Bond einmal gemacht hatte. Zu dem Zeitpunkt war er mehr als treffend gewesen.

Sie kannten einander inzwischen seit etwa fünf Jahren. Ihre erste Begegnung hatte in London stattgefunden.

Es war im Frühling gewesen, die Art von Londoner Frühling, die die weiblichen Büroangestellten so wirken lässt, als würden sie gerne zur Arbeit gehen, und die Parks in gelbe Teppiche aus Osterglocken verwandelt.

Die Tage hatten gerade angefangen, länger zu werden, und es gab ein Gelage im Außenministerium, um die Zahnräder des internationalen Handels zu schmieren. Bond war geschäftlich dort – um auf verdächtige Personen zu achten. Tatsächlich war im Vorfeld heftig darüber diskutiert worden, da die innere Sicherheit eine Aufgabe des MI5 und keine von Bonds Abteilung war. Doch am Ende hatte das Außenministerium, unter dessen Schirmherrschaft die Feier abgehalten wurde, die Oberhand gewonnen. Widerwillig hatte der MI5 einem Kompromiss zugestimmt, aber nur unter der Voraussetzung, dass sie ebenfalls ein paar Männer vor Ort haben würden.

Aus professioneller Sicht war die Feier ein Reinfall. Paula war hingegen eine ganz andere Geschichte.

Sie war Bond selbst in dem überfüllten Raum sofort ins Auge gefallen, man konnte sie einfach nicht übersehen. Es war, als wären keine anderen Frauen eingeladen worden, und das gefiel den anderen Frauen ganz und gar nicht – besonders den älteren und den *femmes fatales* des diplomatischen Dienstes, die derartige Feierlichkeiten immer heimsuchten.

Paula trug Weiß. Ihre Haut besaß eine natürliche Bräune, die nicht mit künstlichen Hilfsmitteln aufgebessert werden musste, eine Gesichtshaut, die, wenn sie ansteckend gewesen wäre, sämtliche Make-up-Firmen in den Ruin getrieben hätte, und dichtes blondes Haar, das so schwer war, dass die Frisur wohl selbst einem Sturm der Windstärke zehn problemlos standgehalten hätte. Und als wenn das alles noch nicht genug gewesen wäre, war sie auch noch schlank, attraktiv, hatte große von grauen Flecken durchzogene Augen sowie Lippen, die zu einem einzigen Zweck geformt worden waren.

Bonds erste Gedanken waren vollkommen professionell. Sie würde einen guten Lockvogel abgeben, entschied er, und er wusste, dass man in Finnland Probleme hatte, gute Lockvögel zu bekommen. Er hielt sich eine ganze Weile lang von ihr fern und vergewisserte sich, dass sie ohne Begleitung gekommen war. Dann ging er auf sie zu und stellte sich vor. Er sagte, der Minister habe ihn gebeten, sich um sie zu kümmern. Zwei Jahre später, in Rom, erzählte Paula ihm, der Minister habe es recht früh am Abend selbst bei ihr versucht – bevor seine Gattin eingetroffen sei.

Sie war für eine Woche in London. An jenem ersten Abend führte Bond sie zu einem späten Abendessen ins Ritz aus, was sie »altmodisch« fand. Vor ihrem Hotel erteilte Paula ihm eine sanfte, aber sehr deutliche Abfuhr.

Bond setzte zur Belagerung an. Zuerst versuchte er, sie zu

beeindrucken, doch ihr gefielen weder das Connaught noch das Inn on the Park, das Tiberio's, das Dorchester, das Savoy oder das Royal Garden Roof, während sie Tee im Brown's lediglich »amüsant« fand. Er war kurz davor gewesen, sie mit ins Tramp's oder ins Annabel's zu nehmen, als sie selbst das Au Savarin in der Charlotte Street entdeckte. Es war genau ihr Ding und der *patron* kam gegen Ende der Mahlzeiten und setzte sich zu ihnen an den Tisch, damit sie schlüpfrige Geschichten austauschen konnten. Bond war sich nicht ganz sicher, was er davon halten sollte.

Sie wurden sehr schnell enge Freunde und entdeckten gemeinsame Interessen – Segeln, Jazz sowie die Werke von Eric Ambler. Außerdem gab es eine weitere Sportart, der sie sich am vierten Abend endlich widmeten. Bond, dessen Ansprüche bekanntermaßen hoch waren, gestand ein, dass sie eine Goldmedaille mit Eichenlaub verdiente. Im Gegenzug verlieh sie ihm das Eichenlaub. In diesem Fall war er sich ebenfalls nicht sicher, was er davon halten sollte.

Im Laufe der folgenden Jahre waren sie sehr gute Freunde geblieben, die einen »engen« Kontakt pflegten. Sie trafen sich oft zufällig an so unterschiedlichen Orten wie New York oder der französischen Hafenstadt Dieppe, wo er sie im vergangenen Herbst das letzte Mal gesehen hatte. Dieser Abend in Helsinki würde Bonds erste Gelegenheit sein, Paula in ihrer Heimat zu begegnen.

»Abendessen?«, fragte er.

»Wenn ich das Restaurant aussuchen darf.«

»Tust du das nicht immer?«

»Willst du mich abholen?«

»Das und noch mehr.«

»Bei mir zu Hause. Um halb sieben? Hast du die Adresse?«

»Sie ist in mein Herz eingemeißelt, hübsche Paula.«

»Das sagst du doch zu allen Frauen.«

»Meistens schon, aber ich meine es ehrlich. Und du weißt, dass ich eine besondere Vorliebe für Blondinen habe.«

»Du bist ein Verräter, weil du im Inter-Continental wohnst. Warum übernachtest du nicht wie ein Finne im Hesperia?«

»Weil man dort von den Fahrstuhlknöpfen Stromschläge bekommt.«

»Die bekommt man im Inter-Continental auch. Das hängt mit der Kälte und der Zentralheizung zusammen …«

»… und mit den Teppichen. Ich weiß. Aber das hier sind teurere Stromschläge, und ich muss nicht selbst zahlen. Ich kann die Kosten absetzen, also kann ich mir auch ruhig die luxuriösen Stromschläge leisten.«

»Pass bloß gut auf, was du anfasst. Hier bekommt man zu dieser Jahreszeit von jeder metallenen Oberfläche in einem Gebäude Stromschläge. Besonders im Badezimmer.«

»Ich werde Gummischuhe tragen.«

»Ich hatte nicht unbedingt deine Füße im Sinn. Ich bin so froh, dass du dieser Laune nachgegeben hast, James. Wir sehen uns um halb sieben.« Sie legte auf, bevor ihm eine elegante Erwiderung einfiel.

Draußen hielt sich die Temperatur bei etwa fünfundzwanzig Grad unter null. Bond streckte sich, entspannte sich dann wieder und nahm sein Zigarettenetui aus Geschützbronze vom Nachttisch, um sich eine Zigarette anzuzünden – eine der »Sonderanfertigungen«, die H. Simmons aus der Burlington Arcade dank einer Abmachung für ihn herstellte.

Das Zimmer war warm und gut isoliert, und Bond fühlte sich enorm zufrieden, als er den Rauch in Richtung Decke blies. Manchmal brachte sein Beruf zweifellos Entschädigungen mit sich. Erst an diesem Morgen hatte Bond Temperaturen von vierzig Grad unter null hinter sich gelassen, denn der wahre Grund für seine Anwesenheit in Helsinki hing mit einer kürzlich durchgeführten Reise zum Polarkreis zusammen.

Der Januar war nicht die angenehmste Zeit für einen Besuch der Arktis. Wenn man jedoch ein geheimes Überlebenstraining unter harten winterlichen Bedingungen absolvieren musste, war das finnische Gebiet des Polarkreises bestens dafür geeignet.

Der Service legte Wert darauf, seine Mitarbeiter für den Außeneinsatz in tadelloser Verfassung zu halten und sie in allen modernen Methoden auszubilden. Aus diesem Grund verschwand Bond mindestens einmal pro Jahr, um mit dem 22. Regiment des Special Air Service in der Nähe von Hereford zu trainieren. Und dann waren da noch seine gelegentlichen Reisen nach Poole in Dorset, bei denen er bezüglich Ausrüstung und Taktiken der Special Boat Squadron der königlichen Marine auf den neuesten Stand gebracht wurde.

Auch wenn die alte Elite der Doppelnullabteilung mit ihrer dazugehörigen »Lizenz, in Ausübung der Pflicht zu töten« mittlerweile aus dem Service entfernt worden war, war Bond immer noch fest in seiner Rolle als 007 verwurzelt. Der grimmige Leiter des Service, den alle nur als M kannten, war diesbezüglich sehr konkret gewesen: »Soweit es mich betrifft, werden Sie 007 bleiben. Ich werde die volle Verantwortung für Sie übernehmen, und Sie werden wie immer ausschließlich von mir Befehle und Aufträge entgegennehmen. Es gibt Augenblicke, in denen dieses Land einen Problemlöser braucht – ein stumpfes Werkzeug –, und bei Gott, den wird es bekommen.«

Offiziell war Bond das, was der amerikanische Geheimdienst als »Einzelexemplar« bezeichnete – ein umherziehender Fallmitarbeiter, dem bei besonderen Aufträgen freie Hand gelassen wurde, zum Beispiel bei der genialen verdeckten Ermittlung, die er während des Falklandkriegs von 1982 geleistet hatte. Damals war er sogar – nicht identifiziert – in einem Fernsehnachrichtenbericht aufgetaucht, aber darüber war genau wie über alles andere Gras gewachsen.

Um Bond in professioneller Topform zu halten, schaffte es M für gewöhnlich, mindestens eine zermürbende Feldeinsatzübung pro Jahr zu arrangieren. Dieses Mal war es der Umgang mit kaltem Klima gewesen, und Bond hatte den Befehl erst kurzfristig erhalten, sodass ihm nur wenig Zeit geblieben war, sich auf die Strapazen vorzubereiten.

Während des Winters trainierten Mitglieder der SAS-Einheiten regelmäßig im Schnee in Norwegen. Dieses Jahr hatte M ein weiteres Risiko hinzugefügt und dafür gesorgt, dass Bond eine Trainingsübung am Polarkreis ausführte, und zwar verdeckt und ohne die Erlaubnis des Landes, in dem er operieren sollte – Finnland.

Die Operation, die weder bösartige noch bedrohliche

Begleiterscheinungen hatte, beinhaltete eine Woche Überlebenstraining in der Gesellschaft zweier SAS-Männer und zweier Offiziere des SBS.

Das Militär- und Marinepersonal würde es schwerer haben als Bond, denn ihr Teil würde zwei heimliche Grenzüberschreitungen erfordern – von Norwegen nach Schweden und dann, immer noch im Geheimen, weiter über die finnische Grenze, um Bond in Lappland zu treffen.

Dort würde die Gruppe, wie man es nannte, für sieben Tage »vom Gürtel leben«: Sie mussten ausschließlich mit dem Allernötigsten überleben, das sie an speziell entwickelten Gürteln bei sich trugen. Ihre Mission bestand darin, in schwierigem Terrain zu überleben und gleichzeitig unentdeckt zu bleiben und sich nicht identifizieren zu lassen.

Auf diese Woche würden weitere vier Tage folgen, in denen Bond als Anführer fungieren sollte. Sie würden an der Grenze zwischen Finnland und der Sowjetunion entlanglaufen und versuchen, Bild- und Tonaufnahmen zu machen. Danach würden Sie sich trennen – die SAS- und die SBS-Männer sollten in einer abgelegenen Gegend von einem Hubschrauber abgeholt werden, während Bond eine andere Route nahm.

Soweit es Bond betraf, gab es in Finnland keine Schwierigkeiten mit der Tarnung. Er musste seinen Saab Turbo – das »Silberbiest«, wie er ihn nannte – allerdings noch unter harten Winterbedingungen testen.

Saab-Scania hielt jedes Jahr einen anspruchsvollen Winterfahrkurs am Polarkreis in der Nähe des finnischen Skigebiets Rovaniemi ab. Eine Einladung für die Teilnahme an diesem

Kurs zu erhalten, war leicht und kostete lediglich ein paar Telefonate. Innerhalb von vierundzwanzig Stunden hatte Bond sein Auto – komplett mit all seinen geheimen »Extras«, die er auf eigene Kosten von Communications Control Systems hatte einbauen lassen – nach Finnland verfrachtet. Dann flog Bond über Helsinki nach Rovaniemi, um sich dort mit den Autoexperten zu treffen, darunter sein alter Freund Erik Carlsson und der adrette Simo Lampinen.

Der Fahrkurs dauerte nur ein paar Tage. Anschließend verließ Bond – nach einer Unterhaltung mit dem massigen Erik Carlsson, der versprach, ein Auge auf das Silberbiest zu haben – das Hotel in der Nähe von Rovaniemi in den frühen Stunden eines bitterkalten Morgens.

Die Winterkleidung, dachte er, würde sein Ansehen bei den Damen zu Hause kaum verbessern. Thermounterwäsche war für gewisse Aktivitäten kaum förderlich. Über der langen Unterhose trug er einen Trainingsanzug, einen dicken Rollkragenpullover, sowie eine gepolsterte Skihose und die dazugehörige Jacke, während seine Füße fest in Mukluk-Stiefel geschnürt waren. Eine Thermokapuze, ein Schal, eine Wollmütze und eine Schneebrille schützten sein Gesicht. Handschuhe mit Lederstulpen hielten seine Hände warm. Eine kleine Tasche enthielt das Nötigste, darunter seine eigene Version des SAS/SBS-Militärgürtels.

Bond stapfte durch den Schnee, der ihm auf den leichteren Wegabschnitten bis zu den Knien reichte, und achtete darauf, nicht von dem schmalen Weg abzukommen, den er während der Tageslichtstunden ausgekundschaftet hatte. Eine falsche Bewegung nach rechts oder links konnte ihn in Schneeverwehungen führen, die tief genug waren, um ein kleines Auto zu bedecken.

Das Schneemobil war genau dort, wo die Unterweisungsoffiziere gesagt hatten. Niemand würde fragen, wie es dort hingelangt war. Schneemobile ließen sich mit ausgeschaltetem Motor nur schwer handhaben, und Bond brauchte gute zehn Minuten, um dieses hier aus seinem Versteck unter schweren und unnachgiebigen Tannenzweigen zu ziehen. Dann zerrte er das Fahrzeug zum höchsten Punkt eines langen Abhangs, der fast einen Kilometer weit bergab führte. Ein kleiner Stoß genügte, und die Maschine bewegte sich vorwärts. Bond blieb gerade noch genug Zeit, um auf den Sattel zu springen und seine Beine in die Schutzabschirmungen zu befördern.

Das Schneemobil glitt lautlos den langen Abhang hinunter und kam schließlich zum Stehen, als die Wucht des Schwungs nachließ. Obwohl Geräusche leicht über den Schnee weitergetragen wurden, war er nun weit genug vom Hotel entfernt, um den Motor gefahrlos starten zu können – nachdem er seine Position mit dem Kompass überprüft und seine Karte mit einer abgeschirmten Taschenlampe betrachtet hatte. Der kleine Motor erwachte zum Leben. Bond öffnete das Drosselventil, legte den Gang ein und begann seine Reise. Er brauchte vierundzwanzig Stunden zum Treffpunkt mit seinen Kollegen.

Rovaniemi war eine ideale Wahl gewesen. Von der Stadt aus konnte man sich schnell Richtung Norden in einsamere Gegenden bewegen. Außerdem waren es mit einem Schneemobil nur ein paar Stunden bis zu den leichter zugänglichen Stellen entlang der russisch-finnischen Grenze, zu Orten wie

Salla, dem Schauplatz großer Schlachten während des Krieges zwischen den Russen und den Finnen von 1939–40. Weiter nördlich wurde das Grenzgebiet unwirtlicher.

Während des Sommers war dieser Teil des Polarkreises nicht unangenehm, aber im Winter, wenn Schneestürme, extreme Minustemperaturen und heftiger Schneefall die Herrschaft übernahmen, konnte das Land für die Unvorsichtigen trügerisch und grausam sein.

Sobald alles vorbei war und er die beiden Übungen mit der SAS und der SBS hinter sich hatte, würde Bond zweifellos erschöpft sein und Erholung, Schlaf sowie Entspannung von der Art brauchen, die er nur in London finden konnte. Während der schlimmsten Augenblicke seiner Strapazen war er mit den Gedanken tatsächlich in seiner gemütlichen Wohnung in Chelsea. Daher war er bei seiner Rückkehr nach Rovaniemi ein paar Wochen später nicht darauf vorbereitet gewesen, dass sein Körper nur so vor Energie und Fitness strotzen würde. Überrascht stellte er fest, dass er sich seit einer ganzen Weile nicht mehr so gefühlt hatte.

Nach seiner Rückkehr in den frühen Morgenstunden huschte er ins Ounasvaara Polar Hotel – wo Saab sein Winterfahrhauptquartier hatte – und hinterließ eine Nachricht für Erik Carlsson, in der stand, dass er ausführliche Anweisungen für den Transport des Silberbiests schicken werde. Dann fuhr er per Anhalter zum Flughafen und stieg in die nächste Maschine nach Helsinki. Zu diesem Zeitpunkt plante er, die nächste Verbindung direkt nach London zu nehmen.

Erst als sich die DC9-50 gegen zwölf Uhr dreißig Helsinkis Vantaa-Flughafen näherte, dachte James Bond an Paula

Vacker. Der Gedanke ließ ihn nicht los, was zweifellos auch an seinem neu entdeckten Wohlergehen und der körperlichen Fitness lag.

Als das Flugzeug landete, hatten sich Bonds Pläne komplett geändert. Er musste zu keiner bestimmten Zeit zurück in London sein, man schuldete ihm ohnehin noch Urlaub, auch wenn M ihm aufgetragen hatte, so schnell wie möglich aus Finnland zu verschwinden und zurückzukehren. Allerdings würde ihn für ein paar Tage niemand wirklich vermissen.

Vom Flughafen nahm er ein Taxi direkt zum Inter-Continental und checkte ein. Sobald der Gepäckträger seine Tasche in sein Zimmer gebracht hatte, warf sich Bond aufs Bett und rief Paula an. Um halb sieben bei ihr zu Hause. Er lächelte voller Vorfreude.

Bond hätte auf keinen Fall wissen können, dass die einfache Handlung, eine alte Freundin anzurufen und sie zum Abendessen einzuladen, sein Leben im Laufe der kommenden paar Wochen drastisch verändern würde.

3

MESSER ZUM ABENDESSEN

Nach einer warmen Dusche und einer Rasur zog sich Bond an. Es war angenehm, sich wieder in einen gut geschnittenen grauen Kammgarnanzug, ein einfaches blaues Hemd und eine seiner liebsten Strickkrawatten von Jacques Fath kleiden zu können. Selbst im tiefsten Winter zogen die Hotels und guten Restaurants in Helsinki es vor, wenn Herren Krawatten trugen.

Die Heckler & Koch P7, die die schwerere VP70 ersetzte, ruhte bequem in ihrem Klemmfederholster unter seiner linken Achselhöhle, und um die beißende Kälte abzuwehren, trug Bond beim Betreten des Hotelfoyers seinen warmen Mantel von Crombie. Er verlieh ihm ein militärisches Aussehen – besonders mit der Fellkapuze –, aber das erwies sich in skandinavischen Ländern stets als Vorteil.

Das Taxi fuhr mit gleichmäßiger Geschwindigkeit über die Mannerheimintie nach Süden. Der Schnee war ordentlich zur Seite geräumt worden und lag nun in kleinen Bergen neben den Gehwegen. Die Bäume bogen sich unter seinem Gewicht. Ein paar von ihnen waren mit langen Eiszapfen geschmückt, die von den Ästen hingen – als hätten sie sich für Weihnachten herausgeputzt. In der Nähe des Nationalmuseums, dessen hoher Turm in den Himmel aufragte, schien ein Baum wie ein weiß verhüllter Mönch zu kauern, der einen funkelnden Dolch umklammert hielt.

Über allem konnte Bond im klaren Frost die beeindruckenden, von Flutlichtern angestrahlten Kuppeln der Uspenski-Kathedrale sehen, und er wusste sofort, warum Filmemacher in Helsinki drehten, wenn sie eine Kulisse brauchten, die wie Moskau aussah.

Eigentlich waren sich die beiden Städte so ähnlich wie eine Wüste und ein Dschungel – die modernen Gebäude der finnischen Hauptstadt waren voller Flair und Schönheit und stellten einen deutlichen Kontrast zu Moskaus hässlichen, einheitlichen Ungetümen dar. Doch in den älteren Teilen beider Städte wurde das Spiegelbild unheimlich – in den Seitenstraßen und auf den kleinen Plätzen, wo die Häuser aneinanderzulehnen schienen und die verzierten Fassaden an das erinnerten, was Moskau einst gewesen war, in der guten schlechten alten Zeit der Zaren und Prinzen und der Ungleichheit. Nun, dachte Bond, hatten sie stattdessen einfach das Politbüro, Kommissare, den KGB und … Ungleichheit.

Paula lebte in einem Wohngebäude am Esplanade Park am südöstlichen Ende der Mannerheimintie. Es war ein Teil der Stadt, den Bond noch nie zuvor besucht hatte, daher war er bei seiner Ankunft sowohl überrascht als auch erfreut.

Der Park selbst war ein langer, landschaftlich gestalteter Streifen, der zwischen den Häusern entlang verlief. Es gab Anzeichen dafür, dass es im Sommer mit den Bäumen, den

Steingärten und den Wegen ein sehr idyllisches Plätzchen sein dürfte. Jetzt, mitten im Winter, erfüllte der Esplanade Park eine neue, originelle Funktion. Künstler aller Altersstufen und Fähigkeiten hatten den Ort in eine Freiluftgalerie mit Schneeskulpturen verwandelt. Aus dem frischen Schnee der vergangenen Tage erhoben sich liebevoll gestaltete Formen und Figuren: abstrakte Gebilde, Kunstwerke von solcher Feinheit, dass man glauben könnte, sie seien aus Holz geschnitzt oder mit viel Geduld aus Metall hergestellt worden. Gezackte aggressive Formen standen neben nachdenklichen runden, friedlichen Kunstwerken, während sich Tiere – naturalistisch oder nur in kantigen Blöcken angedeutet – aneinanderdrückten oder den vorbeieilenden Passanten, die sich unter ihren warmen Pelzmänteln zusammenkauerten, ihre leeren winterlichen Mäuler entgegenreckten.

Das Taxi hielt fast direkt gegenüber einer lebensgroßen Skulptur eines Mannes und einer Frau, die sich in einer innigen Umarmung umschlungen hielten, aus der sie nur die Wärme des Frühlings befreien konnte.

Die Gebäude um den Park herum waren fast alle alt. Die wenigen neuen Bauwerke sahen wie neu erschaffene Pufferstaaten aus, die die Lücken in der lebendigen Geschichte überbrücken sollten.

Aus keinem logischen Grund heraus hatte sich Bond vorgestellt, dass Paula in einem neuen und schicken Wohnblock leben würde. Stattdessen musste er feststellen, dass ihre Adresse zu einem vierstöckigen Haus mit frisch gestrichenen grünen Fensterläden gehörte. Eisblumen zierten die Fassade wie hängende Blumenkästen und schmückten mit ihren frostigen Spuren das Schweifwerk und die Dachrinnen, als wären im Dezember Vandalen eingefallen, um die leicht zu erreichenden Stellen mit Sprühfarbe zu bearbeiten.

Zwei geschwungene, halb mit Holz gedeckte Giebel teilten das Haus, das einen einzigen verglasten und unverschlossenen Eingang hatte. Direkt hinter der Tür zeigte eine Reihe metallener Briefkästen an, wer hier lebte. Die Namensschilder befanden sich in winzigen Fenstern. Im Flur und auf der Treppe lag kein Teppich, und der Geruch guter Politur vermischte sich mit verlockenden Küchendüften.

Paula wohnte im dritten Stock – 3A –, und Bond öffnete die Knöpfe seines dicken Mantels und machte sich daran, die Treppe zu erklimmen. Auf jedem Treppenabsatz entdeckte er zwei Türen, eine rechts, eine links. Sie waren solide gebaut, mit Klingelknöpfen versehen und wiesen die gleichen kleinen Namensschilder wie die Briefkästen im Erdgeschoss auf.

Auf dem dritten Treppenabsatz sah er Paula Vackers Namen, der in eleganter Schrift auf einem Schild unter der Klingel von Wohnung 3A stand. Aus Neugier warf Bond einen Blick zu Wohnung 3B. Der Bewohner war ein gewisser Major A. Nyblin. Er stellte sich einen Militär im Ruhestand vor, der umgeben von Militärgemälden, Büchern über Strategie und Kriegsromanen – ein enorm gut gehendes Geschäft für finnische Verleger – lebte und die Erinnerungen an jene drei Unabhängigkeitskriege der Nation gegen Russland am Leben hielt: zuerst gegen die Revolution, dann gegen die Invasion und schließlich Seite an Seite mit der Wehrmacht.

Bond drückte hart und lang auf Paulas Klingel. Dann stellte er sich direkt vor den kleinen Türspion im mittleren

Teil der Tür. Im Inneren erklang das Rasseln von Ketten, dann wurde die Tür geöffnet und da war sie. Sie trug einen langen seidenen Morgenmantel, der locker mit einem Band zugebunden war. Sie war dieselbe Paula, so einladend und attraktiv wie immer.

Er sah, wie sich ihre Lippen bewegten, als wollte sie ihn willkommen heißen. In diesem Augenblick erkannte er, dass dies nicht dieselbe Paula war. Ihre Wangen waren blutleer und weiß, die Hand an der Tür zitterte. Und tief in den grau gefleckten Augen saß das unmissverständliche Flackern der Angst.

Intuition, so lehrte man es in der Ausbildung des Service, war etwas, das man durch Erfahrung lernte: Man wurde nicht damit geboren, als wäre es ein zusätzlicher Sinn.

Laut sagte Bond: »Ich bin's nur, der Mann von der anderen Seite des Meeres.« Gleichzeitig schob er einen Fuß vor und drückte die Seite seines Schuhs gegen die Tür. »Freust du dich, dass ich gekommen bin?« Während er sprach, packte Bond Paulas Schulter mit der linken Hand, wirbelte sie herum und zerrte sie auf den Treppenabsatz. Mit der rechten Hand hatte er bereits die Automatik gezogen. In weniger als drei Sekunden stand Paula an der Wand neben Major Nyblins Tür und Bond betrat ihre Wohnung mit der gezückten Heckler & Koch.

Sie waren zu zweit. Ein kleiner Wicht mit einem dünnen, pockennarbigen Gesicht versteckte sich links von Bond. Er drückte sich flach gegen die Wand, wo er Paula mit einem Revolver bedroht hatte, der wie ein Charter Arms Undercover .38 Special aussah. Am anderen Ende des Raums – es gab keinen Flur – hatte sich ein großer Mann mit gewaltigen Händen und dem Gesicht eines gescheiterten Boxers neben einer schönen, in Leder und Chrom gehaltenen Wohnzimmergarnitur aus Sessel und Sofa aufgebaut. Zu seinen auffälligen Gesichtsmerkmalen zählte eine Nase, die wie ein Karbunkel in fortgeschrittenem Stadium aussah. Er trug keine sichtbare Waffe bei sich.

Links von Bond hob der Wicht seine Waffe, und der Boxer setzte sich in Bewegung. Bond setzte seine Waffe ein. Die große Heckler & Koch schien sich in Bonds Hand nur minimal zu bewegen, als sie mit voller Kraft auf das Handgelenk des Wichts hinabsauste. Der Revolver wurde aus seiner Hand geschleudert, und ein schmerzerfüllter Aufschrei begleitete das laute Knacken der Knochen.

Bond hielt die Heckler & Koch auf den größeren Mann gerichtet und benutzte seinen linken Arm, um den Wicht wie einen Schutzschild vor sich zu zerren. Gleichzeitig rammte Bond sein Knie hart nach oben. Der kleine Schütze sackte zusammen, seine unverletzte Hand tatschte halbherzig umher, um seine Leistengegend zu schützen. Er quiekte wie ein Schwein und wand sich zu Bonds Füßen.

Den größeren der beiden schien die Waffe nicht zu beeindrucken, was entweder für großen Mut oder einen Mangel an geistiger Gesundheit sprach. Eine Heckler & Koch konnte auf diese Entfernung ein großes Loch in einen menschlichen Körper reißen.

Bond stieg über den Körper des Wichts und trat noch einmal mit seiner rechten Hacke zu. Dann hob er mit ausgestreckten Armen die Automatik und rief seinem näher kommenden Gegner zu: »Stehen bleiben oder Sie sind ein toter Mann.« Es war eher ein Befehl als eine Warnung, denn Bonds Finger spannte sich bereits am Abzug.

Der Mann mit der Karbunkelnase kam der Aufforderung nicht nach. Stattdessen schlug er in schlechtem Russisch vor, dass Bond Inzest mit seinem weiblichen Elternteil begehen solle.

Bond nahm die Bewegung seines Gegners kaum wahr. Der Mann war besser, als er vermutet hatte, und sehr schnell. Als er sich herumdrehte, setzte sich Bond in Bewegung, um ihm mit der Automatik zu folgen. Erst dann verspürte er den heftigen, unnatürlichen Schmerz in seiner rechten Schulter.

Für eine Sekunde brachte die plötzliche Pein Bond aus dem Gleichgewicht. Seine Arme sackten nach unten, Karbunkelnases Fuß hob sich. Bond wurde klar, dass man mit seiner Einschätzung nicht immer bei allen Menschen richtigliegen konnte. Dieser hier war eine echte Bedrohung – ein Mörder, ausgebildet, präzise und erfahren.

Zu dieser Erkenntnis gesellten sich gleichzeitig drei andere Dinge: der Schmerz in Bonds Schulter, dass ihm die Waffe aus der Hand getreten wurde – die davonflog und gegen die Wand knallte – und hinter ihm das leiser werdende Jammern des Wichts, der die Treppe hinunterrannte und floh.

Karbunkelnase kam schnell näher. Er hatte eine Schulter gesenkt und hielt den Körper seitlich.

Bond machte einen schnellen Schritt zurück und nach rechts zur Wand. Als er sich bewegte, entdeckte er, was den Schmerz in seiner Schulter verursacht hatte. Im Türsturz steckte ein zwanzig Zentimeter langes Messer mit einem

Horngriff und einer Klinge, die sich zur Spitze hin krümmte. Es war ein Häutungsmesser, wie jene, die die Lappen einsetzten, um das Fell vom Kadaver eines Rentiers zu trennen.

Bond griff nach oben und schloss die Finger um den Griff. Seine Schulter war mittlerweile taub vor Schmerz. Er kroch schnell zu einer Seite und hielt das Messer fest in der rechten Hand. Die Klinge hatte er nach oben gerichtet, und Daumen und Zeigefinger ruhten in Kampfhaltung ganz weit vorne am Griff. Man musste immer, so hieß es in der Ausbildung, eine Position zum Zustoßen einnehmen und das Messer niemals in einer abwärts zustechenden Bewegung halten. Wenn man ein Messer hatte, durfte man nie in Verteidigungshaltung gehen, sondern musste immer angreifen.

Bond drehte sich herum und stellte sich Karbunkelnase entgegen. Er hatte die Knie gebeugt und einen Fuß in der klassischen Messerkampfpose nach vorn verlagert, um das Gleichgewicht zu halten.

Karbunkelnase war mit den Regeln vertraut, doch er zögerte. Bond vermutete, dass er ein Messerkämpfer war, der nicht viel von Schusswaffen verstand. Er hatte zweifellos weitere Messer an seinem Körper versteckt, denn nun befand sich wie von Zauberhand eine ähnliche Waffe in seiner großen rechten Hand.

»Was haben Sie da über meine Mutter gesagt?«, knurrte Bond in besserem Russisch als sein Gegner.

Karbunkelnase grinste und zeigte fleckige Zähne. »Jetzt werden wir sehen, Mr Bond.«

Sie umkreisten einander, und Bond trat einen kleinen Stuhl beiseite, um ihnen eine größere Kampffläche zu verschaffen. Karbunkelnase fing an, sein Messer von einer Hand in die andere zu werfen. Er war leichtfüßig, bewegte sich die ganze Zeit und zog den Kreis enger. Es war eine bestens bekannte Verwirrungstaktik: Man ließ den Gegner im Ungewissen, lockte ihn näher und schlug dann zu.

Komm schon, dachte Bond, Komm schon. Komm her, näher, komm zu mir. Karbunkelnase tat genau das, ohne die Gefahr zu bemerken, in die er sich begab, indem er den Abstand verringerte. Bond hielt unablässig den Blick des großen Mannes, seine Sinne richteten sich auf das Messer seines Feindes, während es funkelnd hin- und hergeworfen wurde und der Griff bei jedem Wechsel mit einem festen Klatschen auf die Handfläche schlug.

Das Ende kam plötzlich und schnell.

Karbunkelnase rückte ein Stück näher an Bond heran und warf das Messer weiterhin zwischen seinen Händen hin und her. Bond trat abrupt vor, sein rechtes Bein schnellte in einem Ausfallschritt vor, der Fuß kam mitten zwischen den Füßen des Gegners auf. Im selben Augenblick warf Bond sein Messer von rechts nach links. Dann täuschte er an, das Messer wieder in die rechte Hand zu werfen, wie sein Gegner es erwarten würde.

Der Moment war gekommen. Bond sah, wie sich die Augen des großen Mannes leicht in die Richtung bewegten, in die das Messer fliegen sollte. Es folgte ein Sekundenbruchteil, in dem Karbunkelnase unsicher war. Bonds linke Hand schnellte fünf Zentimeter nach oben, schoss dann nach vorn und nach unten. Das klirrende Krachen von aufeinandertreffendem Stahl erklang.

Karbunkelnase hatte das Messer gerade erneut in die andere Hand geworfen. Bonds Klinge hatte die Waffe mitten in der Luft abgefangen und sie zu Boden geschleudert. Aus einem automatischen Reflex heraus bewegte sich der große Mann nach unten und streckte eine Hand aus, um nach dem Messer zu greifen. Bonds Messer schnellte nach oben.

Der große Mann richtete sich sehr schnell wieder auf und gab ein Ächzen von sich. Seine Hand zuckte zu seiner Wange, der Bond mit seinem Messer einen hässlichen, blutenden und klaffenden Schnitt verpasst hatte, der vom Ohr bis zur Kieferpartie reichte. Mit einem weiteren schnellen Stoß nach oben schnitt Bond mit dem Messer in die abwehrende Hand. Dieses Mal stieß Karbunkelnase ein Brüllen aus, in dem sich Schmerz und Wut vermischten.

Bond wollte niemanden töten – nicht in Finnland, nicht unter diesen Umständen. Aber er konnte die Sache nicht auf sich beruhen lassen. Der große Mann riss die Augen ungläubig und ängstlich auf, als Bond erneut angriff. Das Messer blitzte wieder zwei Mal auf, hinterließ eine ausgefranste Wunde auf der anderen Wange und schnitt das Ohrläppchen ab.

Karbunkelnase hatte offensichtlich genug. Er taumelte zur Seite und hielt keuchend auf die Tür zu. Bond kam zu dem Schluss, dass der Mann über mehr Intelligenz verfügte, als er ihm zugetraut hätte.

Der Schmerz kehrte in Bonds Schulter zurück und brachte ein Schwindelgefühl mit sich. Er hatte nicht vor, seinem mutmaßlichen Angreifer zu folgen, dessen stolpernde, unsichere Schritte er auf der Holztreppe poltern hörte.

»James?« Paula war ins Zimmer zurückgekehrt. »Was soll ich tun? Die Polizei rufen oder ...?« Sie sah verängstigt aus, ihr Gesicht war vor Schreck ganz blass. Bond vermutete, dass er ebenfalls nicht sehr gut aussah.

»Nein. Nein, die Polizei können wir hier nicht gebrauchen, Paula.« Er ließ sich auf den nächstgelegenen Stuhl sinken. »Schließ die Tür, schieb die Kette vor und wirf einen Blick aus dem Fenster.«

Alles um ihn herum schien sich zurückzuziehen. Überraschenderweise, dachte er vage, tat Paula, was er verlangt hatte. Normalerweise hinterfragte sie ihn immer. Frauen wie Paula gab man für gewöhnlich keine Befehle.

»Siehst du etwas?« Für Bond klang seine Stimme, als käme sie von weit weg.

»Ein Auto fährt davon. Weitere Autos parken da unten. Ich kann keine Menschen sehen ...«

Das Zimmer kippte zur Seite und wurde dann wieder scharf.

»... James, deine Schulter.« Er konnte sie neben sich riechen. »Erzähl mir einfach, was passiert ist, Paula. Das ist wichtig. Wie sind sie reingekommen? Was haben sie gemacht?«

»Deine Schulter, James.«

Er warf einen Blick darauf. Der dicke Stoff seines warmen Wintermantels hatte ihn vor einer ernsthaften Verletzung bewahrt. Doch das Messer hatte sich durch das Schulterstück gebohrt. Blut sickerte durch den Stoff und hinterließ einen dunklen feuchten Fleck.

»Erzähl mir, was passiert ist«, wiederholte Bond.

»Du bist verletzt. Ich muss mir die Wunde ansehen.«

Sie schlossen einen Kompromiss, und Bond zog sich obenherum aus. Ein hässlicher Schnitt verlief diagonal über seine Schulter, wo sich das Messer gut einen Zentimeter tief in sein Fleisch gebohrt hatte. Paula benutzte ein Antiseptikum, heißes Wasser, Pflaster und Mullbinden, um die Wunde zu säubern und zu verbinden, während sie ihm ihre Geschichte erzählte. Nach außen hin wirkte sie ruhig, doch Bond bemerkte, dass ihre Hände leicht zitterten, als sie berichtete, was passiert war.

Die beiden Mörder waren nur ein paar Minuten vor seiner Ankunft vor ihrer Tür aufgetaucht. »Ich war ein wenig spät dran.« Sie vollführte eine vage Geste und deutete auf ihren seidenen Morgenmantel. »Ich war dumm. Ich hatte die Kette nicht vorgehängt und dachte einfach, dass du es wärst. Ich habe nicht mal durch den Türspion geschaut.« Die Eindringlinge hatten sich gewaltsam Zutritt zur Wohnung verschafft, sie zurück ins Zimmer gedrängt und ihr gesagt, was sie tun sollte. Außerdem hatten sie recht ausführlich erklärt, was sie mit ihr anstellen würden, falls sie ihren Anweisungen nicht nachkam.

Bond kam zu dem Schluss, dass sie unter den Umständen das einzig Richtige getan hatte. Was ihn betraf, gab es allerdings einige Fragen, die nur über die Kanäle des Service beantwortet werden konnten, was bedeutete, dass er nach London zurückmusste, auch wenn er gerne noch in Finnland geblieben wäre. Die Tatsache, dass die beiden Männer nur ein paar Minuten vor seiner Ankunft in Paulas Wohnung gewesen waren, ließ ihn vermuten, dass sie gewartet hatten, bis sein Taxi am Esplanade Park angehalten hatte.

»Tja, danke, dass du mich an der Tür gewarnt hast«, sagte Bond und entspannte seine verpflasterte und verbundene Schulter.

Paula zog einen kleinen Schmollmund. »Ich wollte dich gar nicht warnen. Ich hatte einfach nur echte Angst.«

»Ach was, du hast doch nur so getan, als ob du Angst hättest.« Bond lächelte sie an. »Ich kann beurteilen, ob Leute wirklich Angst haben oder nicht.«

Sie beugte sich vor, küsste ihn und runzelte dann leicht die Stirn. »James, ich habe *immer noch* Angst. Ich bin ganz starr vor Schreck, wenn du es unbedingt wissen musst. Was hat es mit dieser Waffe auf sich, und wie konntest du auf diese Weise reagieren? Ich dachte, du wärst nur ein hohes Tier der Regierung.«

»Das bin ich. Hochgewachsen und manchmal werde ich zum Tier.« Er hielt inne, bereit, die wichtigen Fragen zu stellen, doch Paula ging durch den Raum, um die Automatikpistole aufzuheben und sie ihm nervös zurückzugeben.

»Werden sie wiederkommen?«, wollte Paula wissen. »Ist es wahrscheinlich, dass sie mich noch mal angreifen werden?«

»Hör zu«, sagte Bond und breitete die Hände aus, »aus irgendeinem Grund waren ein paar Gangster hinter mir her. Ich weiß wirklich nicht, warum. Ja, manchmal führe ich etwas gefährliche Aufträge aus – daher die Waffe. Aber mir fällt kein Grund ein, warum mich diese beiden hier in Helsinki angreifen sollten.«

Er erklärte, dass er die wahre Antwort in London finden mochte und das Gefühl habe, dass Paula sicher sein werde, sobald er aus dem Weg sei. An diesem Abend war es bereits zu spät, um noch einen British-Airways-Flug nach Hause zu erwischen, also musste er auf die reguläre Finnair-Maschine am nächsten Morgen um kurz nach neun warten.

»Das war's wohl mit unserem Abendessen.« Sein Lächeln sollte entschuldigend wirken.

Paula sagte, sie habe Lebensmittel im Haus. Sie könnten hier essen. Ihre Stimme zitterte. Bond beschloss, dass es am besten wäre, seine Befragung von der positiven Seite aus anzufangen, bevor er das wirklich große Problem in Angriff nahm: Woher wussten die mutmaßlichen Auftragsmörder, dass er in Helsinki war, und – noch wichtiger – woher wussten sie, dass er Paula besuchen wollte?

»Hast du hier ein Auto, Paula?«, begann er.

Sie hatte draußen ein Auto inklusive Parkplatz.

»Kann gut sein, dass ich dich später um einen Gefallen bitte.«

»Das hoffe ich.« Sie schenkte ihm ein tapferes Lächeln.

»Okay. Bevor wir uns darum kümmern, gibt es noch wichtigere Dinge.« Bond bombardierte sie in schneller Abfolge mit den offensichtlichen Fragen und verlangte schnelle Antworten. Er ließ ihr keine Zeit, irgendetwas zu umgehen oder über die Erwiderungen nachzudenken.

Hatte sie seit ihrer ersten Begegnung je mit ihren Freunden oder Kollegen hier in Finnland über ihn geredet? Natürlich. Hatte sie das auch in einem anderen Land getan? Ja. Konnte sie sich an die Anzahl der Leute erinnern, mit denen sie geredet hatte? Sie nannte ein paar offensichtliche Namen – enge Freunde und Personen, mit denen sie arbeitete. Konnte sie sich daran erinnern, ob andere Leute in der Nähe gewesen waren, als sie über Bond gesprochen hatte? Leute, die sie nicht kannte? Das sei durchaus möglich, doch Paula konnte ihm keine Einzelheiten nennen.

Bond machte mit den aktuelleren Ereignissen weiter. War jemand bei ihr im Büro gewesen, als er sie aus dem Inter-Continental angerufen hatte? Nein. Gab es irgendeine Möglichkeit, dass jemand den Anruf mitgehört haben könnte? Möglicherweise. Jemand hätte über die Schaltzentrale mithören können. Hatte sie nach dem Telefonat mit jemandem gesprochen – irgendjemandem erzählt, dass er in Helsinki sei und sie um halb sieben abholen würde? Nur einer Person. »Ich habe mich mit einer Frau getroffen – einer Kollegin aus einer anderen Abteilung. Wir hatten uns verabredet, um beim Abendessen über die Arbeit zu sprechen.«

Der Name dieser Frau lautete Anni Tudeer, und Bond nahm sich sehr viel Zeit, um alle Fakten über sie in Erfahrung zu bringen. Schließlich verfiel er in Schweigen, stand auf, ging zum Fenster hinüber, schob den Vorhang zurück und starrte hinaus.

Die Gegend unter ihm wirkte trostlos und ein wenig feindselig. Die weißen gefrorenen Figuren warfen Schatten über die Frostschicht auf dem Boden. Zwei kleine Fellbündel schlurften den gegenüberliegenden Gehweg entlang. In der Straße parkten mehrere Autos. Zwei davon wären ideal für eine Überwachung gewesen: Der Winkel, in dem sie standen, bot eine gute Sicht auf die Vordertür. Bond glaubte, eine Bewegung in einem von ihnen wahrzunehmen, beschloss aber, die Sache erst einmal zu verdrängen, bis der richtige Zeitpunkt gekommen war. Er kehrte zu seinem Stuhl zurück.

»Ist das Verhör vorbei?«, fragte Paula.

»Das war kein Verhör.« Bond zog sein altbewährtes Zigarettenetui hervor und bot ihr eine seiner speziellen Simmons-Zigaretten an. »Eines Tages werde ich dir vielleicht mal zeigen, wie ein Verhör abläuft. Weißt du noch, wie ich sagte, ich würde dich vielleicht um einen Gefallen bitten müssen?«

»Bitte und er wird gewährt.«

Sein Gepäck sei im Hotel, erklärte Bond ihr, und er müsse zum Flughafen. Ob er wohl bis vier Uhr morgens in ihrer Wohnung bleiben und dann mit ihrem Auto zum Hotel fahren könne, um dort die Rechnung zu bezahlen und auszuchecken, bevor er weiter zum Flughafen fahren würde? »Ich kann dafür sorgen, dass man dein Auto hierher zurückbringt.«

»Du fährst nirgendwo hin, James.« Sie klang furchtbar ernst und stur. »Du hast eine scheußliche Wunde an deiner Schulter. Sie wird früher oder später weitere Behandlung benötigen. Ja, du bleibst bis vier Uhr früh hier, dann werde ich dich zu deinem Hotel und zum Flughafen fahren. Aber warum so früh? Der Flug geht doch erst nach neun. Du könntest von hier aus buchen.«

Einmal mehr wiederholte Bond, dass sie nicht wirklich sicher sein würde, bis sie nicht mehr in seiner Gesellschaft war. »Wenn ich in den frühen Morgenstunden am Flughafen eintreffe, wirst du mich los sein. Außerdem werde ich einen Vorteil haben. In der Wartehalle eines Flughafens kann man sich so positionieren, dass einem niemand eine unangenehme Überraschung bereiten kann. Und dein Telefon werde ich aus offensichtlichen Gründen nicht benutzen.«

Sie stimmte zu, bestand jedoch weiterhin darauf, ihn zu fahren. Und da Paula eben Paula war, willigte Bond ein.

»Du siehst besser aus.« Sie gab ihm einen Kuss auf die Wange. »Willst du einen Drink?«

»Du weißt ja, was ich mag.«

Sie ging in die Küche und mixte einen Krug mit seinem liebsten Martini. Er hatte ihr vor über drei Jahren in London das Rezept beigebracht – ein Rezept, das aufgrund gewisser Veröffentlichungen bei vielen Leuten zum Standard geworden war. Nach dem ersten Drink schien das Pochen in seiner Schulter an Heftigkeit zu verlieren. Beim zweiten hatte Bond das Gefühl, fast wieder im Normalzustand zu sein. »Ich liebe diesen Morgenmantel.« Sein Verstand fing an, Dinge zu seinem Körper zu sagen, und sein Körper reagierte darauf – Wunde oder nicht.

»Tja«, erwiderte sie mit einem scheuen Lächeln, »um die Wahrheit zu sagen, ich hatte das Abendessen hier schon vorbereitet. Ich hatte nicht vor, auszugehen. Ich *war* fertig, als diese … diese Grobiane auftauchten. Wie geht es deiner Schulter?«

»Sie würde mich nicht von einer Partie Schach abhalten, oder jeder anderen beliebigen Sportart, die man drinnen ausüben kann.«

Mit einer einzigen Bewegung zog sie den Bindegürtel auf, und der Morgenmantel öffnete sich. »Du sagtest, ich wisse, was dir gefalle«, bemerkte sie leichthin und fügte dann hinzu: »Das heißt, sofern du dich dazu in der Lage fühlst.«

»Ich fühle mich durchaus dazu in der Lage«, entgegnete Bond.

Als sie aßen, war es fast Mitternacht. Paula dekorierte den Tisch mit Kerzen und servierte ein wahrhaft denkwürdiges Mahl: Schneehuhn in Aspik, flambierter Lachs und eine köstliche Schokoladenmousse. Dann, um vier Uhr morgens und mit der entsprechenden Kleidung, um sich der beißenden Kälte der Dämmerung zu stellen, gestattete sie Bond, die Treppe hinunter voranzugehen.

Mit der P7 in der Hand nutzte Bond die Schatten, um auf die Straße zu schleichen und sich seinen Weg über die eisglatte Fahrbahn zu bahnen, zuerst zu einem Volvo, dann zu einem Audi. Im Volvo saß ein schlafender Mann. Er hatte den Kopf zurückgelehnt, den Mund offen stehen und war tief in Träumen versunken, denen Überwachungsmänner im Laufe der Nacht anheimfielen. Der Audi war leer.

Bond gab Paula ein Zeichen, und sie kam sicheren Schrittes über die Straße zu ihrem Auto. Es startete beim ersten Versuch. Der Auspuff schickte dichte Wolken in die eisige Luft hinaus, und Paula fuhr mit dem Können einer Person, die daran gewöhnt war, ihr Auto jedes Jahr aufs Neue für lange Zeitspannen durch Schnee und Eis zu steuern. Im Hotel verliefen das Abholen des Gepäcks und das Auschecken problemlos. Als Paula dann nach Norden Richtung Vantaa fuhr, folgte ihnen niemand.

Offiziell öffnete der Vantaa-Flughafen nicht vor sieben Uhr, aber es waren trotzdem immer Leute dort. Um fünf Uhr morgens hatte der Ort diese Atmosphäre, die man überall auf der Welt mit dem säuerlichen Geschmack von zu vielen Zigaretten, ständigem Kaffeekonsum und der Müdigkeit beim Warten auf Nachtzüge oder Flugzeuge in Verbindung bringt.

Bond ließ nicht zu, dass Paula mit ihm wartete. Er versicherte ihr, dass er sie so bald wie möglich aus London anrufen würde, und sie küssten sich zum Abschied liebevoll.

In der Hauptwartehalle für den Abflugbereich, wo Bond Position bezog, waren Reinigungskräfte beschäftigt. Seine Schulter fing wieder an zu pochen. Mehrere gestrandete Passagiere versuchten, auf den tiefen, bequemen Stühlen zu schlafen, und eine nicht gerade geringe Anzahl an Polizisten marschierte in Paaren umher und hielt nach Problemen Ausschau, die sich nie ereigneten.

Pünktlich um sieben erwachte der Ort zum Leben. Bond hatte sich bereits am Finnair-Schalter angestellt, damit er der Erste in der Schlange war. Auf dem Finnair-Flug 831 um zehn nach neun gab es noch jede Menge freie Plätze.

Der Schneefall setzte gegen acht Uhr ein. Er war recht heftig geworden, als die große DC9-50 um zwölf nach neun unter lautem Getöse von der Rollbahn abhob. Helsinki verschwand schnell in einem Sturm aus weißem Konfetti, der schon bald einer aufgetürmten Wolkenlandschaft unter einem strahlend blauen Himmel wich.

Um genau zehn nach zehn Londoner Zeit brauste dasselbe Flugzeug über die Schwelle von Rollbahn 28 Links in Heathrow. Die Störklappen wurden aktiviert, als sie sich dem Boden näherten, und die jaulenden Turboturbinen von Tratt & Whitney stellten auf Rückwärtsgang, woraufhin sich die Geschwindigkeit des Flugzeugs langsam verringerte, nachdem die Maschine aufgesetzt hatte.

Eine Stunde später kam James Bond an dem hohen Gebäude am Regent's Park an, in dem sich das Hauptquartier des Service befand. Mittlerweile pochte seine Schulter wie ein örtlich versetzter Zahnschmerz, Schweiß tropfte von seiner Stirn, und er fühlte sich krank.

4

ZUCKERSCHLECKEN

»Es handelte sich eindeutig um Profis?« M hatte die Frage bereits drei Mal gestellt.

»Daran besteht kein Zweifel«, antwortete Bond, genau wie er es zuvor getan hatte. »Und ich betone noch einmal, Sir, dass ich das Ziel war.«

M schnaubte.

Sie saßen in Ms Büro im neunten Stock des Gebäudes: M, Bond und Ms Stabschef, Bill Tanner.

Sofort nach Betreten des Gebäudes hatte Bond ohne Umwege den Fahrstuhl in den neunten Stock genommen, wo er sich ins Vorzimmer geschleppt hatte. Es war das Reich von Ms ordentlicher und effizienter persönlicher Assistentin, Miss Moneypenny.

Sie schaute auf und lächelte zuerst erfreut. »James …«, begann sie. Dann sah sie, wie Bond taumelte, und sprang von ihrem Schreibtisch auf, um ihm auf einen Stuhl zu helfen.

»Das ist wundervoll, Penny«, murmelte Bond, der vor Schmerz und Erschöpfung ganz benommen war. »Sie riechen toll. Ganz nach Frau.«

»Nein, James, ganz nach Chanel. Während Sie nach einer Mischung aus Schweiß, Antiseptikum und einem Hauch von etwas von Patou riechen, denke ich.«

M war außer Haus bei einer Besprechung der Vereinten Geheimdienstkomitees, daher befand sich Bond innerhalb von zehn Minuten und mit Miss Moneypennys Hilfe unten in der Krankenstation und wurde von den zwei fest angestellten Krankenschwestern umsorgt. Der diensthabende Arzt war bereits auf dem Weg.

Paula hatte recht gehabt: Die Wunde musste behandelt werden, mit Antibiotika und Stichen. Gegen fünfzehn Uhr fühlte sich Bond schon sehr viel besser, gut genug, um sich zurückbringen zu lassen und sich einer Befragung durch M und den Stabschef zu stellen.

M fluchte nur selten, doch sein aktueller Gesichtsausdruck war der eines Mannes, der bereit war, der Versuchung nachzugeben. »Erzählen Sie mir noch mal von der Frau. Diese Vacker.« Er lehnte sich über den Schreibtisch, stopfte seine Pfeife, ohne hinzusehen, und starrte den jüngeren Mann mit seinen harten grauen Augen an, als wäre Bond nicht vertrauenswürdig.

Bond erzählte detailgenau noch einmal alles, was er über Paula wusste.

»Und die Freundin? Die, die sie erwähnte?«

»Anni Tudeer. Sie arbeitet für dieselbe Agentur und hat einen ähnlichen Posten wie Paula inne. Offenbar arbeiten sie momentan im Rahmen eines besonderen Auftrags zusammen. Sie unterstützen eine Organisation für chemische Forschung oben in Kemi. Das ist im Norden, aber auf dieser Seite des Polarkreises.«

»Ich weiß, wo Kemi liegt«, knurrte M fast. »Dort muss man auf dem Weg nach Rovaniemi und allen anderen Orten im Norden Zwischenstation machen.« Er neigte den Kopf in Tanners Richtung. »Stabschef, würden Sie die Namen für mich durch den Computer jagen? Finden Sie heraus, ob wir irgendetwas über sie haben. Sie können sogar mit dem MI5 zusammenarbeiten. Fragen Sie sie, ob sie irgendetwas wissen.«

Bill Tanner nickte bestätigend und verließ das Büro.

Sobald sich die Tür geschlossen hatte, lehnte sich M auf seinem Stuhl zurück. »Also, wie lautet Ihre persönliche Einschätzung, 007?« Die grauen Augen funkelten, und Bond dachte bei sich, dass M die Wahrheit vermutlich bereits irgendwo in seinem Kopf versteckt hatte – zusammen mit vielen Tausend anderen Geheimnissen.

Bond wählte seine Worte mit Bedacht: »Ich glaube, ich wurde markiert – ausgesucht –, entweder während der Übung in der Arktis oder bei meiner Rückkehr nach Helsinki. Irgendwie haben sie mein Hoteltelefon verdrahtet. Entweder das oder es war Paula – was ich nur schwer glauben könnte – oder jemand, mit dem sie gesprochen hat. Es war zweifellos eine zufällige Operation, denn selbst ich wusste nicht, dass ich noch bleiben würde, bis wir in Helsinki landeten. Aber sie handelten schnell und hatten definitiv vor, mich auszuschalten.«

M nahm die Pfeife aus dem Mund und stocherte damit in Bonds Richtung wie mit einem Schlagstock. »Wer sind *sie*?«

»Leute, die in der Lage sind, ortsansässige Experten anzuheuern, die nicht aus Finnland stammen – professionelle Beseitiger.«

»Aber warum sollten sie sie anheuern?« M saß ganz still da, seine Stimme war ruhig.

»Ich freunde mich nicht leicht mit Leuten an.«

»Sparen Sie sich die Frivolität, 007.«

»Tja.« Bond seufzte. »Ich vermute, es könnte ein Auftragsmord gewesen sein. Überreste von SPECTRE. Sicherlich nicht der KGB – das wäre sehr unwahrscheinlich. Es gibt ein halbes Dutzend unausgegorener Gruppen, die dahinterstecken könnten.«

»Würden Sie die Nationalsozialistische Aktionsarmee als unausgegorene Gruppe bezeichnen?«

»Das ist nicht ihr Stil, Sir. Die konzentrieren sich auf kommunistische Ziele – auf den großen Knall, einschließlich Informationsmaterial für die Öffentlichkeit.«

M gestattete sich ein schmales Lächeln. »Sie könnten eine Agentur benutzen, nicht wahr, 007? Eine Werbeagentur, wie die, für die Ihre Ms Vacker arbeitet.«

»Sir.« Bonds Stimme war tonlos, als wäre M verrückt geworden.

»Nein, Bond. Das ist nicht ihr Stil, es sei denn, sie wollten die schnelle Beseitigung einer Person, die sie als Bedrohung ansehen.«

»Aber ich bin nicht …«

»Das hätten sie nicht wissen dürfen. Sie hätten nicht wissen dürfen, dass Sie wegen irgendeines Playboy-Unsinns Zwischenstation in Helsinki gemacht haben – eine Rolle, die zunehmend ermüdend wird, 007. Sie hatten Anweisung, direkt nach London zurückzukehren, sobald Ihre Übung in der Arktis beendet war, oder etwa nicht?«

»Niemand bestand darauf. Ich dachte …«

»Mir ist völlig egal, was Sie dachten, 007. Wir wollten Sie hier haben. Stattdessen stromern Sie durch Helsinki. Sie hätten den Service und sich selbst in Schwierigkeiten bringen können.«

»Ich …«

»Sie konnten es nicht wissen.« M schien ein wenig milder zu werden. »Immerhin habe ich Sie einfach zu einer Übung in kalten Wetterbedingungen geschickt, eine Akklimatisierung. Ich übernehme die Verantwortung. Ich hätte deutlicher sein sollen.«

»Deutlicher?«

M schwieg eine ganze Minute lang. Über ihm verbildlichte die Originalversion von Robert Taylors Gemälde *Trafalgar* die Grundlagen von Ms Entschlossenheit und Persönlichkeit. Dieses Gemälde hing nun schon seit zwei Jahren dort. Davor war es Coopers *Seeschlacht bei Kap St. Vincent* gewesen, eine Leihgabe des National Maritime Museums, und davor … Bond konnte sich nicht erinnern, aber es waren immer Gemälde von britischen Marinesiegen. M besaß jene grundlegende Arroganz, die die Loyalität zum eigenen Land über alles andere stellte, sowie einen festen Glauben an die Unbesiegbarkeit der britischen Streitkräfte, egal wie die Chancen standen oder wie lange es dauerte.

Schließlich sprach M: »Momentan findet am Polarkreis eine sehr wichtige Operation statt, 007. Die Übung war ein Aufwärmtraining – wenn ich mich erdreisten darf, diesen Ausdruck zu benutzen. Ein Aufwärmtraining für *Sie*. Um es auf den Punkt zu bringen: Sie werden sich dieser Operation anschließen.«

»Gegen wen?« Bond ahnte die Antwort.

»Die Nationalsozialistische Aktionsarmee.«

»In Finnland?«

»Nahe der russischen Grenze.« M beugte sich noch weiter über den Tisch vor, als wollte er verhindern, dass man sie belauschte. »Wir haben bereits einen Mann vor Ort – oder ich sollte wohl besser sagen: Wir *hatten* einen Mann vor Ort. Er befindet sich auf dem Rückweg. Momentan besteht keine Notwendigkeit, ins Detail zu gehen. Seine Persönlichkeit kollidierte mit unseren Verbündeten. Das gesamte Team kommt her, um sich neu zu gruppieren und Sie kennenzulernen, Sie ins Bild zu setzen. Natürlich erhalten Sie als Erstes eine Unterweisung von mir.«

»Und wer ist das gesamte Team?«

»Seltsame Bettgenossen, 007. Sehr seltsame Bettgenossen. Und ich fürchte, dass wir durch Ihre Tändelei in Helsinki nun einen Teil des taktischen Überraschungsmoments verloren haben könnten. Wir hatten gehofft, dass Sie unbemerkt reingehen würden. Sich dem Team anschließen, ohne diese Neofaschisten vorzuwarnen.«

»Dem Team?«

M hustete und spielte auf Zeit. »Eine Operation mit diversen Verbündeten, 007, eine ungewöhnliche Operation, die auf Anfrage der Sowjetunion ins Leben gerufen wurde.«

Bond runzelte die Stirn. »Wir machen gemeinsame Sache mit Moskau?«

M nickte knapp. »Ja« – es schien, als würde er das ebenfalls nicht gutheißen. »Und nicht nur mit Moskau. Wir haben auch mit Langley und Tel Aviv zu tun.«

Bond stieß einen leisen Pfiff aus, woraufhin M die Augenbrauen hochzog und die Lippen zusammenpresste. »Ich sagte doch seltsame Bettgenossen, 007.«

»Wir, der KGB, die CIA und der Mossad – die Israelis«, murmelte er, als könnte er es kaum glauben.

»Ganz genau.« Nun, da die Katze aus dem Sack war, wurde M mitteilsamer. »*Operation Eisbrecher*. Natürlich haben die Amerikaner sie benannt. Die Sowjets stimmten dem zu, weil sie die Bittsteller waren …«

»Der KGB hat um eine gemeinsame Operation *gebeten*?« Bond klang nach wie vor ungläubig.

»Durch geheime Kanäle, ja. Als wir die Neuigkeit hörten, waren einige von uns skeptisch. Dann erhielt ich eine Einladung für einen Besuch am Grosvenor Square. Und da sie die CIA sind, wussten sie natürlich, dass auch der Mossad kontaktiert worden war. Innerhalb eines Tages hatten wir eine Konferenz mit allen drei Parteien arrangiert.«

Bond gestikulierte, um wortlos zu fragen, ob er rauchen dürfe. M fuhr mit seinen Ausführungen fort und erteilte ihm mit einer winzigen Handbewegung die Erlaubnis. Er hielt nur hin und wieder inne, um seine Pfeife wieder anzuzünden. »Wir haben uns das Problem von allen Seiten angesehen. Wir haben nach den Fallen gesucht – und natürlich gibt es ein paar –, die Optionen erwogen, falls die Sache schiefgeht, und dann beschlossen, Mitarbeiter für den aktiven Einsatz zu nominieren. Jeder von uns wollte mindestens drei haben. Den Sowjets passte das nicht: zu viele Personen, man müsse die Sache geheim halten und all das. Schließlich trafen wir uns mit dem Verhandlungsführer des KGB: Anatoli Pawlowich Grinew …«

Bond nickte wissend. »Oberst des Ersten Aufsichtsrats, Dritte Abteilung. Fungiert unter der Tarnung des Ersten Handelsministers in der KPG.«

»Genau der«, sagte M. KPG stand für Kensington Palace Gardens, genauer gesagt für das Haus mit der Nummer 13 – die russische Botschaft. Die Dritte Abteilung des Ersten Aufsichtsrats des KGB kümmerte sich ausschließlich um Geheimdienstoperationen mit Bezug auf das Vereinigte Königreich, Australien, Neuseeland und Skandinavien. »Genau der. Kleiner Bursche, Segelohren.« Das war eine zutreffende Beschreibung des gerissenen Oberst Grinew. Bond hatte schon zuvor mit dem Herrn zu tun gehabt und vertraute ihm in etwa so sehr, wie er einer fehlerhaften Landmine trauen würde.

»Und er erklärte alles?« Bond ließ es nicht wie eine Frage klingen. »Er erklärte, warum der KGB wollen würde, dass wir, die CIA, und der Mossad uns für eine geheime Operation auf finnischem Boden zusammentun? Sie haben doch sicher entsprechende Beziehungen zur SUPO, um sich direkt darum zu kümmern.« Die SUPO war der finnische Geheimdienst.

»Nicht ganz«, erwiderte M. »Haben Sie alles gelesen, was wir über die NSAA haben, 007?«

Bond nickte und fügte hinzu: »Das Wenige, das wir haben – die detaillierten Berichte über ihre etwa dreißig erfolgreichen Mordanschläge. Viel mehr gibt es nicht …«

»Da wäre noch die Analyse der Vereinten Geheimdienste. Ich vertraue darauf, dass Sie diese fünfzig Seiten gelesen haben?«

Bond bestätigte das. »Sie behaupten, dass die Nationalsozialistische Aktionsarmee nicht nur eine kleine fanatische Terrororganisation ist, sondern etwas sehr viel Gefährlicheres. Ich bin nicht sicher, ob diese Schlussfolgerung korrekt ist.«

»Tatsächlich?« M schnaubte. »Nun, *ich* bin sicher, 007. Die Mitglieder der NSAA sind Fanatiker, aber die leitenden Geheimdienstgesellschaften und Sicherheitsdienste sind sich einig: Die NSAA steht unter der Führung und Förderung alter Naziprinzipien. Sie meinen, was sie sagen, und es scheint so, als würden sie mit jedem Tag mehr Menschen in ihrem Netz fangen. Die Anzeichen deuten darauf hin, dass ihre Anführer sich als die Architekten des Vierten Reichs sehen. Das Ziel ist derzeit der organisierte Kommunismus. Aber kürzlich sind noch zwei weitere Elemente aufgetaucht.«

»Die da wären?«

»Ausbrüche von Antisemitismus in ganz Europa und in den Vereinigten Staaten …«

»Es gibt keine bewiesene Verbindung …«

M brachte ihn mit einer erhobenen Hand zum Schweigen. »Und zweitens haben wir einen von ihnen erwischt.«

»Ein Mitglied der NSAA? Niemand hat …«

»Es verkündet oder darüber gesprochen, nein. Das ist ein extrem gut gehütetes Geheimnis.«

Bond wollte wissen, ob M mit dem »wir« buchstäblich das Vereinigte Königreich meine.

»Oh ja. Er ist hier, in diesem Gebäude. Im Gästeflügel.« M vollführte eine ruckartige Bewegung, mit der er nach unten deutete, um anzuzeigen, dass sich der Gefangene in dem großen Verhörzentrum im Keller befand. Das Hauptquartier war umgebaut worden, als die Kosteneinsparungen der Regierung im Verteidigungssektor dem Service sein »Haus auf dem Land« verwehrt hatten, wo die Verhöre früher durchgeführt worden waren.

M fuhr fort und erklärte, sie hätten den Mann, um den es gehe, »nach dem letzten Zwischenfall in London« gefangen genommen. Damit bezog er sich auf das Gemetzel vor sechs Monaten, das sich am helllichten Tag ereignet und drei britische Staatsbeamte das Leben gekostet hatte. Sie hatten nach einigen Handelsbesprechungen gerade die Sowjetische Botschaft verlassen. Einer der Attentäter hatte versucht, sich selbst zu erschießen, als Mitglieder der Special Patrol Group eintrafen.

»Er hat schlecht gezielt.« M lächelte humorlos. »Wir sorgten dafür, dass er überlebte. Ein Großteil dessen, was wir wissen, basiert auf dem, was er uns erzählt hat.«

»Er hat geredet?«

»Herzlich wenig.« M zuckte mit den Schultern. »Aber das, was er gesagt hat, ermöglicht es uns, zwischen den Zeilen zu lesen. Nur wenige Menschen wissen überhaupt etwas darüber, 007. Ich erzähle Ihnen das nur, damit Sie nicht mehr daran zweifeln, dass wir uns auf dem richtigen Weg befinden. Wir sind uns zu achtzig Prozent sicher, dass die NSAA eine globale und wachsende Bedrohung ist, und wenn wir sie jetzt nicht aufhalten, wird daraus irgendwann eine öffentlich agierende Bewegung werden, die für die Wähler vieler Demokratien eine Verlockung darstellen könnte. Die Sowjets hegen natürlich ein berechtigtes Interesse.«

»Warum sollten wir dann dabei mitspielen?«

»Weil kein einziger Geheimdienst vom Bundesnachrichtendienst bis zum SDECE irgendwelche anderen Hinweise in

Erfahrung bringen konnte …«

»Und …?«

»Kein einziger, bis auf den KGB.«

Bond zeigte keinerlei Regung.

»Sie wissen natürlich nicht, was wir haben«, fuhr M fort. »Aber sie haben uns einen recht bedeutenden Hinweis geliefert. Über die Waffen der NSAA.«

Bond legte den Kopf schief. »Sie haben immer russische Fabrikate benutzt, daher nehme ich an …«

»Nehmen Sie gar nichts an, 007, das ist eine der obersten Strategieregeln. Der KGB hat überzeugende Beweise dafür, dass die Ausrüstung der NSAA innerhalb der Sowjetunion auf raffinierte Weise gestohlen und von dort an diverse Abholorte verschifft wird, vermutlich von einem finnischen Staatsbürger. Aus diesem Grund wollten sie heimlich und ohne das Wissen der finnischen Regierung vorgehen.«

»Und warum wir?« Bond blickte langsam durch.

»Sie sagen«, begann M, »dass es Unterstützung von einem Land geben muss, das nicht zum Ostblock gehört. Die Israelis sind eine recht offensichtliche Wahl, denn Israel könnte das nächste Ziel sein. Großbritannien und Amerika würden für die Welt eine beachtliche Front darstellen, falls sie sich in die Sache einmischen. Außerdem sagen sie, dass es in unserem gemeinsamen Interesse liegt, uns zu beteiligen.«

»Und Sie glauben denen, Sir?«

M warf ihm einen nüchternen Blick zu und lächelte nicht. »Nein. Nicht vollkommen, aber ich glaube nicht, dass dahinter etwas Bösartiges steckt wie eine komplizierte Falle für drei Geheimdienste.«

»Und wie lange läuft *Operation Eisbrecher* schon?«

»Sechs Wochen. Sie haben von Anfang an speziell nach Ihnen verlangt, aber ich wollte das Eis erst testen, wenn Sie verstehen, was ich meine.«

»Und es ist fest?«

»Es wird Ihr Gewicht tragen, 007. Zumindest denke ich das. Nach dem, was in Helsinki vorgefallen ist, gibt es nun natürlich eine neue Gefahr.«

Für eine ganze Minute herrschte Schweigen. Weit entfernt hinter der schweren Tür klingelte ein Telefon.

»Der Mann, den Sie eingeschleust haben …?«, brach Bond die Stille.

»Eigentlich sind es zwei Männer. Jede Organisation hat einen ortsansässigen Leiter, der in Helsinki untergebracht ist. Das ist der Mann, den wir abziehen. Dudley. Clifford Arthur Dudley. Er hat für eine ganze Weile in Stockholm gelebt.«

»Guter Mann.« Bond zündete sich eine weitere Zigarette an. »Ich habe mal mit ihm gearbeitet.« Tatsächlich hatten sie vor ein paar Jahren in Paris eine komplizierte Personenüberwachung mit anschließender Ermordung bei einem rumänischen Diplomaten durchgeführt. »Sehr geschickt«, fügte Bond hinzu. »Ein Alleskönner. Sie sagten, seine Persönlichkeit sei mit den anderen kollidiert …?«

M schaute Bond nicht direkt an. Er stand auf, ging zum Fenster hinüber, verschränkte die Hände hinter dem Rücken und starrte auf den Regent's Park hinaus. »Ja«, sagte er langsam. »Ja, er hat unserem amerikanischen Verbündeten ins Gesicht geschlagen.«

»Cliff Dudley?«

M drehte sich herum. Er hatte seinen verschlagenen Gesichtsausdruck aufgesetzt. »Oh, er tat es auf meine Anweisungen hin. Wir haben auf Zeit gespielt, wie ich sagte, das Eis getestet – und darauf gewartet, dass Sie sich akklimatisieren, wenn Sie mir folgen können.«

Wieder folgte Schweigen, das Bond erneut brach. »Und ich soll mich dem Team anschließen?«

»Ja.« M wirkte plötzlich ein wenig geistesabwesend. »Ja, ja. Sie haben sich alle zurückgezogen. Sie sollen Sie so bald wie möglich treffen. Ich habe zufälligerweise den Treffpunkt ausgewählt. Was halten Sie vom Reid's Hotel in Funchal, Madeira?«

»Besser als eine lappische *kote* am Polarkreis, Sir.«

»Gut. Dann werde ich Ihnen hier eine vollständige Unterweisung geben, und wenn Sie sich dazu in der Lage fühlen, werden wir Sie schon morgen Abend losschicken. Ich fürchte allerdings, dass die Arktis nach Madeira Ihr nächster Halt sein wird. Aber nun steht erst einmal eine Menge Arbeit an. Ihnen muss klar sein, dass diese Angelegenheit kein Zuckerschlecken wird, wie man damals im Zweiten Weltkrieg sagte.«

»Nicht einmal der Teil auf Madeira?«, hakte Bond nach.

M ließ tatsächlich ein kurzes Lachen vernehmen.

5

RENDEZVOUS IM REID'S

Letztendlich verließ Bond London doch nicht so schnell wie erwartet. Es gab eine Menge vorzubereiten, und die Ärzte bestanden außerdem auf einer gründlichen Untersuchung. Dann tauchte auch noch Bill Tanner mit den Überprüfungsergebnissen für Paula Vacker und ihre Freundin Anni Tudeer auf.

Es gab einige interessante und beunruhigende Informationen. Wie sich herausstellte, war Paula gebürtige Schwedin, hatte aber die finnische Staatsbürgerschaft angenommen. Ihr Vater hatte offenbar einst für das schwedische Diplomatenkorps gearbeitet, auch wenn ein Hinweis besagte, er habe »militante rechtsradikale Tendenzen«.

»Das bedeutet vermutlich, dass der Mann ein Nazi ist«, brummte M.

Der Gedanke beunruhigte Bond, doch Bill Tanners nächste Worte verstörten ihn noch mehr.

»Vielleicht«, sagte der Stabschef, »aber der Vater ihrer Freundin ist oder war definitiv ein Nazi.«

Was Tanner zu sagen hatte, weckte in Bond den dringenden Wunsch nach einer Gelegenheit, Paula bald wiederzusehen und vor allem Anni Tudeer kennenzulernen.

Im Computer gab es nur wenig über die Frau, aber er spuckte eine ganze Menge über ihren Vater aus, einen ehemaligen hochrangigen Offizier der finnischen Armee. Oberst Aarne Tudeer war 1943 in der Tat ein Mitglied des Personalstabs von Finnlands leitendem Kommandanten – dem berühmten Marschall Mannerheim – gewesen und im selben Jahr, als die Finnen Seite an Seite mit der deutschen Armee gegen die Russen kämpften, nahm Tudeer einen Posten bei der Waffen-SS an. Obwohl Tudeer in erster Linie ein Soldat war, blieb klar, dass seine Bewunderung für Nazideutschland und vor allem für Adolf Hitler keine Grenzen kannte. Gegen Ende des Jahres 1943 war Tudeer in den Rang eines SS-Oberführers befördert und auf einen Posten innerhalb des Vaterlandes der Nazis versetzt worden.

Als der Krieg endete, verschwand Tudeer, aber es gab eindeutige Hinweise darauf, dass er noch lebte. Die Nazifänger hatten ihn nach wie vor auf ihrer Fahndungsliste, da zu den vielen Operationen, bei denen er eine wichtige Rolle gespielt hatte, auch die »Hinrichtung« von fünfzig Kriegsgefangenen zählte, die im März 1944 in Sagan nach der berühmten »Großen Flucht« aus Stalag Luft III erneut geschnappt worden waren – ein Ereignis, das man unter dem Titel *Gesprengte Ketten* sogar verfilmt hatte.

Später kämpfte Tudeer tapfer während des historischen und blutigen Marsches der zweiten SS-Panzerdivision (»Das Reich«) von Monbauban in die Normandie. Es ist bestens bekannt, dass im Laufe dieser zwei Wochen im Juni 1944 Taten von grenzenlosem Schrecken verübt wurden, die die gewöhnlichen Regeln des Krieges überschritten. Eine dieser Taten war die Verbrennung von sechshundertzweiundvierzig Männern, Frauen und Kindern im Dorf Oradour-sur-Glane. Aarne Tudeer hatte bei diesem Zwischenfall mehr als nur die Finger im Spiel.

»In erster Linie war er Soldat, ja«, erklärte Tanner, »aber der Mann ist ein Kriegsverbrecher und deswegen sind die Nazijäger immer noch hinter ihm her, auch wenn er mittlerweile ein alter Pensionär ist. In den 1950ern gab es bestätigte Sichtungen in Südamerika, aber es ist fast sicher, dass er in den 1960ern nach einem erfolgreichen Identitätswechsel zurück nach Europa kam.«

Bond speicherte die Informationen in seinem Kopf ab und bat um die Gelegenheit, vorhandene Unterlagen und Fotos durchzusehen.

»Ich schätze, es besteht wohl keine Möglichkeit, dass ich schnell zurück nach Helsinki schleiche, um Paula zu treffen und diese Tudeer kennenzulernen?« Bond schaute M hart an, doch der schüttelte den Kopf.

»Tut mir leid, 007. Zeit ist ein entscheidender Faktor. Das gesamte Team hat seine Operationszone aus zwei Gründen verlassen – erstens um Sie zu treffen und zu unterweisen und zweitens um das zu planen, was sie für die letzte Phase ihrer Mission halten. Sehen Sie, diese Leute glauben zu wissen, wo die Waffen herkommen, wie sie an die NSAA weitergeleitet werden und – das ist das Wichtigste – wer die Operationen der NSAA leitet und von wo aus das geschieht.«

M stopfte seine Pfeife neu, lehnte sich auf seinem Stuhl zurück und begann zu erzählen. Das, was er erzählte, reichte in vielerlei Hinsicht aus, um Bond die Haare zu Berge stehen zu lassen.

Sie blieben an diesem Abend bis spät in die Nacht im Hauptquartier. Danach fuhr man Bond zurück in seine Wohnung in Chelsea und lieferte ihn Mays sanfter Barmherzigkeit aus. Seine respekteinflößende Haushälterin warf einen Blick auf ihn und befahl ihm im Tonfall eines altmodischen Kindermädchens, sofort ins Bett zu gehen. »Sie sehen vollkommen erschöpft aus, Mr James. Sofort ins Bett mit Ihnen. Ich bringe Ihnen ein schönes leichtes Abendessen auf einem Tablett. Und jetzt ab mit Ihnen.«

Bond hatte keine Lust auf eine Diskussion. May erschien bald darauf mit einem Gericht aus Räucherlachs und Rührei, das Bond aß, während er den Stapel mit der Post durchsah, der auf ihn gewartet hatte. Er hatte die Mahlzeit kaum beendet, als ihn die Müdigkeit überkam und er problemlos in einen tiefen, erholsamen Schlaf fiel.

Als er aufwachte, wusste Bond, dass May ihm erlaubt hatte, auszuschlafen. Die Zahlen auf seiner digitalen Nachttischuhr verrieten ihm, dass es schon fast zehn war. Innerhalb von Sekunden rief er nach May, damit sie ihm Frühstück machte. Ein paar Minuten später klingelte das Telefon.

M verlangte nach ihm.

Die zusätzliche Zeit in London zahlte sich aus. Bond erhielt nicht nur eine Übersicht über seine Partner bei *Operation Eisbrecher*, sondern hatte auch Gelegenheit, ausführlich mit Cliff Dudley zu sprechen, dem Mitarbeiter, dessen Aufgabe er übernehmen würde.

Dudley war ein kleiner, hartgesottener, kampflustiger Schotte, ein Mann, den Bond sowohl mochte, als auch respektierte. »Wenn ich mehr Zeit gehabt hätte«, erzählte Dudley ihm, »hätte ich vermutlich die ganze Wahrheit herausgefunden. Aber eigentlich wollten die lieber Sie haben. Das hat M mir vor meiner Abreise klargemacht. Sie sollten wissen, James, dass Sie sehr vorsichtig sein müssen. Keiner der anderen wird Ihnen Rückendeckung geben. Moskau hat eindeutig etwas vor, aber es stinkt alles nach einem doppelten Spiel. Vielleicht bin ich nur von Natur aus misstrauisch, aber deren Kerl verheimlicht etwas. Er hat ein Dutzend Asse im Ärmel, und zwar alle im selben Anzug, darauf wette ich.«

»Deren Kerl«, wie Dudley ihn nannte, war für Bond kein Unbekannter, zumindest kannte er seinen Ruf. Nikolai Mosolow hatte durchaus einen Ruf, und der war nicht besonders angenehm. Seine Freunde beim KGB kannten ihn unter dem Namen Kolja. Mosolow sprach fließend Englisch, Amerikanisch, Deutsch, Holländisch, Schwedisch, Italienisch, Spanisch und Finnisch. Mittlerweile war er Ende dreißig, aber in der Grundausbildung in der Nähe von Nowosibirsk war er ein Musterschüler gewesen. Außerdem hatte er für eine Weile mit der Expertengruppe für technische Unterstützung des Zweiten Aufsichtsrats seines Geheimdiensts zusammengearbeitet, der im Grunde genommen eine professionelle Einbruchseinheit darstellte.

In dem Gebäude am Regent's Park kannte man Mosolow auch unter zahlreichen Decknamen. In den Vereinigten Staaten war er Nicholas S. Mosterlane, in Schweden und anderen skandinavischen Ländern Sven Flanders. Sie wussten das alles, konnten ihn aber nie dingfest machen – nicht einmal als Nicholas Mortin-Smith in London.

»Er ist der unsichtbare Typ«, sagte M. »Ein Chamäleon. Er verschmilzt mit seinem Hintergrund und verschwindet immer dann, wenn man denkt, man hat ihn erwischt.«

Mit seinem amerikanischen Gegenpart bei *Operation Eisbrecher* war Bond ebenso unzufrieden. Brad Tirpitz, den man in Geheimdienstkreisen als »Bad« Brad kannte, war ein Veteran der alten CIA-Schule und hatte die zahlreichen Säuberungsaktionen im Hauptquartier seiner Organisation in Langley, Virginia, überlebt. Für manche war Tirpitz eine Art säbelrasselnder Abenteuerheld, eine Legende. Doch andere sahen ihn in einem anderen Licht – als die Art von Einsatzoffizier, die in der Lage war, äußerst fragwürdige Methoden anzuwenden. Er war ein Mann, der der Meinung war, dass der Zweck stets die Mittel heiligte. Und diese Mittel konnten, wie einer seiner Kollegen es ausdrückte, »sehr gemein sein. Er hat den Instinkt eines hungrigen Wolfs und das Herz eines Skorpions.«

Also, dachte Bond, würde er sich mit einem Schläger aus Moskau und einem Scharfschützen aus Langley auseinandersetzen müssen, der dazu neigte, zuerst zu schießen und dann Fragen zu stellen.

Der Rest der Unterweisung und der medizinischen Untersuchung nahm die verbleibenden Stunden des Tages und einen Teil des nächsten Morgens ein. Daher ging Bond erst am Nachmittag des dritten Tages an Bord der Vierzehn-Uhr-Maschine von TAP nach Lissabon, die ihn zu einer der Boeing-727-Pendelmaschinen nach Funchal bringen würde.

Die Sonne stand tief, berührte fast das Wasser und warf

warme rote Farbflecke auf die Felsen, als Bonds Flugzeug – das nun auf eine Höhe von knapp zweihundert Metern heruntergegangen war – die Landzunge von Ponta de São Lourenço überquerte, um diese aufregende niedrige Drehung zu vollführen, die die einzige Möglichkeit darstellte, auf die gefährliche kleine Landebahn in Funchal zu gelangen, die sich wie das Flugdeck eines Flugzeugträgers zwischen die Felsen zwängte.

Innerhalb einer Stunde brachte ihn ein Taxi zum Reid's Hotel, und am nächsten Morgen hielt er die Augen offen, um entweder Mosolow, Tirpitz oder das dritte Mitglied der *Eisbrecher*-Gruppe zu entdecken – die Mossad-Agentin, die Dudley als »eine absolut tödliche junge Frau, knapp unter eins siebzig mit reiner Haut und einer Figur wie die Venus von Milo« beschrieben hatte. »Nur dass diese hier beide Arme hat«, hatte er hinzugefügt. »Und der Kopf ist anders.«

»Inwiefern anders?«, hatte Bond nachgehakt.

»Umwerfend. Ich würde sagen, sie ist Ende zwanzig. Und sehr, sehr gut. Mit der würde ich mich nur ungern anlegen …«

»In professioneller Hinsicht versteht sich.« Bond hatte sich die Stichelei nicht verkneifen können.

Soweit es M betraf, war die israelische Agentin eine unbekannte Variable. Ihr Name lautete Rivke Ingber. In der Akte stand: »Nichts bekannt.«

Also schaute James Bond nun durch seine Sonnenbrille über die beiden Swimmingpools des Hotels hinweg und betrachtete die Gesichter und Körper der Hotelgäste.

Für einen Augenblick fiel sein Blick auf eine große, atemberaubende Blondine in einem Bikini von Pierre Cardin, deren Körper jeder Beschreibung trotzte. Tja, dachte Bond, als die Frau ins warme Wasser sprang, es gibt kein Gesetz, das einem das Anschauen verbietet. Er verlagerte seinen Körper auf der Sonnenliege, verzog aufgrund des Schmerzes in seiner schnell verheilenden Schulter leicht das Gesicht und beobachtete die junge Frau weiter beim Schwimmen. Ihre hübschen langen Beine öffneten und schlossen sich, während sich ihre Arme träge bewegten, sodass es fast wie eine bewusst sinnliche Geste wirkte.

Bond lächelte einmal mehr angesichts Ms Wahl für den Treffpunkt. Das Reid's war nach wie vor eines der wenigen Hotels unter den zahlreichen Touristenfallen von Gran Canaria bis Korfu, das sich – in Bezug auf die Küche und den Service – seit den 1930ern gewisse Standards erhalten hatte. Der Hotelladen verkaufte Erinnerungsstücke an die alten Zeiten – Fotografien von Sir Winston und Lady Churchill, die in den üppigen Gärten aufgenommen worden waren. Spindeldürre ältere Männer mit säuberlich gestutzten Schnurrbärten saßen in den luftigen Aufenthaltsräumen und lasen. Junge Paare, die Outfits von Yves Saint Laurent und Kenzo trugen, saßen neben ältlichen Damen mit Titeln auf der berühmten Teeterrasse. Er befand sich, überlegte Bond, in einer Umgebung, in der zweifellos Sätze wie »Der Butler ist der Mörder« fallen könnten. Ms Kumpane besuchten diese idyllische Zeitschleife sicher mit der Regelmäßigkeit einer Armbanduhr von Patek Philippe.

Während er dalag, suchte Bond den Bereich rund um den Pool und die Sonnenliegen mit sorgfältig schweifenden

Blicken ab. Keine Spur von Mosolow. Keine Spur von Tirpitz. Dank der Fotos, die er sich in London angesehen hatte, konnte er die beiden problemlos erkennen. Von Rivke Ingber hatte es kein Foto gegeben, und Cliff Dudley hatte lediglich wissend gelächelt und Bond gesagt, er werde schon noch früh genug herausfinden, wie sie aussehe.

Die Leute bewegten sich nun auf das Poolrestaurant zu, das zu zwei Seiten offen war und von pinkfarbenen Steinbögen geschützt wurde. Die Tische waren eingedeckt, die Kellner verharrten in wartenden Positionen, eine Bar lockte und ein langer Büfetttisch war aufgebaut worden, um jede nur erdenkliche Sorte Salat und Aufschnitt oder – falls der Gast es wünschte – heiße Suppe, Quiche, Lasagne oder Cannelloni anzubieten.

Mittagessen. Bonds alte Gewohnheiten folgten ihm auch nach Madeira. Die warme Luft und die Sonne der morgendlichen Observation riefen in ihm das angenehme Bedürfnis nach einem leichten Mittagsmahl hervor. Bond zog einen Frotteebademantel an, trottete zum Büfett, nahm sich ein paar dünne Scheiben Schinken und machte sich daran, etwas von dem farbenfrohen Salatangebot auszuwählen.

»Wie wäre es mit einem Drink, Mr Bond? Um das Eis zu brechen?« Ihre Stimme war sanft und wies keinerlei Akzent auf.

»Miss Ingber?« Bond drehte sich nicht herum, um sie anzusehen.

»Ja, ich habe Sie eine ganze Weile lang beobachtet – und ich glaube, Sie mich auch. Sollen wir zusammen zu Mittag essen? Die anderen sind ebenfalls eingetroffen.«

Bond drehte sich um. Vor ihm stand die umwerfende Blondine, die er im Pool gesehen hatte. Sie hatte sich einen trockenen schwarzen Bikini angezogen und ihre Haut schimmerte bronzefarben wie Buchenblätter im Herbst. Der Kontrast der Farben – die Haut, der dünne schwarze Stoff und die atemberaubenden kurz geschnittenen goldenen Locken – ließ Rivke Ingber nicht nur enorm attraktiv wirken, sondern machte sie auch zu einem Musterbeispiel an Gesundheit und Körperpflege. Ihr Gesicht leuchtete förmlich. Es war makellos und klassisch, fast schon nordisch – ein starker Mund und dunkle Augen, in denen ein Sinn für Humor beinahe verführerisch zu tanzen schien.

»Tja«, gab Bond zu, »Sie haben mich überflügelt, Ms Ingber. *Shalom.*«

»*Shalom*, Mr Bond ...« Der rosige Mund verzog sich zu einem Lächeln, das offen, einladend und vollkommen aufrichtig schien.

»Nennen Sie mich James.« Bond speicherte das Lächeln in seiner Erinnerung ab.

Sie hielt bereits einen Teller in der Hand, auf dem eine kleine Portion Hühnerbrust, ein paar geschnittene Tomaten und ein Salat aus Reis und Äpfeln lagen. Bond deutete auf einen der nahe gelegenen Tische. Sie ging voran, ihr Körper war geschmeidig, der Schwung ihrer Hüften fast schon frivol. Rivke Ingber stellte ihren Teller vorsichtig auf den Tisch und zupfte automatisch an ihrem Bikinihöschen. Dann fuhr sie mit den Daumen an der Innenseite des Stoffsaums an der Rückseite der Beine entlang und zog ihn über ihren festen prallen Po. Es war eine Geste, die Frauen an Stränden und

Swimmingpools täglich zahllose Male durchführten, und zwar ganz selbstverständlich und ohne darüber nachzudenken. Doch bei Rivke Ingber wirkte die Bewegung wie eine extrem verlockende, offene sexuelle Einladung.

Nun, da sie Bond gegenübersaß, ließ sie wieder ihr Lächeln aufblitzen und fuhr mit der Spitze ihrer kleinen Zunge über ihre Unterlippe. »Willkommen an Bord, James. Ich will schon sehr lange mit Ihnen zusammenarbeiten« – sie machte eine kleine Pause – »was ich von unseren Kollegen leider nicht behaupten kann.«

Bond schaute sie an und versuchte, die dunklen Augen zu ergründen – ein ungewöhnliches Merkmal bei einer Frau mit Rivkes Haut- und Haarfarbe. Seine Gabel verharrte auf dem Weg vom Teller zu seinem Mund, als er fragte: »So schlimm?«

»Schlimmer«, erwiderte sie. »Ich vermute, man hat Ihnen mitgeteilt, warum Ihr Vorgänger uns verlassen hat?«

»Nein.« Bond schaute sie unschuldig an. »Ich weiß nur, dass ich ganz plötzlich für diese Operation rekrutiert wurde. Es blieb kaum Zeit für Unterweisungen. Es hieß, das Team – das mir eine recht seltsame Mischung zu sein scheint – würde mir die Einzelheiten erklären.«

Sie lachte erneut. »Es gab einen Zwischenfall, den man vermutlich als Persönlichkeitskonflikt bezeichnen könnte. Brad Tirpitz verhielt sich wie üblich rüpelhaft, und zwar auf meine Kosten. Ihr Mann schlug ihm ins Gesicht. Ich war ein wenig verärgert. Ich meine, ich wäre selbst mit Tirpitz fertiggeworden.«

Bond nahm einen Bissen, kaute und schluckte. Dann fragte er sie, was es mit der Operation auf sich habe.

Rivke schenkte ihm einen flüchtigen koketten Blick mit leicht gesenkten Augenlidern. »Oh«, sie hob spöttisch einen Finger an die Lippen, »das ist verboten. Ich bin nur der Köder. Ich soll Sie zu dem Expertenpaar locken. Wir *alle* müssen bei Ihrer Unterweisung anwesend sein. Um Ihnen die Wahrheit zu sagen, ich glaube nicht, dass die mich sehr ernst nehmen.«

Bond lächelte bitter. »Dann haben sie noch nie den wichtigsten Spruch über Ihren Geheimdienst gehört ...«

»Wir sind bei unserem Auftrag gut, weil die Alternative zu schrecklich ist, um darüber nachzudenken.« Sie sprach die Worte tonlos aus, fast wie ein Papagei.

»Und sind *Sie* gut, Rivke Ingber?« Bond kaute einen weiteren Happen.

»Kann ein Vogel fliegen?«

»Dann müssen unsere Kollegen sehr dumm sein.«

Sie seufzte. »Nicht dumm, James. Chauvinisten. Sie sind nicht für ihr Vertrauen in die Zusammenarbeit mit Frauen bekannt, das ist alles.«

»Das Problem hatte ich noch nie.« Bonds Gesicht blieb ausdruckslos.

»Nein. Das habe ich gehört.« Rivke klang plötzlich formell. Vielleicht wollte sie ihm damit sogar sagen, dass er sich von ihr fernhalten sollte.

»Also. Wir reden nicht über *Eisbrecher.*«

Sie schüttelte den Kopf. »Keine Sorge, Sie werden genug darüber hören, wenn wir nach oben gehen, um die Jungs zu treffen.«

Bond bemerkte selbst in der Art, wie sie ihn ansah, den Anflug einer Warnung. Es war, als hätte sie ihm die Möglichkeit einer Freundschaft angeboten und dieses Angebot dann plötzlich wieder zurückgezogen. Ebenso schnell wurde Rivke wieder ganz die Alte. Ihre dunklen Augen hefteten sich auf Bond.

Sie beendeten ihr leichtes Mittagessen, ohne dass Bond noch einmal versuchte, das Thema *Eisbrecher* anzusprechen. Er redete über ihr Land – das er gut kannte – und über seine zahlreichen Probleme, aber er achtete darauf, während der Unterhaltung nicht auf ihr Privatleben einzugehen.

»Zeit, die großen Jungs kennenzulernen, James.« Sie tupfte sich die Lippen mit einer Serviette ab und schaute in Richtung Hotel.

Mosolow und Tirpitz hatten sie vermutlich von ihrem Balkon aus beobachtet, sagte Rivke. Ihre Zimmer lagen direkt nebeneinander im vierten Stock und beide Balkone gewährten einen guten Blick auf die Gärten. Außerdem konnte man von dort aus die ganze Zeit über den Bereich rund um den Swimmingpool im Auge behalten.

Sie gingen in getrennte Umkleidekabinen und kamen in angemessener Kleidung wieder heraus. Rivke trug einen dunklen plissierten Rock und eine weiße Bluse, Bond seine liebste marineblaue Hose, ein Sea-Island-Baumwollhemd und Mokassins. Gemeinsam betraten sie das Hotel und nahmen den Fahrstuhl in den vierten Stock.

»Ah, Mr James Bond.«

Mosolow war so unauffällig, wie die Experten behauptet hatten. Er hätte jedes Alter haben können – von Mitte zwanzig bis Ende vierzig.

»Kolja Mosolow«, sagte er und ergriff Bonds Hand. Der

Handschlag war weder fest noch lasch, und die Augen – die trüben grauen Augen – starrten ausdruckslos vor sich hin, ohne sich eindeutig auf Bonds Blick zu richten.

»Freut mich, mit Ihnen zusammenzuarbeiten.« Bond schenkte ihm sein charmantestes Lächeln, während er versuchte, den Mann so gut wie möglich einzuschätzen: relativ klein und blondes Haar, das zu keiner bestimmten Frisur geschnitten war, aber paradoxerweise ordentlich wirkte. Von dem Mann selbst und seiner Kleidung ging keinerlei Persönlichkeit aus – zumindest schien es so: ein kurzärmeliges braun kariertes Hemd, eine Hose, die aussah, als wäre sie an einem besonders schlechten Tag von einem Schneidergehilfen zusammengenäht worden, ein Gesicht, das sich mit der Stimmung zu verändern schien und je nach Lichteinfall alt oder jung wirkte.

Kolja deutete auf einen Stuhl, allerdings sah Bond nicht so recht, wie er es machte – er benutzte keine Gesten und bewegte auch seinen Körper nicht. »Kennen Sie Brad Tirpitz?« Sein Englisch war tadellos, sogar umgangssprachlich und wies einen leichten Hauch eines Londoner Vorstadtakzents auf.

Auf dem Stuhl saß Tirpitz – ein breiter, gewaltiger Mann mit großen, groben Händen und einem Gesicht, das aus Granit gemeißelt zu sein schien. Sein Haar war grau und sehr kurz, sodass es geradeso seine Kopfhaut bedeckte, und Bond stellte erfreut fest, dass auf der linken Seite des ungewöhnlich kleinen Mundes des Mannes der Hauch eines blauen Flecks und eine kleine Platzwunde prangten.

Tirpitz hob träge eine Hand zu einer Art Gruß. »Hi«, schnaubte er. Seine Stimme war rau, als hätte er eine Menge

Zeit damit verbracht, sich den Akzent der harten Kerle aus den Filmen anzutrainieren. »Willkommen im Club, Jim.«

Bond konnte an dem Mann weder Freundlichkeit noch Freude erkennen.

»Freut mich, Sie kennenzulernen, *Mr* Tirpitz.« Bond betonte das *Mister*.

»Brad«, gab Tirpitz knurrend zurück. Dieses Mal zuckte um seine Mundwinkel herum die Andeutung eines Lächelns. Bond nickte.

»Wissen Sie, worum es hier geht?«, Kolja Mosolow klang fast ein wenig entschuldigend.

»Nur in Ansätzen …«

Rivke mischte sich ein und schenkte Bond ein Lächeln. »James hat mir erzählt, dass er sehr kurzfristig hergeschickt wurde. Er hat von seinen Leuten keine Unterweisung erhalten.«

Mosolow zuckte mit den Schultern, nahm Platz und deutete auf einen der anderen Stühle. Rivke ließ sich aufs Bett sinken und faltete die Beine unter ihrem Körper zusammen, als würde sie es sich bequem machen.

Bond setzte sich auf den angebotenen Stuhl und schob ihn bis an die Wand zurück, damit er sich in einer Position befand, aus der er die anderen drei sehen konnte. Außerdem hatte er auf diese Weise einen guten Blick auf das Fenster und den Balkon.

Mosolow holte tief Luft. »Wir haben nicht viel Zeit«, begann er. »Wir müssen innerhalb von achtundvierzig Stunden von hier verschwinden und wieder im Operationsbereich sein.«

Bond deutete auf den Raum. »Ist es sicher, hier drinnen zu reden?«

Tirpitz gab ein raues Lachen von sich. »Keine Sorge. Wir haben alles überprüft. Mein Zimmer ist nebenan, dieses hier befindet sich an der Ecke des Gebäudes, und ich suche es ständig ab.«

Bond wandte sich wieder Mosolow zu, der während dieser kleinen Unterbrechung geduldig, fast unterwürfig gewartet hatte. Der Russe wartete noch einen Augenblick länger, bevor er wieder sprach. »Finden Sie das seltsam? Dass die CIA, der Mossad, meine Leute und Ihre Leute hier alle zusammenarbeiten?«

»Anfangs schon.« Bond schien sich zu entspannen. Dies war der Moment, vor dem M ihn gewarnt hatte. Es bestand die Möglichkeit, dass Mosolow gewisse Dinge für sich behalten würde. Wenn das der Fall war, musste er besonders vorsichtig sein. »Anfangs fand ich es seltsam, aber nachdem ich darüber nachgedacht habe … Nun ja, wir sind alle in derselben Branche. Wir haben möglicherweise unterschiedliche Auffassungen, aber es gibt keinen Grund, warum wir nicht für das Allgemeinwohl zusammenarbeiten sollten.«

»Korrekt«, sagte Mosolow knapp. »Dann werde ich Ihnen nun eine Kurzfassung aller Informationen geben.« Er hielt inne, schaute sich um und gab ein glaubhaftes Abbild eines kurzsichtigen und irgendwie zurückhaltenden Akademikers ab. »Rivke, Brad, bitte fügen Sie jegliche Punkte hinzu, die ich Ihrer Meinung nach ausgelassen habe.«

Rivke nickte, und Tirpitz lachte unangenehm.

»Also gut.« Wieder erfolgte der Verwandlungstrick: Kolja

veränderte sich, und aus dem langsamen Professor wurde ein aufgeweckter Leiter, der Entschlossenheit und Kontrolle ausstrahlte. Es machte Spaß, ihm zuzusehen, fand Bond. »Also gut. Ich werde es kurz und schmerzlos machen. Wie Sie sicher schon wissen, Mr Bond, geht es um die Nationalsozialistische Aktionsarmee: eine erwiesene Bedrohung für mein Land und auch für Ihre Länder. Faschisten der alten Schule.«

Tirpitz ließ wieder sein unangenehmes Lachen vernehmen. »Olle Faschisten.«

Mosolow ignorierte ihn. Es schien die einzige Methode zu sein, mit Brad Tirpitz' Sprüchen umzugehen. »Ich bin kein Fanatiker.« Mosolow senkte die Stimme. »Und ich bin auch nicht von der NSAA besessen. Allerdings glaube ich genau wie unsere Regierungen, dass diese Organisation groß ist und jeden Tag weiter wächst. Sie ist eine Bedrohung …«

»Das können Sie laut sagen.« Brad Tirpitz kramte eine Schachtel Camels hervor, klopfte die Öffnung gegen seinen Daumen, zog eine Zigarette heraus und zündete sie mithilfe eines Streichholzheftchens an. »Kommen Sie zum Punkt Kolja. Die Nationalsozialistische Aktionsarmee jagt euch Sowjets eine Scheißangst ein.«

»Sie ist eine Bedrohung«, fuhr Kolja fort, »für die Welt. Nicht nur für das sowjetische Russland und den Ostblock.«

»Sie sind deren Hauptziel«, schnaubte Tirpitz.

»Und wir sind in die Sache verwickelt, Brad, wie Sie sehr wohl wissen. Aus diesem Grund hat sich meine Regierung an Ihre Leute gewandt. Und an Rivkes und Mr Bonds Regierungen.« Er wandte sich wieder an Bond. »Wie Sie vielleicht wissen oder auch nicht, stammen alle Waffen, die bei den von der NSAA durchgeführten Operationen verwendet wurden, aus einer sowjetischen Quelle. Das Zentralkomitee wurde erst nach dem fünften Zwischenfall darüber informiert. Andere Regierungen und Agenturen hegten den Verdacht, wir würden irgendeine Organisation – möglicherweise eine aus dem Nahen Osten – mit Waffen versorgen, die sie daraufhin weiterleitete. Das war nicht der Fall. Diese Information löste ein Problem für uns.«

»Jemand hatte seine Finger in der Kasse«, warf Brad Tirpitz ein.

»Stimmt«, schnauzte Mosolow. »Im vergangenen Frühjahr entdeckte ein leitender Offizier der Roten Armee während einer Stichprobenüberprüfung der Lagerbestände – der ersten seit zwei Jahren – eine gewaltige Abweichung: einen unerklärlichen Schwund an Waffen. Sie stammten alle aus einer einzigen Quelle.« Er stand auf, ging durchs Zimmer zu einem Aktenkoffer und nahm eine große Karte heraus, die er auf dem Teppichboden ausbreitete.

»Hier.« Er deutete auf das Papier. »Hier, in der Nähe von Alakurtii, haben wir ein großes Waffenlager …«

Alakurtii lag etwa sechzig Kilometer östlich der finnischen Grenze, weit oben am Polarkreis – gut zweihundert Kilometer nordöstlich von Rovaniemi, wo Bond selbst während seiner kürzlichen Expedition stationiert gewesen war.

Kolja fuhr fort: »Im vergangenen Winter wurde ebendieses Waffenlager geplündert. Wir waren in der Lage, sämtliche Seriennummern der Waffen, die die NSAA benutzte, zu identifizieren. Die stammten eindeutig aus Alakurtii.«

Bond fragte, was fehle.

Koljas Gesicht wurde ausdruckslos, während er die Liste herunterratterte: »Kalaschnikows, RPKs, AKs, AKMs, Makarow- und Stetschkin-Pistolen, RDG-5- und RG-43-Granaten … Eine große Anzahl samt Munition.«

»Keine größeren Geschütze?« Bond ließ die Frage beiläufig klingen, wie eine spontane Reaktion.

Mosolow schüttelte den Kopf. »Das genügt. Sie wurden in großen Mengen entwendet.«

Zuerst kamen sie auf den Schwarzmarkt, dachte Bond. Er wusste bereits von M – der seine eigenen Quellen hatte –, dass Kolja Mosolow die bedeutendsten Waffen ausgelassen hatte: eine beträchtliche Anzahl von RPG-7V-Panzerabwehrwaffen einschließlich Raketen, die mit mehreren unterschiedlichen Sprengköpfen ausgestattet waren – konventionellen, chemischen und taktischen Atomsprengköpfen. Sie waren groß genug, um eine kleine Stadt in Schutt und Asche zu legen und alles in einem Radius von achtzig Kilometern rund um die Einschlagstelle zu verwüsten.

»Diese Ausrüstung verschwand während des Winters. Zu dieser Zeit haben wir eine kleine Garnison an der Basis Blue Hare stationiert, wie wir das Lager nennen. Der Oberst, der die Entdeckung machte, benutzte seinen gesunden Menschenverstand. Er erzählte es niemandem in Blue Hare, sondern erstattete umgehend der GRU Bericht.«

Bond nickte. Das ergab Sinn: Die Glawnoje Raswedywatelnoje Uprawlenije – der sowjetische Militärgeheimdienst, eine Organisation, die enge Verbindungen zum KBG hatte – würde natürlich die Behörde sein, die es in einem solchen Fall zu informieren galt.

»Die GRU schickte zwei Mönche los – so nennen sie gern die verdeckt ermittelnden Männer, die in Regierungsbüros oder Militäreinheiten arbeiten.«

»Und sie haben ihre heiligen Gebote befolgt?« fragte Bond, ohne zu lächeln.

»Mehr als das. Sie haben die Rädelsführer ausfindig gemacht – gierige Unteroffiziere, die von einer außenstehenden Quelle bezahlt wurden.«

»Also«, unterbrach Bond, »wissen Sie, wie das Zeug gestohlen wurde …«

Kolja lächelte. »Wie und die Richtung, in die es gebracht wurde. Wir sind uns ziemlich sicher, dass die Lieferung im letzten Winter über die finnische Grenze gebracht wurde. Diese Grenze kann man nur schwer bewachen, auch wenn ein paar Bereiche vermint sind und wir kilometerweise Bäume abgeholzt haben. Trotzdem überqueren sie täglich immer noch Leute. Wir glauben, dass die Waffen auf diese Weise weggeschafft wurden.«

»Dann kennen Sie das erste Ziel also nicht?« Es war Bonds zweite Testfrage.

Mosolow zögerte. »Wir sind uns nicht sicher. Unsere Satelliten versuchen, einen möglichen Ort zu bestimmen, und unsere Leute halten die Augen nach dem Hauptverdächtigen offen. Aber die Fakten sind nach wie vor unklar.«

James Bond wandte sich an die anderen. »Und sind sie für Sie beide ebenso unklar?«

»Wir wissen nur, was Kolja uns erzählt hat«, sagte Rivke ruhig. »Dies ist eine freundschaftliche Operation des Vertrauens.«

»Die Leute in Langley haben mir einen Namen genannt, den bis jetzt noch keiner erwähnt hat, das ist alles.« Mehr würde Brad Tirpitz offensichtlich nicht sagen, also fragte Bond Mosolow, ob er einen Namen wisse, den er laut aussprechen könne.

Eine lange Pause entstand. Bond wartete auf den Namen, den M ihm am vergangenen Abend hoch oben im seinem Büro im neunten Stock des Gebäudes am Regent's Park genannt hatte.

»Es ist so unsicher …« Mosolow wollte sich nicht aus der Reserve locken lassen.

Bond öffnete den Mund, um erneut zu sprechen, doch Kolja fügte schnell hinzu: »Nächste Woche. Nächste Woche um diese Zeit werden wir es wahrscheinlich mit Sicherheit wissen. Unsere GRU-Mönche berichten, dass eine weitere Lieferung gestohlen werden soll. Deswegen haben wir auch nur so wenig Zeit. Als Team besteht unsere Aufgabe darin, Beweise für den Diebstahl zu beschaffen und dann der Route zu folgen, über die die Waffen weggeschafft werden – bis zu ihrem Endziel.«

»Und Sie glauben, dass der Mann, der sie in Empfang nimmt, Graf Konrad von Glöda sein wird?« Bond schenkte ihm ein breites Lächeln.

Kolja Mosolow zeigte keinerlei Anzeichen von Emotionen oder Überraschung.

Brad Tirpitz lachte. »Dann hat London also die gleichen Informationen wie Langley.«

»Wer ist von Glöda?«, fragte Rivke. Sie bemühte sich nicht, ihren Schock zu verbergen. »Niemand hat mir gegenüber einen Grafen von Glöda erwähnt.«

Bond zog sein Zigarettenetui aus Geschützbronze aus seiner Gesäßtasche, schob sich eine der schlanken weißen Zigaretten von H. Simmons zwischen die Lippen, zündete sie an, sog den Rauch ein und ließ ihn dann in einem langen dünnen Streifen wieder entweichen. »Meine Leute – und die CIA ebenfalls, wie es scheint – haben Informationen, die besagen, dass der Vertreter, der in Finnland im Namen der NSAA handelt, ein gewisser Graf Konrad von Glöda ist. Stimmt das, Kolja?«

Mosolows Augen blieben trüb. »Das ist ein Codename. Ein Kryptonym, das ist alles. Es hatte keinen Sinn, Ihnen diese Information jetzt schon zu geben.«

»Warum nicht? Verbergen Sie irgendetwas, Kolja?« Dieses Mal lächelte Bond nicht.

»Nur dass ich gehofft hatte, Sie nächste Woche zu von Glödas Rückzugsort in Finnland zu führen, wenn wir unsere Überwachung von Blue Hare durchführen, Mr Bond. Ich hatte außerdem gehofft, dass Sie mich nach Russland begleiten würden, um alles mit eigenen Augen zu sehen.«

James Bond konnte es kaum glauben. Ein KGB-Mann lud ihn tatsächlich in sein Spinnennetz ein, und zwar unter dem Vorwand, dass er dort Zeuge eines Diebstahls einer großen Anzahl Waffen werden würde. Und nun konnte er nicht mehr beurteilen, ob Kolja Mosolow es als echten Teil der *Operation Eisbrecher* vorgesehen hatte oder ob *Eisbrecher* lediglich eine sorgfältig entwickelte Methode war, um Bond auf sowjetischem Boden in die Falle zu locken.

Bevor 007 nach Madeira aufgebrochen war, hatte M ihn gewarnt, dass Letzteres durchaus der Fall sein mochte.

6

GELB GEGEN SILBER

Die vier Mitglieder des *Eisbrecher*-Teams hatten sich zum Abendessen verabredet, aber Bond hatte etwas anderes vor. Ms Warnung bezüglich eines doppelten Spiels, das dieses unbehagliche Trio treiben mochte, war durch die kurze Unterweisung in Koljas Zimmer nur zu deutlich bestätigt geworden.

Ohne den Anstoß durch Brad Tirpitz wäre der Name Graf Konrad von Glöda nicht erwähnt worden. Und M zufolge war dieser geheimnisvolle Mann eine Schlüsselfigur in jeder gemeinsamen Sicherheitsermittlung. Außerdem hatte sich Kolja nicht die Mühe gemacht, ihm genauere Einzelheiten über die gefährlicheren Waffen zu geben, die aus dem russischen Lager in Blue Hare entwendet worden waren.

Brad Tirpitz war offensichtlich ebenso gut informiert wie Bond, doch Rivke schien nach wie vor im Dunkeln zu tappen. Die gesamte geplante Operation – einschließlich der Beobachtung eines zweiten großen Diebstahls auf der russischen Seite der Grenze – verhieß nichts Gutes.

Obwohl die Verabredung zum Abendessen stand, hatte Kolja darauf bestanden, dass alle vier Mitglieder der *Operation*

Eisbrecher die Insel innerhalb der nächsten achtundvierzig Stunden verlassen und wieder in den Operationsbereich nach Finnland aufbrechen sollten. Ein Treffpunkt war genannt und von allen bestätigt worden.

Bond wusste, dass es noch gewisse Dinge zu erledigen galt, bevor er sich den anderen im bitteren Klima des Polarkreises anschloss. Am Sonntagmorgen gingen einige Flüge von Madeira, daher würde Kolja beim Abendessen zweifellos Vorschläge machen, wie sie sich aufteilen sollten, um einzeln zu reisen. Doch James Bond würde sicher nicht auf Kolja Mosolows Anweisungen warten.

Als er das Zimmer verließ, entschuldigte er sich bei Rivke – die wollte, dass er mit ihr einen Drink an der Bar nahm – und machte sich zu seinem eigenen auf. Innerhalb von fünfzehn Minuten war James Bond mit einem Taxi auf dem Weg zum Flughafen in Funchal.

Dort folgte eine lange Wartezeit. Es war Samstag, und er hatte den Drei-Uhr-Flug verpasst. Er konnte nur noch das letzte Flugzeug an diesem Abend nehmen – die Maschine um zweiundzwanzig Uhr, die um diese Jahreszeit nur mittwochs, freitags und samstags verkehrte.

Während des Fluges dachte Bond über seinen nächsten Schritt nach. Er wusste, dass seine Kollegen mit ziemlicher Sicherheit am Sonntag mit dem ersten Flug von Madeira in Lissabon ankommen würden. Bond zog es vor, auf dem Weg nach Helsinki zu sein, lange bevor sie das Festland erreichten.

Er hatte Glück. Technisch gesehen gab es von Lissabon aus nach der letzten Maschine aus Funchal keine Flüge mehr. Doch der Nachmittagsflug von KLM nach Amsterdam hatte wegen der Wetterbedingungen in Holland extreme Verspätung und es gab noch einen freien Platz.

Um vier Uhr morgens erreichte Bond endlich den Schiphol-Flughafen in Amsterdam. Mit einem Taxi fuhr er direkt zum Hilton International, wo er selbst zu dieser frühen Stunde in der Lage war, einen Flug mit Finnair 846 nach Helsinki für achtzehn Uhr dreißig an diesem Abend zu buchen.

In seinem Zimmer überprüfte Bond schnell seine Reisetasche und den extra für ihn angefertigten Aktenkoffer mit seinen verborgenen Fächern für die beiden Sykes-Fairburn-Messer und die Heckler & Koch P7 Automatik. Die Waffen waren alle so abgeschirmt, dass sie bei einer Durchleuchtung am Flughafen oder bei Sicherheitsdurchsuchungen nicht auftauchten. Die Assistentin des Waffenmeisters in der Q-Abteilung, Ann Reilly – die alle nur als Q'utie kannten –, hatte diese Methode so weit perfektioniert, dass sie selbst den Mitgliedern ihrer eigenen Abteilung nur ungern die technischen Details verriet.

Nach einiger Überredung, hauptsächlich durch Bond, hatte der Waffenmeister der Heckler & Koch P7 9 mm Automatik zugestimmt, um die eher schwerfällige VP70 mit ihrem langen »Double Action«-Zug bei jedem Schuss zu ersetzen. Die Waffe war leichter und ähnelte mehr seiner geliebten alten Walther PPK, die mittlerweile aus dem Sicherheitsdienst verbannt worden war.

Bevor er duschte und ins Bett ging, schickte Bond noch ein Eiltelegramm mit Anweisungen für seinen Saab an Erik Carlsson in Rovaniemi. Dann bestellte er einen Weckruf für Viertel nach elf inklusive Frühstück.

Er schlief friedlich, obwohl in seinem Hinterkopf nach wie vor die Probleme bezüglich Mosolow, Tirpitz und Ingber – besonders aber Mosolow – rumorten. Er wachte gut erholt auf, doch diese Gedanken waren allgegenwärtig.

Bond hielt sich an sein übliches Rührei mit Speck, Toast, Marmelade und Kaffee. Er beendete sein Frühstück, bevor er die Londoner Nummer anrief, unter der er M, wie er wusste, an einem Sonntagmorgen erreichen würde. Es folgte eine Unterhaltung voller Botschaften, die unter Standardsätzen versteckt waren. Bond und sein Vorgesetzter waren an diese Art des Informationsaustauschs gewöhnt, wenn es darum ging, während eines laufenden Einsatzes öffentliche Telefonate zu führen.

Sobald der Kontakt hergestellt war, nannte Bond M die Einzelheiten: »Ich habe mit den drei Kunden gesprochen, Sir. Sie sind interessiert, aber ich kann noch nicht mit Sicherheit sagen, ob sie kaufen werden.«

»Haben sie Ihnen alles über ihre Pläne erzählt?« M klang am Telefon ungewöhnlich jung.

»Nein. Mr East war entschieden ausweichend, als es um den Vertreter ging. Ich muss sagen, dass Virginia einen Großteil der Einzelheiten zu kennen schien, aber Abrahams schien vollkommen unwissend zu sein.«

»Ah.« M wartete.

»East will unbedingt, dass ich die Quelle der letzten Lieferung sehe. Er sagt, dass schon bald eine weitere ansteht.«

»Das ist durchaus möglich.«

»Aber ich muss Ihnen leider mitteilen, dass er mir nicht alle Einzelheiten der letzten Lieferung genannt hat.«

»Ich habe ja vermutet, dass er Informationen zurückhalten würde.« Man konnte Ms zufriedenes Lächeln förmlich sehen. Er freute sich, dass er recht behalten hatte.

»Ich werde später an diesem Nachmittag jedenfalls wieder nach Norden reisen.«

»Haben Sie irgendwelche Zahlen?«, fragte M und gab Bond damit die Gelegenheit, ihm die Koordinaten des vorgeschlagenen Treffpunkts zu nennen.

Er hatte sich bereits damit beschäftigt, also ratterte er die Zahlen herunter und wiederholte sie, um M die Möglichkeit zu geben, sie aufzuschreiben. Er hatte sie absichtlich verdreht und jedes Paar in umgekehrter Reihenfolge durchgegeben.

»In Ordnung«, erwiderte M. »Reisen Sie per Flugzeug?«

»Flugzeug und Auto. Ich habe dafür gesorgt, dass der Wagen für mich bereitsteht.« Bond zögerte. »Da wäre noch eine letzte Sache, Sir.«

»Ja?«

»Erinnern Sie sich an die Dame? Die, mit der wir das Problem hatten – scharf wie ein Messer?«

»Ja.«

»Tja, ihre Freundin. Die mit dem seltsamen Vater.« Er bezog sich auf Anni Tudeer.

M schnaubte bestätigend.

»Ich werde ein Foto benötigen, damit ich sie erkennen kann.«

»Ich weiß nicht. Könnte schwierig werden. Schwierig für Sie und für uns.«

»Ich würde es sehr zu schätzen wissen, Sir. Ich denke wirklich, dass es wichtig ist.«

»Ich werde sehen, was ich tun kann.« M klang nicht überzeugt.

»Schicken Sie es mir einfach, wenn Sie können. Bitte, Sir.«

»Nun ja …«

»Wenn Sie können. Ich melde mich wieder, wenn es mehr zu berichten gibt.« Bond legte unvermittelt auf. Da war es wieder – dieses Zögern bei M: Etwas, das er zuvor noch nicht erlebt hatte. Es war da gewesen, als Rivke Ingber während der Unterweisung in London erwähnt worden war. Und nun war es wieder da, nachdem sie Anni Tudeer identifiziert hatten, die für Bond nicht mehr war als ein Name, den Paula Vacker erwähnt hatte.

Die Finnair-Maschine DC9-50, Flug 846 von Amsterdam nach Helsinki, setzte um Viertel vor zehn an diesem Abend zum Landeanflug an. Bond schaute auf die Lichter hinunter, die von der Kälte und dem Schnee verschleiert wurden, und fragte sich, ob die anderen drei Finnland bereits erreicht hatten. In der kurzen Zeit seit seinem letzten Besuch war noch mehr Schnee gefallen, und das Flugzeug setzte auf einer vom Eis befreiten Landebahn auf, die eine Schneise zwischen zwei Schneebergen bildete, die sich auf beiden Seiten erhoben und höher als die DC9-50 selbst waren.

Als Bond das Flughafengebäude betrat, waren all seine Sinne sofort voll da. Er hielt nicht nur nach Anzeichen seiner drei Partner Ausschau, sondern auch nach anderen möglichen Verfolgern. Seine letzte Begegnung mit den beiden Mördern in dieser schönen Stadt stand ihm noch lebhaft vor Augen.

Bond nahm ein Taxi zum Hesperia Hotel – eine berechnete Wahl. Er wollte die Reise zu ihrem Treffpunkt allein antreten, und es war durchaus möglich, dass Mosolow, Tirpitz und Rivke Ingber bereits einzeln auf dem Weg in die finnische Hauptstadt waren. Wenn irgendein Mitglied der Gruppe nach Bond suchte, würde das Inter-Continental mit Sicherheit überwacht werden.

Mit diesen Gedanken im Kopf achtete Bond genau darauf, welchen Weg er nahm – er ließ sich Zeit und schaute sich gründlich um, während er den Taxifahrer bezahlte, wartete einen Augenblick vor dem Haupteingang des Hotels und überprüfte das Foyer, sobald er es betrat.

Selbst jetzt, als er die Dame an der Rezeption nach dem Saab Turbo fragte, gelang es Bond, einen günstigen Aussichtspunkt zu wählen.

»Ich glaube, Sie haben hier einen Wagen. Einen Saab 900 Turbo. Silbern. Er wurde auf den Namen Bond geliefert. James Bond.«

Die Frau an der langen Rezeptionstheke runzelte genervt die Stirn, als hätte sie Besseres zu tun, als nachzusehen, ob irgendwelche Autos für ausländische Gäste zum Hotel gebracht worden waren.

Bond checkte für eine Nacht ein und zahlte im Voraus, aber er hatte nicht vor, die Nacht in Helsinki zu verbringen, falls das Auto bereits eingetroffen war. Die Fahrt von Rovaniemi nach Helsinki dauerte zu dieser Jahreszeit etwa vierundzwanzig Stunden: vorausgesetzt es gab keine Schneestürme und die Straßen waren nicht blockiert. Erik Carlsson sollte es mit seinen herausragenden Fähigkeiten und seiner Erfahrung als ehemaliger Rennfahrer problemlos schaffen.

Er hatte es geschafft, und noch dazu in beeindruckend kurzer Zeit. Bond hatte sich darauf eingestellt, zu warten, doch die Frau an der Rezeption sagte, der Wagen sei hier, und wedelte mit den Schlüsseln herum, als wollte sie ihre Behauptung damit untermauern.

In seinem Zimmer schlief Bond eine Stunde lang und machte sich dann daran, sich auf die vor ihm liegende Aufgabe vorzubereiten. Er zog sich für die Arktis taugliche Kleidung an – einen Trainingsanzug über Thermounterwäsche, eine gesteppte Skihose, Mukluk-Stiefel, einen dicken Rollkragenpullover und die wattierte blaue Winterjacke, die Tol-ma Oy in Finnland für Saab hergestellt hatte. Bevor er in die Jacke schlüpfte, schnallte er sich das Holster um, das die Q-Abteilung speziell für die Heckler & Koch P7 entwickelt hatte. Dieses verstellbare Holster konnte in diversen Positionen getragen werden, vom Hüft- bis zum Schulterholster. Dieses Mal zog Bond die Riemen so fest, dass sie mittig über seine Brust verliefen. Er überprüfte die P7, lud sie und steckte mehrere Reservemagazine – jedes mit zehn Schuss – in seine Jackentaschen.

Der Aktenkoffer enthielt alles, was er sonst noch brauchen mochte – abgesehen von der Kleidung in seiner Reisetasche. Weitere Bewaffnung, Werkzeuge, Leuchtfackeln und diverse pyrotechnische Hilfsmittel befanden sich im Wagen.

Während er sich anzog, wählte Bond Paula Vackers Nummer, obwohl er tief im Herzen wusste, dass zu dieser späten Stunde an einem Sonntagabend niemand drangehen würde.

Bond fluchte leise – denn Paulas Abwesenheit bedeutete

für ihn eine zusätzliche Aufgabe vor seiner Abreise – und zog sich fertig an. Er stülpte eine Skimaske über seinen Kopf, setzte darüber eine bequeme Wollmütze auf und schützte seine Hände mit Thermoautofahrerhandschuhen. Außerdem wickelte er sich einen Wollschal um den Hals und steckte eine Schneebrille ein, da er wusste, dass es entscheidend war, alle Bereiche des Gesichts und der Hände zu schützen, falls er das Auto bei Minustemperaturen verlassen musste.

Schließlich rief Bond an der Rezeption an, um zu sagen, dass er auschecken würde. Dann ging er sofort in die Tiefgarage, wo der silberne 900 Turbo unter den Lampen schimmerte.

Das meiste Gepäck verstaute er im Kofferraum und vergewisserte sich auch gleich, dass alles seinen Anweisungen entsprechend eingeladen worden war: der Spaten, zwei Kisten mit Feldrationen, zusätzliche Leuchtfackeln und eine große Wurfleinenausrüstung von Pains-Wessex, die mit hoher Geschwindigkeit und Genauigkeit ein Kabel von zweihundertfünfundsiebzig Metern Länge über eine Strecke von zweihundertdreißig Metern befördern konnte.

Bond hatte die Fahrertür des Wagens bereits geöffnet, um die Antieindringlingsvorrichtung und die Alarmschalter abzustellen. Nun ging er wieder nach vorne, um den Rest der Ausrüstung durchzusehen: die Geheimfächer, in denen sich Karten, weitere Leuchtfackeln und der große neue Ruger Redhawk .44 Magnum Revolver befanden, der jetzt seine zusätzliche Bewaffnung darstellte – ein Mannstopper und, wenn man ihn richtig einsetzte, auch ein Autostopper.

Als er auf einen der harmlos wirkenden Knöpfe auf

dem Armaturenbrett drückte, glitt eine Abdeckung zurück und enthüllte ein halbes Dutzend eiförmiger sogenannter »Übungsgranaten«, die in Wahrheit Blendgranaten waren, die die British Special Forces einsetzten. Im hinteren Bereich dieses »Eierkartons« lagen vier weitere tödliche Handgranaten – die L2A2s, die zur Standardausrüstung des britischen Militärs gehörten und nach dem Vorbild der amerikanischen M26er entwickelt worden waren.

Als er das Handschuhfach öffnete, sah Bond, dass sein Kompass an seinem Platz lag und Erik eine kurze Notiz hinzugefügt hatte: *Viel Glück, was auch immer Sie vorhaben.* Und dann stand da noch: *Vergessen Sie nicht, was ich Ihnen über den linken Fuß beigebracht habe. Erik.*

Bond lächelte und erinnerte sich an die Stunden, die er mit Carlsson verbracht hatte, um die Bremsmethoden mit dem linken Fuß zu erlernen, mit denen man das Auto auf dickem Eis drehen und kontrollieren konnte.

Als Letztes ging er um den Saab herum, um sicherzustellen, dass die Reifen korrekt mit Spikes ausgestattet waren. Der Weg nach Salla war lang – etwa tausend Kilometer: Bei schönem Wetter stellte das kein Problem dar, aber bei Eis und Schnee im Winter war es eine Tortur.

Bond ging die Checkliste durch und kontrollierte alle Funktionen wie ein Pilot vor dem Start. Er schaltete das Display ein, das nach dem Vorbild der Anzeige in den Saab-Viggen-Kampfflugzeugen modifiziert und angepasst worden war. Das beleuchtete Display lieferte digitale Geschwindigkeits- und Treibstoffanzeigen und zeigte außerdem die abgestuften zusammenlaufenden Linien an, die dem Fahrer dabei halfen, den Wagen sicher zu steuern – winzige Radarsensoren warnten vor Schneeverwehungen oder -hügeln links und rechts und verringerten so die Wahrscheinlichkeit, sich in tiefem oder unregelmäßigem Schnee festzufahren.

Bevor er nach Salla aufbrach, musste er noch einen privaten Besuch machen. Er ließ den Motor an, legte den Rückwärtsgang ein und fuhr das Auto dann die Rampe zur Hauptstraße hoch. Dort bog er auf die Mannerheimintie ab und hielt auf den Esplanade Park zu.

Die Schneeskulpturen schmückten noch immer den Park. Der Mann und die Frau verharrten nach wie vor in ihrer Umarmung, und als er den Wagen abschloss, glaubte Bond, vom anderen Ende der Stadt einen Schrei zu hören, der wie der eines verwundeten Tiers klang.

Paulas Tür war geschlossen, aber etwas daran war seltsam. Bond bemerkte es sofort. Er verdankte es diesem zusätzlichen Sinn, den man durch jahrelange Erfahrung entwickelte. Er öffnete schnell zwei der Verschlüsse an seiner Jacke, um Zugang zu der Heckler & Koch zu haben. Er stellte die plumpe Gummispitze seines Mukluk-Stiefels gegen die Außenkante der Tür und übte Druck aus. Die Tür schwang auf, sie hing locker in den Angeln.

Bond zog die Automatikpistole reflexartig, sobald er sah, dass das Schloss und die Kette abgerissen worden waren. Ein schneller Blick verriet ihm, dass es mit roher Gewalt geschehen sein musste – zweifellos kein zivilisiertes Betreten. Er trat zur Seite, stand mit angehaltenem Atem da und lauschte. Weder aus Paulas Wohnung noch aus dem Rest des Gebäudes kam irgendein Laut.

Langsam bewegte sich Bond vor. Die Wohnung lag in Trümmern: Zerbrochene Möbel und Dekorationsgegenstände lagen überall verstreut. Bond ging vorsichtig weiter und betrat mit der P7 in der Hand das Schlafzimmer. Hier sah es genauso aus. Schubladen und Schränke waren aufgerissen worden, die Kleidung lag überall verteilt, selbst die Daunendecke war mit einem Messer in Stücke geschnitten worden. Bond ging von Zimmer zu Zimmer und fand überall die gleiche Verwüstung vor. Es gab keine Spur von Paula.

Bonds sämtliche Sinne rieten ihm, von hier zu verschwinden. Er sollte es einfach gut sein lassen und vielleicht die Polizei verständigen, sobald er Helsinki hinter sich gelassen hatte. Es könnte sich um einen einfachen Raub handeln oder um eine Entführung, die als Einbruch getarnt war. Die dritte Möglichkeit war jedoch die wahrscheinlichste, denn das Chaos wies eine paradoxe Ordnung auf, was für eine entschlossene Durchsuchung sprach. Jemand war hinter einem bestimmten Gegenstand her gewesen.

Bond ging schnell ein zweites Mal durch die Zimmer. Nun hatte er zwei Hinweise – drei, wenn man die Tatsache mitzählte, dass bei seiner Ankunft sämtliche Lichter an gewesen waren.

Auf dem Schminktisch, der gewaltsam von Paulas zahlreichen Cremes und Make-up-Utensilien befreit worden war, lag ein Gegenstand. Vorsichtig hob Bond ihn auf, drehte ihn um und wog ihn in der Hand. Ein wertvolles Erinnerungsstück aus dem Zweiten Weltkrieg? Nein, das hier war etwas Persönlicheres, etwas Bedeutenderes: ein deutsches Ritterkreuz, das an dem typischen schwarz-weiß-roten Band hing. Die Spange, mit der es daran befestigt war, hatte die Form von Eichenlaub und zwei gekreuzten Schwertern. Wahrlich eine große Ehre. Als er es umdrehte, wurde die Gravur auf der Rückseite des Ordens deutlich sichtbar: »SS-Oberführer Aarne Tudeer. 1944.«

Bond ließ den Orden in eine seine Jackentaschen gleiten und als er sich abwandte, vernahm er ein Klimpern, als wäre er versehentlich gegen einen metallischen Gegenstand auf dem Fußboden getreten. Er suchte den Teppich ab und entdeckte ein mattes Schimmern neben dem Chrombein des Nachttischs. Eine weitere Auszeichnung? Nein, dies war ein Ärmelschild, ebenfalls deutsch: eine Plakette aus dunkler Bronze, auf der ganz oben ein Adler prangte. Der Schild darunter zeigte die groben Umrisse einer Karte des hohen Nordens Finnlands und Russlands. Darüber stand ein Wort: LAPPLAND. Der Wehrmachtsschild für den Dienst im hohen Norden war auf der Rückseite ebenfalls graviert, wies als Jahreszahl aber 1943 auf.

Bond steckte ihn zu dem Ritterkreuz in seine Tasche und ging zur Eingangstür. Es gab nirgendwo Blutspuren, und er konnte nur hoffen, dass Paula auf einer ihrer vielen Geschäfts- oder Vergnügungsreisen war.

Als er wieder im Saab saß, drehte er die Heizung auf und lenkte das Auto aus dem Esplanade Park. Er fuhr über die Mannerheimintie zurück und in Richtung Route 5, die ihn auf den langen Weg nach Norden führen würde. Er würde die Städte Lahti, Mikkeli und Varkaus umfahren, nach Lappland, an den Polarkreis und nach Kuusamo gelangen und schließlich kurz vor Salla das Hotel Revontuli erreichen, den

Treffpunkt, den er mit den anderen drei Mitgliedern der *Operation Eisbrecher* vereinbart hatte.

Als er Paulas Wohnhaus verlassen hatte, war es bitterkalt gewesen. Der Geruch von Schnee lag in der Luft, und man konnte förmlich sehen, wie sich der Frost um Helsinkis Gebäude legte.

Sobald er die Stadt hinter sich gelassen hatte, konzentrierte sich Bond voll und ganz aufs Fahren. Er holte alles aus dem Auto heraus, was unter den Straßenbedingungen und Sichtverhältnissen möglich war. Die finnischen Hauptstraßen sind außergewöhnlich, selbst wenn man bis in den hohen Norden fährt. Selbst dort sorgen auch im tiefsten Winter Schneepflüge dafür, dass die wichtigsten Straßen geräumt werden, doch meistens sind sie von einer festen Eisfläche überzogen.

Am Himmel war kein Mond zu sehen, und für die nächsten acht oder neun Stunden nahm Bond ausschließlich das strahlende Weiß wahr, das zurückgeworfen wurde, wann immer seine Scheinwerfer auf den Schnee trafen. Hin und wieder verschwand es, wenn große vor dem Schnee geschützte Nadelbaumflächen vor ihm auftauchten.

Die anderen würden per Flugzeug reisen, da war er sich sicher, aber Bond wollte selbst mobil sein, auch wenn er wusste, dass er den Wagen in Salla zurücklassen musste. Wenn er mit Kolja die Grenze überqueren sollte, würden sie sich mit großer Heimlichkeit durch die Wälder, über Seen und Hügel und durch die Täler des Winterödlands des Polarkreises fortbewegen müssen.

Das Display des Saabs war von unschätzbarem Wert – fast ein vollständiges Navigationssystem, das Bond den Weg durch den Schnee zeigte, der sich auf beiden Seiten der Straße auftürmte. Je weiter er nach Norden kam, desto spärlicher wurden die Dörfer, und zu dieser Jahreszeit gab es auch nur ein paar Stunden Tageslicht, wenn man es denn so nennen wollte. Der Rest war entweder Dämmerung, eine scheinbar immerwährende Dämmerung, oder vollkommene Dunkelheit.

Er hielt zwei Mal an, um zu tanken und etwas zu essen. Gegen sechzehn Uhr – obwohl es genauso gut Mitternacht hätte sein können – hatte ihn der Saab so weit gebracht, dass er sich nur noch etwa vierzig Kilometer von Soumussalmi befand. Nun war er relativ nah an der russisch-finnischen Grenze, und in wenigen Stunden würde er den Polarkreis erreichen. Er musste jedoch immer noch eine ganz schöne Strecke zurücklegen, aber bislang hatten sich die Wetterbedingungen nicht als sonderlich feindselig erwiesen.

Zwei Mal war der Saab in heftigen Schneegestöbern gelandet, die der starke Wind in weißen und blendenden Wirbeln vor sich hertrieb. Doch jedes Mal war Bond weitergefahren, war den Schneestürmen entkommen und hatte gebetet, dass sie örtlich begrenzt waren. Das waren sie, doch das Wetter war so seltsam, dass er auch plötzliche Temperaturanstiege erlebt hatte, die zu nebligen Bedingungen geführt hatten und sein Vorankommen sogar noch stärker behindert hatten als der Schnee.

Hin und wieder folgte der Saab über lange gerade Strecken einer gefrorenen Straße durch kleine Gemeinden, in denen die Leuten ihren täglichen Geschäften nachgingen – helle Lichter brannten in Läden, vermummte Gestalten stapften über die Gehwege, Frauen zogen Plastikschlitten hinter sich her, auf denen sich riesige Stapel mit Einkäufen türmten, die sie in kleinen Supermärkten besorgt hatten. Und sobald er die Stadt oder das Dorf dann verlassen hatte, schien es nur noch eine endlose Landschaft aus Schnee und Bäumen zu geben. Ab und zu brauste ein schwerer Laster oder ein Auto vorbei, das zurück in die nächste Stadt fuhr. Oder er traf auf einen gewaltigen Holztransporter, der Baumstämme in die eine oder andere Richtung brachte.

Die Müdigkeit überkam ihn in kleinen Wellen. Gelegentlich fuhr Bond an den Straßenrand und gestattete der Eiseskälte für ein paar Augenblicke, ins Auto zu gelangen. Dann ruhte er sich für eine kleine Weile aus. Hin und wieder lutschte er eine Glukosetablette und war dankbar für den bequemen verstellbaren Sitz des Saabs.

Nach guten siebzehn Stunden auf der Straße befand sich Bond etwa dreißig Kilometer von der Abzweigung zwischen der Route 5 und der Gabelung entfernt, die ihn weiter nach Osten bringen würde. Von dort würde er direkt auf die Straße gelangen, die von Osten nach Westen zwischen Rovaniemi und dem Grenzgebiet rund um Salla verlief. Die Gabelung selbst lag einhundertfünfzig Kilometer östlich von Rovaniemi und nur etwas mehr als vierzig Kilometer westlich von Salla.

Die Landschaft, die in seinen Scheinwerfern aufblitzte, blieb unverändert – Schnee, der sich bis zu einem ungesehenen Horizont erstreckte, gewaltige von Eis bedeckte Wälder, die an den Stellen, die den heftigen Auswirkungen der Schneestürme entkommen und vom starken Frost verschont geblieben waren, plötzlich braun und mattgrün wurden, als hätten sie einen Tarnanzug angelegt. Gelegentlich erhaschte er einen Blick auf eine Lichtung, auf der er die Umrisse einer schneebedeckten *kota* erkannte – dem lappischen Wigwam, der aus Stangen und Häuten bestand und dem der nordamerikanischen Indianer sehr ähnelte – oder die Überreste einer Blockhütte, die unter dem Gewicht des Schnees zusammengebrochen war.

Bond entspannte sich, kämpfte mit dem Steuer, korrigierte die Richtung und achtete auf jede noch so kleine Veränderung auf den Kontrollanzeigen, während er den Saab mit sicherer Geschwindigkeit über das Eis und den festen Schnee jagte. Er konnte den Erfolg schon riechen – die Ankunft im Hotel, ohne dass er ein Flugzeug benötigt hatte. Er mochte den Treffpunkt durchaus aus Erster erreichen, was ein weiterer Pluspunkt wäre.

Er befand sich nun auf einem einsamen Streckenabschnitt. Zehn Kilometer vor ihm war lediglich die Abzweigung und zwischen diesem Punkt und Salla gab es nicht viel, abgesehen von dem ein oder anderen Lappenlager oder verlassenen Sommerblockhütten. Er verlangsamte, um eine lange Kurve in der Straße zu nehmen, und als er um die Biegung fuhr, bemerkte er eine Bewegung zu seiner Rechten und vor sich ein paar Lichter. Bond dimmte die Frontscheinwerfer und stellte sie dann für eine Sekunde wieder heller, um zu sehen, was sich vor ihm befand. In den blendenden Strahlen entdeckte er einen großen gelben Schneepflug, dessen Scheinwerfer mit voller Kraft leuchteten. Der große Bug des Fahrzeugs wirkte wie ein Schlachtschiff.

Das war kein moderner Schneeräumer, sondern die stabilere Art von Monster. Die Schneepflüge, die man in diesem Teil der Welt hauptsächlich benutzte, hatten einen hohen Aufbau, auf dem oben eine Kabine aus dickem Glas saß, die dem Fahrer die bestmögliche Sicht gewährte. Der Fahrzeugaufbau wurde von einem Raupenfahrwerk bewegt, wie jene, die man bei selbstfahrender Feldartillerie fand. Der Pflug, der sich vor dem Fahrzeug befand, wurde von einer Reihe hydraulischer Kolben betrieben, die den Winkel oder die Höhe innerhalb von Sekunden verändern konnten.

Die Pflugvorrichtungen an diesen massigen Maschinen bestanden aus scharfem Stahl. Sie hatten die Form V-förmiger Bögen und waren gut drei Meter hoch. An der Schnittkante wölbten sie sich nach hinten, damit der Schnee und das Eis zur Seite gedrängt und dann von der bloßen Heftigkeit des Schaufelangriffs fortgeschleudert wurden.

Obwohl sie schwerfällig wirkten, konnten sich diese Maschinen mit der Geschicklichkeit eines schweren Panzers drehen, rückwärts und seitwärts fahren. Hinzukam, dass sie speziell entwickelt worden waren, um selbst unter den schlimmstmöglichen winterlichen Bedingungen beweglich zu bleiben.

Die Finnen hatten die Probleme mit Schnee und Eis auf ihren Hauptstraßen längst in den Griff bekommen, und diesen Monstern folgten oft große Schneefräsen, um nach dem ersten vernichtenden Angriff auf Schnee und Eis aufzuräumen.

Verdammt, dachte Bond. Wo es einen Schneeflug gab, gab es fast mit Sicherheit auch die Überreste eines Schneesturms. Er fluchte leise, denn es wäre großes Pech, wenn er nun in die

Folgen eines dritten Schneesturms geriet, nachdem er bereits zweien entkommen war.

Er schaltete einen Gang runter und warf einen Blick in den Rückspiegel. Hinter ihm tauchte ein zweiter Schneepflug auf – vermutlich kam er aus der Abzweigung, die er gerade passiert hatte. Auch seine Scheinwerfer strahlten mit voller Kraft.

Er ließ das Auto ausrollen, startete den Motor dann wieder und bewegte sich vorsichtig vorwärts. Wenn vor ihm oder vielleicht sogar weiter im Osten viel Schnee gefallen war, wollte er so nah wie möglich an den Rand fahren, um der gewaltigen Maschine Gelegenheit zu geben, ungehindert an ihm vorbeizufahren.

Als er an den Straßenrand steuerte, erkannte Bond, dass der Schneepflug vor ihm in der Mitte der Straße blieb. Ein weiterer Blick in den Spiegel verriet ihm, dass der Pflug hinter ihm das ebenfalls tat. Sofort spürte Bond, wie sich seine Nackenhaare aufstellten – ein sicheres Anzeichen für drohende Gefahr. Er passierte die Kreuzung und ein Blick nach rechts zeigte ihm, dass die Straße relativ frei war. Das bedeutete, dass diese Schneepflüge nicht ihrer normalen Arbeit nachgingen: Ihre Absicht war sehr viel bösartiger.

Bond war erst drei Sekunden von der Kreuzung entfernt, als er handelte. Er riss das Steuer nach rechts herum, trat mit dem linken Fuß heftig auf die Bremse und spürte, wie das Heck des Wagens auf dem glatten Untergrund unweigerlich ins Schleudern geriet. Dann trat er aufs Gas und wendete den Saab mit einer kontrollierten Drehung. In diesem Augenblick hatte Bond die Richtung geändert. Vorsichtig erhöhte er die Umdrehungen und korrigierte das Schleudern des Hecks, das ansonsten zu einer erneuten Drehung auf der Eisfläche unter ihm geführt hätte.

Der Schneepflug, der sich hinter ihm befunden hatte, war sehr viel näher, als er geschätzt hatte, und als er seine eigene Geschwindigkeit erhöhte und sich auf das Gefühl des Wagens konzentrierte, bereit, beim ersten Anzeichen eines Schlitterns zu korrigieren, wurde der massive Metallklumpen größer, hielt auf ihn zu und kam immer näher.

Er konnte von Glück reden, wenn er es vor dem Schneepflug zur Kreuzung schaffte, und obwohl er keine Zeit hatte, genauer hinzusehen, wusste Bond, dass der andere Schneepflug seine Geschwindigkeit ebenfalls erhöht hatte. Wenn er die Kreuzung nicht rechtzeitig erreichte, würde er entweder im Schnee am Straßenrand landen – und die Front des Saabs so tief darin vergraben, dass der Wagen jedem Angreifer ausgeliefert wäre –, oder die beiden Schneepflüge würden ihn von beiden Seiten erwischen und das Auto mit ihren messerscharfen gebogenen Schaufeln zwischen sich zerquetschen.

Bond löste eine Hand für eine Sekunde vom Steuer, um auf zwei der Knöpfe auf dem Armaturenbrett zu drücken. Ein leises hydraulisches Zischen ertönte, als sich zwei der Geheimfächer öffneten. Nun waren die Granaten und der Super Ruger Redhawk in seiner Reichweite. Das Gleiche galt für die Kreuzung. Sie lag direkt vor ihm.

Der Schneepflug vor ihm, der in Bonds Scheinwerfern gelb und stahlgrau aufblitzte, befand sich etwa zwölf Meter von der Kreuzung entfernt. Bond täuschte wie ein Boxer an und tat so, als wolle er rechts abbiegen. Er sah, wie der Pflug nach links steuerte und beschleunigte, um den Saab zu erwischen, wenn er nach rechts abbog.

Dann, beinahe in letzter Sekunde, als er schon fast nicht mehr abbrechen konnte, riss Bond das Steuer heftig nach rechts herum und trat erneut mit dem linken Fuß auf die Bremse. Wieder erhöhte er die Umdrehungen und beschleunigte.

Das Auto wirbelte herum wie ein Flugzeug, Bonds Füße lösten sich im selben Augenblick von Bremse und Gas, gerade als das Fahrzeug eine halbe Drehung vollführt hatte und sich parallel zur gegenüberliegenden Straße befand – die Straße, auf die er nach links hätte abbiegen müssen.

Bond korrigierte das Steuer und erhöhte langsam die Umdrehungen. Er spürte, wie der Wagen wie ein perfekt gezähmtes Tier reagierte. Das Heck brach nur leicht aus. Korrigieren. Rutschen. Korrigieren. Beschleunigen. Dann war er wieder auf Spur und bewegte sich bequem vorwärts. Die gewaltigen Formen der beiden Schneepflüge erhoben sich rechts und links von ihm.

Als er der Schaufel des gefährlicheren Pflugs auswich – der sich nun rechts von ihm befand – schnappte sich Bond eine der Granaten und tat das Unverzeihliche, indem er den Stift einer L2A2 mit den Zähnen herauszog. Gleichzeitig öffnete er die Fahrertür einen Spalt breit und warf die Granate hinter sich. Die bitterkalte Luft strömte ins Auto, als Bond darum kämpfte, die Tür wieder zu schließen. Dann spürte er die Erschütterung. Das Heck des Saabs hatte die Stahlschaufel des rechten Schneepflugs gestreift.

Für eine Sekunde glaubte er, der Aufprall würde ihn von

der Straße abbringen und in den hoch aufgehäuften Schnee an beiden Seiten der Nebenstraße schleudern, auf die er zuhielt. Doch der Wagen stabilisierte sich, und er gewann die Kontrolle zurück. Er hörte, wie der Schnee an der Straßenseite aufgewirbelt wurde, als seine Kotflügel auf ihn trafen. Er hatte gerade genug Platz, um das Auto auf die kleinere Straße zwischen den hohen weißen Hügeln zu manövrieren. Dann ertönte hinter ihm das Krachen der Granate. Ein schneller Blick in den Rückspiegel – denn er wagte es kaum, die Augen von der Straße und dem Display zu lösen – zeigte ihm eine dunkelrote Feuerblume, die ihren Ursprung direkt unter einem der großen gelben Schneepflüge hatte. Mit etwas Glück würde die Granate ausreichen, um den Pflug für etwa zehn Minuten lahmzulegen, während der andere ihn aus dem Weg schob.

Auf jeden Fall, überlegte Bond, konnte er auf dieser schmalen, gefährlichen, schneeflankierten Rinne von einer Straße jedem Schneepflug davonfahren. Zumindest jedem Schneepflug, der sich hinter ihm befand. Er hatte nicht damit gerechnet, dass noch ein weiterer auftauchen würde – und zwar direkt vor ihm. Seine Scheinwerfer zerschnitten die Dunkelheit und blendeten ihn, während das Gefährt scheinbar aus dem Nichts näher kam. Dieses Mal konnte er sich nirgendwo verstecken.

Mit sehr viel Glück würde einer der Schneepflüge hinter ihm außer Gefecht sein und der andere würde ihm erst wieder folgen können, sobald der Weg frei war. Doch vor ihm näherte sich ein drittes gelbes Monster, dessen Bug den Schnee aufwirbelte. Vermutlich, dachte Bond, lag auf der anderen Straße noch ein vierter mit ausgeschalteten Scheinwerfern auf der Lauer.

Wie bei einer klassischen militärischen Panzeroperation hatte jemand einen Hinterhalt geplant, der allein für Bond gedacht war. Genau am richtigen Ort und zur richtigen Zeit.

Doch er hielt nicht inne, um die Logik zu hinterfragen oder zu überlegen, welche geheimen Informationen jemanden dazu gebracht haben mochten, diese Falle vorzubereiten. Der gelbe Schneepflug hatte seine Scheinwerfer auf den Saab gerichtet, doch selbst in dem blendenden Licht konnte Bond die gebogene Schaufel sehen, die sich nach unten bewegte, bis sie über das Eis in der Mitte der Straße kratzte. Der Bug schob die angesammelten Schneeverwehungen beiseite und erledigte diese Aufgabe mit der Leichtigkeit eines Motorboots, das bei seiner Fahrt das Wasser teilte.

Bonds Verstand raste. Er fuhr so dicht an den Straßenrand, wie er es wagte, und hielt den Wagen an. Einfach darin sitzen zu bleiben, wäre Wahnsinn. Er musste das Ganze wie einen Militärangriff betrachten. Er war umzingelt, in die Ecke getrieben, und nun gab es nur noch eine Möglichkeit – er musste den Schneepflug aufhalten, der auf ihn zuhielt.

Der Redhawk .44 Magnum mit seiner schnellen Double-Action-Funktion war genau die Handfeuerwaffe, die er brauchte. Bond schnappte ihn sich, stopfte zwei L2A2s in seine Jackentaschen, öffnete vorsichtig die Tür und griff sich, kurz bevor er sich aus dem Auto rollte, schnell noch eine der Blendgranaten – »Flashbangs«, wie sie beim Special Air Service hießen.

Der Boden war hart, und die beißende Kälte traf Bond wie

Eiswasser, als er sich hinter dem Auto abrollte und sich in die hohe Schneeverwehung auf der linken Seite warf. Der Schnee war pulverig und weich. Innerhalb einer Sekunde war er bis zur Taille darin verschwunden und sank noch weiter ein, bis er fast bis zu den Schultern drinsteckte.

Dies war eine neue und sehr befremdliche Ausgangslage für einen Kampf. Das Strahlen der Scheinwerfer des Schneepflugs und der großen Lichter über der Fahrerkabine war verschwunden. Durch seine Schneebrille konnte Bond die beiden Männer an den Kontrollen sehen, und beobachtete, wie das große Fahrzeug die Position veränderte, um auf ihn zuzukommen. Es bestand kein Zweifel. Sie wollten ihn töten und bereiteten sich darauf vor, das Silberbiest in zwei Teile zu schneiden. Silber gegen Gelb, dachte Bond und hob seinen rechten Arm. In der linken Hand hielt er nach wie vor die Blendgranate, und nun schob er sein linkes Handgelenk unter sein rechtes, damit er beim Zielen nicht zitterte.

Sein erster Schuss traf den Scheinwerfer. Der zweite zerschmetterte die Glasscheibe der Schneepflugkabine. Bond hatte hoch gezielt. Er wollte niemanden töten, wenn es sich vermeiden ließ.

Eine der Türen öffnete sich, und eine Gestalt schickte sich an, herauszuklettern. In diesem Moment ließ Bond den Redhawk sinken, nahm ihn in die linke Hand und tauschte ihn gegen die Blendgranate aus. Er zog den Stift und schleuderte das harte grüne Ei mit aller Kraft, die er aufbringen konnte, in Richtung der zerstörten Scheibe der Kabine.

Die Granate musste direkt in der Kabine explodiert sein. Bond hörte das Donnern, wandte den Blick aber ab. Der

Lichtblitz würde zweifellos vorübergehende Blindheit verursachen, und die Explosion mochte die Trommelfelle der Insassen zum Platzen bringen.

Mit erhobenem Revolver rollte sich Bond aus der Schneeverwehung, bahnte sich fast schwimmend seinen Weg durch den dichten, schweren Pulverschnee, bis er stehen und sich – sehr vorsichtig – auf den Schneepflug zubewegen konnte.

Einer der Fahrer lag bewusstlos neben der großen Maschine: Der Mann, der versucht hatte, herauszuspringen, vermutete Bond. Der andere saß auf dem Fahrersitz, hatte beide Arme über das Gesicht gelegt, schaukelte vor und zurück und stöhnte im Einklang mit dem Wind, der durch den Schacht der Straße heulte.

Bond fand Halt, zog sich an der Fahrerseite hoch und riss die Tür der Kabine auf. Irgendein Instinkt musste den Fahrer gewarnt haben, dass Gefahr drohte, denn er kauerte sich zusammen und wich zurück. Bond rammte dem Mann den Lauf der Ruger heftig auf den Hinterkopf, und er verschwand ohne weitere Diskussion im Land der Träume.

Bond ignorierte die Kälte, hievte den Mann nach unten, zerrte ihn zur Vorderseite des Schneepflugs und legte ihn neben seinen Kollegen, bevor er in die Kabine zurückkehrte. Der Motor des Pflugs lief noch, und Bond hatte das Gefühl, einen Kilometer über der starken Hydraulik und der großen Schaufel zu sitzen. Die Anzahl der Hebel war einschüchternd, aber der Motor tuckerte unablässig vor sich hin. Bond war ausschließlich darauf bedacht, das Monstrum von der Straße zu schaffen oder zumindest an dem Saab vorbeizusteuern, damit er es in eine Position bringen konnte, in der es dem verbliebenen Schneepflug auf der Kreuzung den Weg versperren würde.

Eigentlich war es ganz einfach. Der normale Mechanismus funktionierte mit einem Lenkrad, einer Kupplung und einem Gaspedal. Bond brauchte etwa drei Minuten, um das riesige Gefährt am Saab vorbei und dann quer über die Straße zu manövrieren. Er stellte den Motor ab, zog den Schlüssel aus der Zündung und warf ihn in die glatten Schneedünen hinaus. Die beiden Fahrer waren noch immer bewusstlos und würden vermutlich Erfrierungen und Hörschäden davontragen. Eine recht geringe Strafe dafür, dass sie versucht hatten, ihn in gefrorene Einzelteile zu zerhacken, fand Bond.

Als er wieder im Auto saß, drehte er die Heizung voll auf, um trocken zu werden, legte den Redhawk – nachdem er ihn neu geladen hatte – und die Granaten zurück in ihre jeweiligen Verstecke, stellte sämtliche Knöpfe in ihre Ursprungsposition und studierte die Karte.

Wenn der Schneepflug die ganze Strecke entlanggefahren war, sollte die Straße bis zur Hauptstraße nach Salla frei sein. Noch zwei weitere Stunden Fahrt und er würde am Ziel sein. Letztendlich dauerte es fast drei Stunden, denn die Strecke war gewunden und enthielt einige Umwege, bevor man wieder auf die direkte Zufahrtsstraße gelangte.

Um zehn Minuten nach Mitternacht entdeckte Bond endlich das große beleuchtete Schild, das das Hotel Revontuli ankündigte. Ein paar Minuten später folgte eine Abfahrt, und das große sichelförmige Gebäude mit der großen Skisprungschanze, dem Sessellift und der Skipiste ragte hell beleuchtet hinter dem Gebilde auf.

Bond parkte den Wagen und stellte überrascht fest, dass

die Windschutzscheibe und die Motorhaube schon wenige Augenblicke nach dem Abstellen des Motors von einer Frostschicht überzogen waren. Trotzdem war es schwierig, sich die Kälte vorzustellen. Im Freien zog Bond die Schneebrille auf und stellte sicher, dass der Schal sein Gesicht bedeckte. Dann nahm er den Aktenkoffer und die Reisetasche aus dem Auto, stellte die Sensoren und Alarmvorrichtungen an und aktivierte die Zentralverriegelung.

Das Hotel war ein modernes Konstrukt aus Holz und Marmor. An das große Foyer war direkt eine Bar angeschlossen. Menschen unterhielten sich, lachten und tranken an der Theke. Als Bond auf die Rezeption zutrottete, begrüßte ihn eine vertraute Stimme.

»Hi, James!«, rief Brad Tirpitz. »Was hat Sie aufgehalten? Sind Sie den ganzen Weg auf Skiern hergefahren?«

Bond nickte, schob die Brille hoch und wickelte seinen Schal ab. »Es schien mir ein netter Abend für einen Spaziergang zu sein«, erwiderte er, ohne eine Miene zu verziehen.

An der Rezeption erwartete man ihn bereits, daher dauerte das Einchecken nur wenige Minuten. Tirpitz war an die Bar zurückgekehrt – wo er, wie Bond bemerkte, allein trank –, und keiner der anderen beiden war zu sehen. Bond brauchte Schlaf. Der Plan sah vor, jeden Tag gemeinsam zu frühstücken, bis das ganze Team eingetroffen war.

Ein Gepäckträger nahm seine Tasche, und er wandte sich gerade den Fahrstühlen zu, als die Mitarbeiterin an der Rezeption sagte, dass ein Päckchen per Expressluftpost für ihn angekommen sei. Es handelte sich um einen flachen hellbraunen Umschlag mit einer verstärkten Rückseite.

Sobald der Gepäckträger sein Zimmer verlassen hatte, verschloss Bond die Tür und schlitzte den Umschlag auf. Darin befanden sich ein einfaches Blatt Papier und ein Foto. M hatte folgende handschriftliche Notiz hinzugefügt: *Dies ist das einzige verfügbare Foto der fraglichen Person. Bitte zerstören.* Tja, dachte Bond, wenigstens würde er nun erfahren, wie Anni Tudeer aussah. Er ließ sich aufs Bett sinken und hielt das Foto hoch.

Bonds Magen drehte sich um, dann spannten sich seine Muskeln an. Das Gesicht, das ihm von dem matten Foto entgegenstarrte, gehörte Rivke Ingber, seiner Kollegin vom Mossad. Anni Tudeer, Paulas Freundin, die Tochter des finnischen Nazi-SS-Offiziers, der noch immer wegen seiner Kriegsverbrechen gesucht wurde, war Rivke Ingber.

Mit quälender Langsamkeit nahm James Bond das Streichholzheftchen, das neben dem Aschenbecher auf dem Nachttisch lag, zündete ein Streichholz an und verbrannte sowohl das Foto als auch die Notiz.

7

RIVKE

Seit Jahren pflegte James Bond die Gewohnheit, kurze Nickerchen zu machen, und war dadurch in der Lage, seinen Schlaf zu kontrollieren – sogar unter Stress. Außerdem hatte er sich die Fähigkeit antrainiert, seine Probleme in den Computer seines Verstands einzuspeisen, sodass sein Unterbewusstsein weiterarbeiten konnte, während er schlief. Normalerweise erwachte er mit einem klaren Kopf, manchmal mit einem neuen Blickwinkel auf ein Problem, aber immer ausgeruht.

Nach der außergewöhnlich langen und beschwerlichen Fahrt von Helsinki verspürte Bond natürliche Erschöpfung, doch sein Verstand beschäftigte sich mit einem Labyrinth aus widersprüchlichen Rätseln.

Wegen des Einbruchs und der Verwüstung in Paulas Wohnung in Helsinki konnte er momentan nichts unternehmen. Seine Hauptsorge galt der Sicherheit der Frau. Morgen früh würde er mit ein paar Telefonanrufen herausfinden, was vorgefallen war.

Sehr viel beunruhigender war jedoch der auf ihn verübte Angriff mit den Schneepflügen. Da er Madeira schnell verlassen hatte und auf Umwegen über Amsterdam nach Helsinki gereist war, konnte dieser Anschlag auf sein Leben nur eines bedeuten. Jemand beobachtete alle Ankunftsorte in Finnland. Sie mussten ihn am Flughafen bemerkt haben und später hatten sie dann herausgefunden, mit welchem Auto er unterwegs war.

Jemand wollte ihn ganz offensichtlich aus dem Weg schaffen, genau wie es der Fall gewesen war, bevor er überhaupt erfahren hatte, worum es ging: Das war der Grund für den Messerangriff in Paulas Wohnung gewesen.

Dudley, der ihn vertreten hatte, während M auf Bonds Rückkehr gewartet hatte, hatte sein Misstrauen bezüglich Kolja Mosolow angedeutet. Bond selbst hatte andere Ideen, und die aktuelle Entwicklung – die Entdeckung, dass die Mossad-Agentin, Rivke Ingber, scheinbar die Tochter eines gesuchten finnischen SS-Offiziers war – war wesentlich bedenklicher.

Bond gestattete diesen Problemen, seine Gedanken zu beherrschen, während er duschte und sich bettfertig machte. Er überlegte kurz, ob er noch etwas essen sollte, entschied sich dann aber dagegen. Er sollte besser bis zum Morgen fasten, wenn er mit den anderen frühstücken würde – vorausgesetzt sie waren alle im Hotel eingetroffen.

Er schien erst ein paar Minuten geschlafen zu haben, als das Klopfen in sein Bewusstsein vordrang. Ruckartig schlug er die Augen auf. Das Klopfen ging weiter – ein leises doppeltes Pochen an der Tür.

Lautlos zog Bond die P7 unter seinem Kissen hervor und

durchquerte das Zimmer. Das Klopfen war hartnäckig. Das doppelte Pochen, dann eine lange Pause, auf die ein weiteres doppeltes Pochen folgte.

Bond hielt sich links von der Tür, presste den Rücken gegen die Wand und flüsterte: »Wer ist da?«

»Rivke. Hier ist Rivke Ingber, James. Ich muss mit Ihnen reden. Bitte. Bitte lassen Sie mich rein.«

Sein Verstand klarte auf. Auf die Fragen, die Bond sich beim Einschlafen gestellt hatte, gab es mehrere Antworten. Eine war so offensichtlich, dass er sie bereits in Betracht gezogen hatte. Falls Rivke tatsächlich Aarne Tudeers Tochter war, konnte es mit Leichtigkeit eine Verbindung zwischen ihr und der Nationalsozialistischen Aktionsarmee geben. Sie war erst dreißig, höchstens einunddreißig, was bedeutete, dass sie ihre prägenden Jahre vermutlich mit ihrem Vater in einem Versteck verbracht hatte. Wenn das der Fall war, war es durchaus möglich, dass Anni Tudeer ein neofaschistischer Maulwurf war, der den Mossad unterwandert hatte. Und möglicherweise hatte sie einen Tipp bekommen, dass die Briten kurz davor waren, ihre wahre Identität aufzudecken. Außerdem vermutete sie vielleicht, dass Bonds Kollegen nicht abgeneigt wären, der CIA und dem KGB diese Information vorzuenthalten. So etwas hatte es schon zuvor gegeben, und *Operation Eisbrecher* erwies sich schon jetzt als unsichere Allianz.

Bond schaute auf die leuchtende Anzeige seiner Rolex Oyster Perpetual. Es war halb fünf. Psychologisch gesehen hätte Rivke keinen besseren Zeitpunkt wählen können.

»Warten Sie«, flüsterte Bond. Er durchquerte wieder den

Raum, um sich einen Bademantel überzuziehen und die Heckler & Koch zurück unter sein Kissen zu legen.

Als er die Tür öffnete, kam Bond schnell zu dem Schluss, dass sie unbewaffnet war. Bei dem Outfit, das sie trug, gab es nur wenige Stellen, an denen sie irgendetwas hätte verstecken können: ein schillerndes weißes Negligé, das locker über einem einfachen, figurbetonten und farblich passenden Nachthemd hing. Ihr Anblick hätte genügt, um jeden Mann unvorsichtig werden zu lassen. Ihr gebräunter Körper war durch den dünnen Stoff gut zu erkennen, der atemberaubende Farbkontrast wurde vom blonden Schimmern ihrer Haare betont, und in den flehenden Augen lag ein Hauch von Angst.

Bond ließ sie ins Zimmer, verschloss die Tür und trat zurück. Tja, dachte er und ließ den Blick schnell an ihrem Körper hinunterwandern. Entweder ist sie übermäßig professionell oder naturblond.

»Ich wusste gar nicht, dass Sie bereits im Hotel eingetroffen sind«, sagte er ruhig. »Willkommen.«

»Danke.« Sie sprach leise. »Darf ich mich setzen, James? Es tut mir schrecklich leid, Sie …«

»Es ist mir eine Freude. Bitte …« Er deutete auf einen Stuhl. »Soll ich irgendetwas bestellen? Oder wollen Sie einen Drink aus der Minibar?«

Rivke schüttelte den Kopf. »Das ist so albern.« Sie schaute sich um, als wäre sie desorientiert. »So dumm.«

»Wollen Sie darüber reden?«

Sie nickte hastig. »Bitte halten Sie mich nicht für eine vollkommene Närrin, James. Ich bin wirklich recht gut im Umgang mit Männern, aber Tirpitz … Nun ja …«

»Sie meinten doch, Sie könnten mit ihm fertigwerden und dass Sie keine Hilfe bräuchten, als mein Vorgänger ihm eine verpasst hat.«

Sie schwieg einen Augenblick. Dann sprach sie ganz plötzlich, fast explosionsartig: »Tja, damit lag ich wohl falsch, was? Das ist alles, was ich dazu sagen kann.« Sie hielt inne. »Oh, es tut mir leid, James. Ich sollte eigentlich gut ausgebildet und selbstsicher sein. Und doch ...«

»Und doch werden Sie mit Brad Tirpitz nicht fertig?«

Sie lächelte, als sie Bonds spöttischen Unterton bemerkte und reagierte entsprechend: »Er weiß nichts über Frauen.« Dann wurde ihr Gesicht ernst und das Lächeln verschwand aus ihren Augen. »Er war wirklich sehr unangenehm. Er hat versucht, sich gewaltsam Zugang zu meinem Zimmer zu verschaffen. Er war sehr betrunken und erweckte den Eindruck, dass er nicht so leicht aufgeben würde.«

»Und Sie haben ihm nicht mal eins mit Ihrer Handtasche übergezogen?«

»Er war wirklich Furcht einflößend, James.«

Bond ging zum Nachttisch, nahm sein Zigarettenetui und das Feuerzeug und hielt Rivke das offene Etui hin. Doch sie schüttelte den Kopf, während Bond sich eine Zigarette anzündete und den Rauch Richtung Decke blies.

»Das passt gar nicht zu Ihnen, Rivke.« Er setzte sich ans Fußende des Betts, schaute sie an und suchte in ihrem attraktiven Gesicht nach einem Hinweis auf die Wahrheit.

»Ich weiß.« Sie sprach sehr schnell. »Ich weiß. Aber ich konnte nicht alleine in meinem Zimmer bleiben. Sie haben ja keine Ahnung, wie er war ...«

»Sie sind kein hilfloses Püppchen, Rivke. Normalerweise laufen Sie nicht gleich zum nächstbesten Mann, um Schutz zu suchen. Das ist furchtbar altmodisch. Leute wie Sie hassen und verabscheuen derartiges Verhalten.«

»Es tut mir leid.« Sie schickte sich an, aufzustehen, ihre Wut war für einen Augenblick fast greifbar. »Ich werde gehen und Sie in Ruhe lassen. Ich brauchte nur Gesellschaft. Der Rest dieses sogenannten Teams leistet niemandem Gesellschaft.«

Bond streckte eine Hand aus, berührte ihre Schulter und drückte sie ruhig zurück auf den Stuhl. »Bitte bleiben Sie, Rivke. Aber halten Sie mich bitte nicht für einen Idioten. Sie könnten Brad Tirpitz mit einem Klimpern Ihrer Wimpern erledigen, egal ob er betrunken oder nüchtern ist ...«

»Das stimmt nicht ganz.«

Der Trick, dachte Bond, reichte bis in den Garten Eden zurück und war der älteste der Welt. Aber warum sollte er widersprechen? Wenn eine hübsche junge Frau mitten in der Nacht in das Zimmer eines Mannes kam und um Schutz bat – auch wenn sie durchaus in der Lage war, auf sich selbst aufzupassen –, dann gab es dafür nur einen einzigen Grund. Aber das galt für die echte Welt, nicht für dieses Labyrinth aus Geheimnissen und doppelten Spielchen, in dem Bond und Rivke lebten und arbeiteten.

Er nahm einen weiteren langen Zug von seiner Zigarette und traf eine Entscheidung. Rivke Ingber war allein in seinem Zimmer, und er wusste, wer sie wirklich war. Bevor sie ihren nächsten Zug machte, wäre es vielleicht am besten, die Karten auf den Tisch zu legen.

»Vor ein paar Wochen, Rivke, vielleicht sogar weniger – ich scheine jegliches Zeitgefühl verloren zu haben –, haben Sie da irgendetwas unternommen, als Paula Vacker Ihnen erzählte, ich sei in Helsinki?«

»Paula?« Sie wirkte aufrichtig verwirrt. »James, ich weiß nicht …«

»Hören Sie, Rivke«, er lehnte sich vor und nahm ihre Hände in seine, »unsere Branche bringt seltsame Freundschaften und manchmal auch seltsame Feindschaften mit sich. Ich will nicht Ihr Feind werden. Sie brauchen Freunde, meine Liebe. Sehen Sie, ich weiß, wer Sie sind.«

Sie runzelte die Stirn, und ihr Blick wurde misstrauisch. »Natürlich. Ich bin Rivke Ingber. Ich arbeite für den Mossad und bin israelische Staatsbürgerin.«

»Dann kennen Sie Paula Vacker also nicht?«

Sie zögerte nicht. »Ich bin ihr begegnet. Ja, vor langer Zeit kannte ich sie recht gut. Aber ich habe sie nicht mehr gesehen seit … Oh, das muss jetzt drei oder vier Jahre her sein.«

»Und Sie hatten nicht kürzlich Kontakt zu ihr?« Bond hörte den leicht hochmütigen Tonfall in seiner Stimme. »Sie arbeiten nicht mit ihr in Helsinki zusammen? Sie hatten keine Verabredung zum Abendessen – die Paula absagte –, kurz bevor Sie zu unserem Treffen in Madeira aufbrachen?«

»Nein.« Einfach, offen, direkt.

»Nicht einmal unter Ihrem richtigen Namen? Anni Tudeer?«

Sie holte tief Luft und atmete dann aus, als wollte sie versuchen, jedes bisschen Luft aus ihrem Körper zu pressen. »Das ist ein Name, den ich gerne vergessen würde.«

»Darauf wette ich.«

Schnell zog sie ihre Hände zurück. »Bitte, James, ich hätte jetzt doch gern diese Zigarette.« Bond gab ihr eine von seinen speziell für ihn hergestellten H. Simmons und zündete sie für sie an. Sie sog den Rauch tief ein und ließ ihn dann aus ihrem Mund quellen. »Sie scheinen so viel zu wissen, *Sie* sollten *mir* die Geschichte erzählen.« Ihre Stimme war kalt, der freundliche, sogar verführerische Unterton komplett verschwunden.

Er zuckte mit den Schultern. »Ich weiß nur, wer Sie sind. Außerdem kenne ich Paula Vacker. Sie erzählte mir, sie hätte Ihnen verraten, dass ich mich mit ihr in Helsinki treffen würde. Ich ging zu Paulas Wohnung. Dort warteten zwei Messerkünstler, die sie im Auge behielten und bereit waren, mich wie ein gutes Steak zu filetieren.«

»Ich habe es Ihnen doch gesagt, Paula hat seit Jahren nicht mehr mit mir gesprochen. Was wissen Sie wirklich, abgesehen von meinem richtigen Namen und vermutlich auch der Tatsache, dass ich die Tochter eines ehemaligen SS-Offiziers bin?«

Bond lächelte. »Nur dass Sie sehr schön sind. Ich weiß nichts über Sie, abgesehen von dem, was Sie als Ihren alten Namen bezeichnen.«

Sie nickte, ihr Gesicht war starr wie eine Maske. »Das dachte ich mir. In Ordnung, Mr James Bond, dann werde ich Ihnen jetzt die ganze Geschichte erzählen, damit Sie die Dinge richtigstellen können. Ich denke, danach sollten wir besser beide versuchen, herauszufinden, was hier vorgeht – ich meine, was in Paulas Wohnung passiert ist … Ich wüsste gern, was Paula mit dieser ganzen Sache zu tun hat.«

»Paulas Wohnung wurde durchwühlt. Ich war dort, bevor

ich Helsinki gestern verlassen habe. Außerdem hatte ich auf meinem Weg hierher eine kleine Auseinandersetzung mit drei – vier – Schneepflügen. Die Schneepflüge machten Anstalten, mein Auto umzubauen, während ich noch drinsaß. Jemand will nicht, dass ich hier bin, Anni Tudeer oder Rivke Ingber, wie auch immer Ihr richtiger Name lautet.«

Rivke runzelte die Stirn. »Mein Vater war – ist – Aarne Tudeer, das ist wahr. Kennen Sie seine Geschichte?«

»Er war ein Mitglied von Mannerheims Stab und nahm das Angebot der Nazis an, ein SS-Offizier zu werden. Tapfer, skrupellos, ein gesuchter Kriegsverbrecher.«

Sie nickte. »Ich wusste es nicht, bis ich etwa zwölf Jahre alt war.« Sie sprach sehr leise, aber mit einer Überzeugung, die Bond für echt hielt. »Als mein Vater Finnland verließ, nahm er ein paar seiner Offiziersbrüder und einige angeworbene Männer mit. Wie Sie wissen, gab es in jener Zeit eine ganze Menge Zivilisten, die der Armee folgten. An dem Tag, an dem er Lappland verließ, machte mein Vater einer jungen Witwe einen Heiratsantrag. Sie war von guter Herkunft und besaß ein großes Stück Land – hauptsächlich Wald – in Lappland. Meine Mutter war zum Teil Lappin. Sie nahm den Antrag an und erklärte sich bereit, mit ihm zu gehen, wodurch sie selbst zu einer Zivilistin wurde, die der Armee folgte. Sie erlebte Schrecken, die man sich kaum vorstellen kann.« Sie schüttelte den Kopf, als könne sie die Handlungen ihrer eigenen Mutter noch immer nicht nachvollziehen. Tudeer hatte am Tag nach seinem Aufbruch aus Finnland geheiratet, und seine Frau blieb bis zum Zusammenbruch des Dritten Reichs in seiner Nähe. Zusammen waren sie entkommen.

»Meine erste Heimat war Paraguay«, erzählte Rivke ihm. »Ich wusste natürlich nichts. Erst später wurde mir klar, dass ich quasi von Anfang an vier Sprachen sprechen konnte – Finnisch, Spanisch, Deutsch und Englisch. Wir lebten auf einem eingezäunten Gelände im Dschungel. Dort war es eigentlich recht komfortabel, aber die Erinnerungen an meinen Vater sind nicht angenehm.«

»Erzählen Sie mir davon«, bat Bond. Stück für Stück entlockte er ihr die Ereignisse. Tatsächlich war es eine alte Geschichte. Tudeer war ein selbstherrlicher, brutaler und sadistischer Trinker gewesen.

»Ich war zehn Jahre alt, als wir flohen – meine Mutter und ich. Für mich war es eine Art Spiel: Ich war wie ein Indianerkind angezogen. Wir entkamen mit einem Kanu und schlugen uns dann mithilfe einiger Guaraní bis nach Asunción durch. Meine Mutter war eine sehr unglückliche Frau. Ich weiß nicht, wie sie es schaffte, aber sie besorgte für uns beide Pässe, schwedische Pässe und eine Art Stipendium. Wir wurden nach Stockholm geflogen, wo wir sechs Monate lang blieben. Jeden Tag ging meine Mutter zur finnischen Botschaft, und irgendwann erhielten wir unsere finnischen Pässe. Das erste Jahr in Helsinki verbrachte meine Mutter damit, eine Scheidung und eine Entschädigung für ihren verlorenen Grundbesitz zu erwirken – hier oben am Polarkreis. Wir lebten in Helsinki, und ich ging zum ersten Mal zur Schule. Dort lernte ich Paula kennen. Wir wurden sehr gute Freundinnen. Das ist im Grunde genommen alles.«

»*Alles?*«, wiederholte Bond und zog die Augenbrauen hoch.

»Nun ja, der Rest war durchaus vorhersehbar.«

Während ihrer Schulzeit hatte Rivke die Tatsachen über ihren Vater erfahren. »Als ich vierzehn war, wusste ich alles und war entsetzt, angewidert, dass mein eigener Vater sein Land verlassen hatte, um Teil der SS zu werden. Ich vermute, es war eine Besessenheit – ein Komplex. Als ich fünfzehn war, wusste ich, was ich mit meinem Leben anfangen musste.«

Bond hatte während Verhören viele Geständnisse gehört. Nach jahrelanger Erfahrung entwickelte man ein Gefühl dafür. Er hätte Geld darauf gesetzt, dass Rivkes Geschichte der Wahrheit entsprach – allein schon deswegen, weil sie alles schnell und mit einem Minimum an Einzelheiten erzählte. Menschen mit einer falschen Identität verrieten einem oft zu viel.

»Rache?«, fragte er.

»Eine Art von Rache. Nein, das ist das falsche Wort. Mein Vater hatte nichts mit dem zu tun, was Himmler als die Endlösung bezeichnete – für die Judenfrage –, aber er wurde damit in Verbindung gebracht und war ein gesuchter Kriegsverbrecher. Ich fing an, mich mit der Rasse, die in den Gaskammern und Vernichtungslagern sechs Millionen Seelen verloren hatte, zu identifizieren. Viele Leute sagten mir, ich würde überreagieren. Ich wollte etwas Konkretes unternehmen.«

»Also wurden Sie Jüdin?«

»Ich reiste an meinem zwanzigsten Geburtstag nach Israel. Meine Mutter starb zwei Jahre später. Ich sah sie das letzte Mal an dem Tag, als ich Helsinki verließ. Innerhalb von sechs Monaten machte ich die ersten Schritte zur Konvertierung.

Nun bin ich so jüdisch wie es ein nichtjüdisch geborener Mensch nur sein kann. In Israel versuchte man alles, um mich davon abzubringen, doch ich zog es durch – sogar den Militärdienst. Das war die Sache, die es schließlich besiegelte.« Dieses Mal zeigte ihr Lächeln Stolz. »Zamir persönlich schickte nach mir und befragte mich. Als sie mir sagten, wer er war, konnte ich es nicht glauben – Oberst Zwicka Zamir, der Leiter des Mossad. Er kümmerte sich um alles. Ich war bereits israelische Staatsbürgerin. Nun erhielt ich eine spezielle Ausbildung für den Mossad. Ich hatte einen neuen Namen ...«

»Und was war mit der Rache, Rivke? Sie hatten Buße getan, aber was war mit der Rache?«

»Rache?« Sie riss die Augen weit auf. Dann runzelte sie die Stirn und ein nervöser Ausdruck huschte über ihr Gesicht. »James, Sie *glauben* mir doch, nicht wahr?«

In den paar Sekunden, die vor seiner Antwort vergingen, ging Bond im Geiste die Fakten durch. Entweder war Rivke die beste Täuschungskünstlerin, der er je begegnet war, oder sie war, wie er zuvor schon entschieden hatte, vollkommen aufrichtig. Diese Gefühle musste er neben seine lange und intime Bekanntschaft mit Paula Vacker stellen. Von ihrer ersten Begegnung an hatte Bond Paula nie für etwas anderes als eine charmante, intelligente, hart arbeitende Frau gehalten. Falls Rivke die Wahrheit sagte, war Paula damit gerade zu einer Lügnerin und möglicherweise zu einer Komplizin bei einem versuchten Mord geworden. Die Messerkünstler hatten ihn in Paulas Wohnung in die Enge getrieben, doch sie hatte sich trotzdem um ihn gekümmert und ihn zum Flughafen gefahren. Jemand hatte ihn auf dem Weg nach Salla ganz offensichtlich in einen Hinterhalt gelockt. Das konnte nur von Helsinki aus geschehen sein. Paula?

Bond kehrte zu der Verbindung zu Paula zurück. »Es gibt Gründe, warum ich Ihnen nicht glauben sollte, Rivke«, begann er. »Ich kenne Paula schon sehr lange. Als ich sie zuletzt sah und sie mir erzählte, dass sie mit Ihnen, Anni Tudeer, über mich gesprochen habe, war sie sehr spezifisch. Sie sagte, Anni Tudeer arbeite mit ihr in Helsinki.«

Rivke schüttelte langsam den Kopf. »Sofern nicht jemand anders den Namen benutzt …«

»Sie haben nie in ihrer Branche gearbeitet? In der Werbung?«

»Sie scherzen? Das habe ich doch bereits verneint. Ich habe Ihnen meine Lebensgeschichte erzählt. Ich kannte Paula während meiner Schulzeit.«

»Und wusste sie, wer Sie waren? Wer Ihr Vater war?«

»Ja«, antwortete sie leise. »James, Sie können das mit Leichtigkeit klären. Rufen Sie in ihrem Büro an und überprüfen Sie es. Fragen Sie, ob dort eine Anni Tudeer arbeitet. Wenn das der Fall ist, gibt es zwei Anni Tudeers – oder Paula lügt.« Sie lehnte sich vor und sprach sehr deutlich: »Ich versichere Ihnen, James, es gibt *keine* zwei Anni Tudeers. Paula lügt, und ich wüsste gerne, warum.«

»Ja.« Bond nickte. »Ja, das wüsste ich auch gerne.«

»Dann glauben Sie mir?«

»Es ergibt keinen Sinn, dass Sie mich belügen sollten, wenn ich alle Fakten überprüfen kann. Ich dachte, ich würde Paula sehr gut kennen, aber jetzt … Nun ja, meine Instinkte raten mir, Ihnen zu glauben. Wir können Spuren verfolgen, sogar von hier aus und zweifellos von London aus. London hat mir bereits mitgeteilt, dass Sie Anni Tudeer sind.« Er lächelte sie an. Aus der Nähe betrachtet war sie eine sehr hübsche junge Frau. »Ich glaube Ihnen, Rivke Ingber. Sie sind dem Mossad treu und Sie haben nur eine Sache ausgelassen – die Frage nach der Rache. Ich kann nicht glauben, dass Sie einfach nur für die Taten Ihres Vaters büßen wollen. Sie wollen ihn entweder hinter Schloss und Riegel oder tot sehen. Was wäre Ihnen lieber?«

Sie zuckte provozierend mit den Schultern. »Es spielt eigentlich keine Rolle, oder? Egal was passiert, Aarne Tudeer wird sterben.« Für eine Sekunde veränderte sich ihre melodische Stimme und wurde hart wie Stahl. Dann wurde sie wieder weich, und ein leises Lachen ertönte. »Es tut mir leid, James. Ich hätte nicht versuchen dürfen, Spielchen mit Ihnen zu spielen. Brad Tirpitz *hat* mich heute Abend belästigt, aber ja, ich wäre selbst mit ihm fertiggeworden. Vielleicht bin ich nicht so professionell, wie ich dachte. Ich war naiv genug, zu glauben, ich könnte Sie reinlegen. Sie ködern.«

»Ködern? In welches Netz sollte ich denn gehen?« Bond war sich bezüglich Rivkes Motiven und Behauptungen zu neunundneunzig Prozent sicher, behielt sich aber trotzdem dieses eine Prozent Misstrauen vor.

»Es ist nicht wirklich ein Netz.« Sie streckte eine Hand aus und legte die Finger auf Bonds Handfläche. »Um ehrlich zu sein, fühle ich mich weder in Tirpitz' noch in Koljas Gegenwart sicher. Ich wollte sichergehen, dass Sie auf meiner Seite sind.«

Bond ließ ihre Hand los und legte seine Finger sanft auf

ihre Schultern. »Bei dieser Operation geht es um Vertrauen, Rivke. Und wir brauchen beide jemanden, denn ich bin mit dieser Situation genauso unzufrieden wie Sie. Doch das Wichtigste kommt zuerst. Ich muss Sie das fragen, einfach weil ich es vermute: Wissen Sie mit Sicherheit, dass Ihr Vater mit der NSAA zu tun hatte?«

Sie musste nicht überlegen. »Ja. Mit Sicherheit.«

»Woher wissen Sie das?«

»Deswegen bin ich hier. Deswegen habe ich diesen Auftrag bekommen. In Israel wurde sofort nach dem ersten Zwischenfall mit der Nationalsozialistischen Aktionsarmee eine Computeranalyse gestartet. Natürlich schauten sie sich die ehemaligen Anführer an – die ehemaligen Parteimitglieder, die SS und jene, die aus Deutschland entkommen waren. Einige Namen tauchten auf. Mein Vater stand ganz oben auf der Liste. Den Rest müssen Sie mir einfach glauben, aber der Mossad hat Beweise, dass er sehr tief darin verwickelt ist. Dass die Waffen von Russland aus durch Finnland geschleust werden, ist kein Zufall. Er ist hier, James – ein neuer Name, fast schon ein neues Gesicht, alles für eine komplett neue Identität. Er hat sogar eine neue Geliebte. Für sein Alter ist er noch recht rüstig. Ich weiß, dass er hier ist.«

»Ein Wildvogel.« Bond lächelte ironisch.

»Und es ist Jagdsaison, James. Für meinen lieben Vater ist die Schonzeit vorbei. Meine Mutter sagte immer, dass er sich als der neue Führer sah, ein Nazi-Moses, der auserwählt war, um seine Kinder zurück in ihr gelobtes Land zu führen. Tja, die Kinder werden immer stärker, und auf der Welt herrscht ein solches Chaos, dass die Jungen oder die leicht Beeinflussbaren jede halbgare Ideologie aufsaugen. Sie müssen nur mal einen Blick auf Ihr eigenes Land werfen …«

Bond begehrte auf: »Das erst noch einen Wahnsinnigen wählen oder in eine Machtposition versetzen muss. In meinem Land gibt es Leute mit einer gewissen Charakterstärke, die die Dinge immer irgendwann – manchmal ein wenig spät, das gebe ich zu – in Ordnung bringen.«

Sie schenkte ihm einen freundschaftlich gemeinten Schmollmund. »Okay, tut mir leid. Alle Länder haben ihre Schwächen.« Rivke biss sich auf die Lippe und schweifte für einen Augenblick gedanklich vom Thema ab. »Bitte, James. Ich habe einen Vorteil, vertrauliche Informationen, wenn Sie so wollen. Ich brauche Sie auf meiner Seite.«

Spiel einfach mit, dachte Bond. Auch wenn du dir fast sicher bist, schluck den Köder, aber behalte dir das eine Prozent zurück und bleib wachsam. Laut sagte er: »Also gut. Aber was ist mit den anderen? Brad und Kolja?«

»Brad und Kolja spielen beide Spiele, bei denen es um Tod und Ruhm geht, und ich bin mir nicht sicher, ob sie sie zusammen oder gegeneinander spielen. Sie sind ernst genug und dennoch nicht ernst genug. Klingt das dumm? Oder paradox? Aber es ist wahr. Beobachten Sie sie.« Sie sah ihm direkt in die Augen, als würde sie versuchen, ihn zu hypnotisieren. »Hören Sie, ich habe langsam das Gefühl – und es ist nur eine Eingebung –, dass entweder die CIA oder der KGB etwas weiß, das verborgen werden soll. Und es hat etwas mit der NSAA zu tun.«

»Ich würde auf Kolja wetten«, erwiderte Bond leichthin. »Immerhin hat der KGB uns um Hilfe gebeten. Der KGB kam zu *uns* – zu den USA, Israel und dem Vereinigten Königreich. Ich vermute, es ist durchaus möglich, dass sie mehr als nur einen einfachen Waffenhandel mit der Nationalsozialistischen Aktionsarmee entdeckt haben. Das mag ein Teil davon sein, aber was, wenn da noch mehr ist? Etwas Abscheuliches?«

Rivke rückte ihren Stuhl näher ans Bettende heran, auf dem Bond saß. »Sie meinen, wenn sie einen Waffenhandel und noch etwas anderes gefunden haben, das sehr übel aussehen wird? Etwas, das sie nicht geheim halten können?«

»Es ist eine plausible Theorie.« Sie war Bond so nah, dass er sie riechen konnte: Spuren ihres Parfums und der natürliche Duft einer attraktiven Frau. »Nur eine Theorie«, wiederholte er. »Aber es ist möglich. Das hier passt alles nicht zum KGB. Normalerweise sind sie enorm geheimniskrämerisch. Und nun kommen sie und bitten um Hilfe. Könnte es sein, dass sie uns in eine Falle locken wollen? Uns zum Narren halten wollen? Damit wir in die ganze Sache verwickelt sind, sobald die Wahrheit – wie immer die auch aussehen mag – ans Licht kommt. Israel, Amerika und Großbritannien werden alles ausbaden müssen. So ein Plan wäre teuflisch genug für sie.«

»Dann sind wir alle angeschmiert.« Rivke sprach wieder sehr leise.

»Ja. Angeschmiert.« Bond fragte sich, was sein alter und extrem konservativer Vorgesetzter von diesem Ausdruck halten würde. M hasste Slang in jeglicher Form.

Rivke sagte, wenn auch nur die Möglichkeit bestehe, dass der KGB einen Plan entwickelt habe, um sie in Verruf zu bringen, dann wäre es klug, nun einen Pakt zu schließen, um sich Zusammenhalt zu schwören. »Wir müssen uns gegenseitig Rückendeckung geben, selbst wenn die Theorie nicht zutrifft.«

Bond schenkte Rivke sein charmantestes Lächeln und lehnte sich näher an sie heran. Seine Lippen waren nur noch wenige Zentimeter von ihrem Mund entfernt. »Sie haben ganz recht, Rivke. Allerdings wäre es mir sehr viel lieber, Ihre Vorderseite statt Ihren Rücken im Auge behalten zu können.«

Ihre Lippen schienen im Gegenzug seinen Mund zu fixieren. Dann sagte sie: »Ich bin nicht leicht zu erschrecken, James, aber diese Sache macht mich nervös …« Sie hob die Arme, schlang sie um seinen Hals, und ihre Lippen streiften seine in einer ersten sanften Liebkosung. Bonds Gewissen mahnte ihn zur Vorsicht. Doch die Warnungen wurden von einer Feuersbrunst vernichtet, als sich ihre Lippen berührten.

Es schien ewig zu dauern, bis sich ihre Münder wieder trennten. Rivke klammerte sich keuchend an Bond, ihr warmer Atem umspielte sein Ohr, während sie Zärtlichkeiten murmelte. Langsam zog er sie vom Stuhl aufs Bett, wo sie eng aneinandergeschmiegt lagen. Dann berührten sich ihre Münder erneut, bis sie schließlich gleichzeitig, wie auf ein stummes Signal hin, begannen, sich mit ihren Händen zu erkunden.

Was als Akt der Lust oder des Bedürfnisses angefangen hatte – zwei Menschen, die allein waren und auf eine natürliche Sehnsucht nach Trost und Vertrauen reagierten –, wurde nach und nach zärtlich, sanft, sogar wahrhaft liebevoll.

Bond nahm am Rande seines Bewusstseins noch immer den winzigen verbliebenen Zweifel in seinem Hinterkopf wahr, verlor sich jedoch schnell in diesem liebreizenden

Wesen, dessen Körper auf fast telepathische Weise auf seinen eigenen zu reagieren schien. Sie waren wie zwei perfekt aufeinander abgestimmte Tänzer, die in der Lage waren, die Bewegungen des anderen vorauszuahnen.

Erst später, als sich Rivke unter der Decke zusammengekuschelt hatte und wie ein Kind in seinen Armen lag, sprachen sie wieder über die Arbeit. Für sie waren die wenigen Stunden, die sie gemeinsam verbracht hatten, wie ein kurzer Erholungsurlaub von der rauen Realität ihres Berufs gewesen. Nun war es nach acht Uhr morgens. Ein weiterer Tag, an dem sie sich in den Gefahren der Geheimdienstwelt behaupten mussten.

»Also werden wir für das Wohl dieser Operation zusammenarbeiten.« Bonds Mund war ungewöhnlich trocken. »Das wird uns beiden ausreichend Schutz verschaffen ...«

»Ja, und ...«

»Und ich werde dir helfen, dafür zu sorgen, dass SS-Oberführer Tudeer in der Hölle landet.«

»Oh bitte, liebster James. Bitte.« Sie schaute zu ihm hoch. Auf ihrem Gesicht prangte ein Lächeln, das reine Freude widerspiegelte – keine Boshaftigkeit, kein Entsetzen, obwohl sie gerade inständig um den Tod ihres verhassten Vaters gebeten hatte. Dann änderte sich ihre Stimmung erneut: Eine Gelassenheit überkam sie, und das Lachen blitzte in ihren Augen und Mundwinkeln auf. »Weißt du, das hier ist wirklich das Letzte, was ich erwartet hätte ...«

»Ich bitte dich, Rivke. Eine Frau taucht doch nicht um vier Uhr morgens in einem Hauch von Nichts im Zimmer eines Mannes auf, ohne dass ihr dieser eine Gedanke durch den Kopf geht.«

»Oh.« Sie lachte laut. »Der Gedanke kam mir durchaus. Ich habe nur nicht geglaubt, dass es tatsächlich passieren würde. Ich ging davon aus, du wärst sicher viel zu professionell, und ich dachte mir, dass ich ebenfalls so entschlossen und gut ausgebildet wäre, jeder Versuchung zu widerstehen.« Ihre Stimme wurde leise. »Ich wollte dich von dem Moment an, als ich dich zum ersten Mal gesehen habe, aber lass dir das nicht zu Kopf steigen.«

»Das werde ich nicht.« Bond lachte.

Sein Lachen war kaum verklungen, als er auch schon nach dem Telefon griff. »Zeit, herauszufinden, ob wir aus unserer sogenannten Freundin Paula etwas herausbekommen können.« Er wählte die Nummer ihrer Wohnung in Helsinki, während er den Blick bewundernd über Rivke wandern ließ, die der dünne Hauch von einem Seidennachthemd überzog.

Am anderen Ende der Leitung klingelte das Telefon. Niemand nahm ab.

»Was hältst du davon, Rivke?« Bond legte den Hörer auf. »Sie ist nicht da.«

Rivke schüttelte den Kopf. »Du wirst natürlich in ihrem Büro anrufen – aber ich verstehe das alles nicht. Ich kannte sie recht gut, aber warum sollte sie meinetwegen lügen? Das ergibt keinen Sinn, und du sagtest, sie sei eine gute Freundin …«

»Seit sehr langer Zeit. Ich habe definitiv nichts Bösartiges an ihr bemerkt. Das alles ergibt keinen Sinn.« Bond war aufgestanden und ging nun auf die Lamellenschiebetüren des Kleiderschranks zu. Seine gefütterte Jacke hing darin, und er nahm die beiden Orden aus der Tasche und warf sie quer durch den Raum, sodass sie klimpernd auf dem Bett landeten. Das würde der letzte Test in seiner aktuellen Verdächtigungsrunde sein. »Was hältst du davon, Liebes?«

Rivke streckte eine Hand aus und hielt die Orden für einen Augenblick vor sich. Dann stieß sie einen kurzen Schrei aus und warf sie zurück aufs Bett, als wären sie glühend heiß.

»Wo?« Dieses eine Wort genügte: Es war schnell gekommen, wie ein Schuss.

»In Paula Vackers Wohnung. Sie lagen auf ihrem Schminktisch.«

Jeglicher Humor war aus Rivkes Gesicht gewichen. »Die habe ich seit meiner Kindheit nicht mehr gesehen.« Sie streckte die Hand erneut nach dem Ritterkreuz aus, nahm es und drehte es um. »Siehst du? Sein Name ist auf der Rückseite eingraviert. Das Ritterkreuz mit Eichenlaub und Schwertern meines Vaters. In Paulas Wohnung?« Die letzten Worte sprach sie voller Verwirrung und Ungläubigkeit aus.

»Sie lagen mitten auf dem Schminktisch, wo sie jeder sehen konnte.«

Sie ließ den Orden zurück aufs Bett fallen, kam auf ihn zu und schlang ihre Arme um seinen Hals. »Ich dachte, ich wüsste alles, James, aber worum geht es hier wirklich? Warum Paula? Warum die Lügen? Warum das Ritterkreuz und der Ärmelschild von Lappland meines Vaters – auf die war er übrigens besonders stolz –, aber warum?«

Bond hielt sie fest an sich gedrückt. »Wir werden es herausfinden. Keine Sorge. Ich bin ebenso beunruhigt wie du. Paula erschien mir immer so … nun ja, ausgeglichen. Aufrichtig.«

Nach etwa einer Minute zog sich Rivke von ihm zurück. »Ich muss den Kopf freibekommen, James. Kommst du mit mir runter zur Skipiste?«

Er schüttelte den Kopf. »Ich muss mich mit Brad und Kolja treffen. Und ich dachte, wir würden einander Rückendeckung geben …«

»Ich muss einfach nur für eine Weile an die frische Luft.« Sie zögerte, bevor sie hinzufügte: »Liebster James, ich komme schon zurecht. Zum Frühstück bin ich wieder zurück. Entschuldige mich bei den anderen, falls ich mich ein wenig verspäte.«

»Sei um Himmels willen vorsichtig.«

Rivke nickte knapp. Dann sagte sie schüchtern: »Das war recht beeindruckend, Mr Bond. Daran könnte ich mich gewöhnen.«

»Das hoffe ich.« Bond zog sie zu sich heran, und sie küssten sich an der Tür.

Als sie fort war, ging er zum Bett und beugte sich vor, um Aarne Tudeers Orden aufzusammeln. Ihr Duft war überall, und sie schien immer noch ganz in der Nähe zu sein.

8

TIRPITZ

James Bond war enorm verwirrt. Abgesehen von einem winzigen Zweifel sagte ihm alles, dass Rivke Ingber absolut vertrauenswürdig und genau die Person war, die sie zu sein behauptete: Aarne Tudeers Tochter, die Frau, die zum jüdischen Glauben konvertiert war und nun – sogar London zufolge – als Mossad-Agentin arbeitete. Das Rätsel um Paula Vacker hatte ihm allerdings einen Schock versetzt. Sie hatte Bond in den vergangenen Jahren nahegestanden und ihm nie den geringsten Grund gegeben, sie für etwas anderes als eine intelligente, lebenslustige, hart arbeitende Frau zu halten, die in ihrem Job hervorragend war. Doch nach der Begegnung mit Rivke und den letzten Ereignissen schien Paula plötzlich nicht mehr vertrauenswürdig zu sein.

Bond duschte etwas ausgiebiger als gewöhnlich, rasierte sich und zog sich an. Er wählte eine schwere Hose aus Cavalry-Twill, einen schwarzen Rollkragenpullover mit Zopfmuster und eine kurze Lederjacke, um die P7 zu verbergen, die er, nachdem er den Mechanismus überprüft hatte, im Holster verstaute. Er fügte noch einige Reservemagazine hinzu und steckte sie in speziell entworfene Taschen an der Rückseite der Hose.

Diese Ausstattung würde zusammen mit den weichen Ledermokassins an seinen Füßen innerhalb des Hotels warm genug sein. Als er das Zimmer verließ, schwor Bond, dass er von nun an nirgendwo ohne Waffe hingehen würde.

Im Flur hielt er inne und warf einen Blick auf seine Rolex. Es war bereits halb zehn. Paulas Büro würde nun geöffnet haben. Er kehrte ins Zimmer zurück und rief erneut in Helsinki an – dieses Mal unter der Nummer des Büros. Dieselbe Telefonistin, die ihn am Tag des schicksalhaften Anrufs begrüßt hatte, der ihm nun schon ewig her erschien, meldete sich auf Finnisch.

Bond sprach Englisch, und die Telefonistin wechselte die Sprache, genau wie sie es beim letzten Mal auch getan hatte. Er fragte nach Paula Vacker, und die Antwort kam knapp, endgültig und, zu Bonds Überraschung, nicht ganz unerwartet.

»Es tut mir leid. Miss Vacker ist im Urlaub.«

»Oh?« Er tat so, als wäre er enttäuscht. »Ich habe versprochen, mich bei ihr zu melden. Ich vermute, Sie wissen nicht, wo sie hingefahren ist?«

Die Telefonistin bat ihn, einen Augenblick zu warten. »Den genauen Ort kennen wir nicht«, erklärte sie ihm schließlich, »aber sie sagte etwas darüber, dass sie oben im Norden Skifahren gehen würde – mir wäre das zu kalt. Hier ist es schon schlimm genug.«

»Ja. Tja, vielen Dank. Ist sie lange weg?«

»Sie ist am Donnerstag aufgebrochen, Sir. Möchten Sie eine Nachricht für sie hinterlassen?«

»Nein. Nein, ich erwische sie sicher bei meinem nächsten Besuch in Finnland.« Bond legte schnell auf.

Also war Paula nach Norden gefahren, genau wie der Rest von ihnen. Er schaute aus dem Fenster. Trotz des klaren blauen Himmels und des hellen Sonnenscheins konnte man die Kälte fast sehen – als könnte man sie mit einem Messer schneiden. So blau dieser unglaubliche Himmel auch war, er enthielt keinerlei Wärme, und die Sonne schien wie blendendes Licht, das von einem Eisberg reflektiert wurde. Aus der Sicherheit eines Hotelzimmers konnten die Anzeichen in diesem Teil der Welt gefährlich trügerisch sein, wie Bond sehr wohl wusste. Innerhalb einer Stunde konnte die Sonne verschwunden sein und durch heftigen Schneefall oder knackigen sichtbaren Frost ersetzt werden, der das Licht verdrängte.

Sein Zimmer befand sich an der Rückseite des Gebäudes, und er hatte von dort aus einen guten Blick auf die Skipiste mit dem Sessellift und die geschwungene Sprungschanze. Winzige Gestalten nutzten die kurze Tageslichtphase und das schöne Wetter. Sie stiegen in den sich endlos bewegenden Lift, während andere hoch über ihnen sich auf die lange Abfahrt wagten. Sie fuhren große Kurven, um ihre Geschwindigkeit zu regulieren, oder rasten mit vorgebeugten Körpern und in gebückter Haltung direkt nach unten. Vor dem weißen Schnee sahen sie alle wie schwarze umherhuschende Insekten aus.

Rivke, dachte Bond, mochte durchaus einer dieser Punkte sein, die über die reine, funkelnde weiße Landschaft hinwegschossen. Er konnte die Aufregung, den Hügel hinunterzujagen, fast spüren, und für eine Sekunde wünschte er, er hätte sie begleitet. Er warf noch einen letzten Blick auf die Schneelandschaft, die nur von den Skifahrern, der Bewegung des Sessellifts und den großen Nadelbaumansammlungen durchbrochen wurde. Die grünen und brauen Bäume erstreckten sich auf beiden Seiten und wirkten unter dem schweren gefrorenen Schnee wie Weihnachtsbäume. Bond stand auf, verließ den Raum und ging nach unten in den Hauptspeisesaal.

Brad Tirpitz saß allein an einem Ecktisch in der Nähe der Fenster und schaute auf denselben Ausblick hinaus, den Bond gerade noch von weiter oben im Gebäude betrachtet hatte. Er bemerkte Bond und hob lässig einen Arm, um ihn gleichzeitig zu begrüßen und auf sich aufmerksam zu machen.

»Hi, Bond.« Das steinerne Gesicht bekam ein paar feine Risse. »Kolja lässt sich entschuldigen. Er wurde aufgehalten, weil er noch ein paar Schneemobile besorgen musste.« Er lehnte sich näher zu Bond herüber. »Offenbar findet es heute Nacht statt – oder in den frühen Morgenstunden, wenn man genau sein will.«

»Was findet heute Nacht statt?«, fragte Bond steif, die perfekte Karikatur eines zurückhaltenden Engländers.

»Was heute Nacht stattfindet?« Tirpitz verdrehte die Augen gen Himmel. »Heute Nacht verlässt die Waffenlieferung Kolja zufolge Blue Hare – Sie erinnern sich doch noch an Blue Hare, oder? Das Waffenlager in der Nähe von Alakurtii?«

»Oh, das.« Bond erweckte den Eindruck, dass der Diebstahl von Waffen aus Blue Hare das Letzte war, das ihn interessierte. Er griff nach der Speisekarte und beschäftigte sich mit der langen Liste der verfügbaren Gerichte. Als der

Kellner erschien, gab er einfach seine übliche Bestellung auf und betonte die Notwendigkeit einer sehr großen Tasse Kaffee.

»Stört es Sie, wenn ich rauche?« Tirpitz war so wortkarg, dass er ebenso gut mit indianischer Zeichensprache hätte kommunizieren können.

»Solange es Sie nicht stört, wenn ich esse.« Bond lächelte nicht. Vielleicht lag es an seiner Zeit bei der königlichen Marine und all den Jahren, in denen er so eng mit M zusammengearbeitet hatte, aber er fand, dass Rauchen, während jemand anders aß, sogar noch schlimmer war als Rauchen während eines Toasts auf die Königin.

»Hören Sie, Bond.« Tirpitz rückte seinen Stuhl näher zu ihm heran. »Ich bin froh, dass Kolja nicht hier ist. Ich wollte allein mit Ihnen reden.«

»Ja?«

»Ich habe eine Nachricht für Sie. Felix Leiter lässt Sie herzlich grüßen. Und Cedar schickt ebenfalls Grüße.«

Bond war für einen Moment überrascht, ließ sich aber nichts anmerken. Sein bester Freund in den USA, Felix Leiter, war einst ein hervorragender Mitarbeiter der CIA gewesen, und Felix' Tochter Cedar war ebenfalls von der Firma ausgebildet worden. Tatsächlich hatte Cedar bei einem erst kürzlich erledigten Auftrag tapfer mit ihm zusammengearbeitet.

»Ich weiß, dass Sie mir nicht vertrauen«, fuhr Tirpitz fort, »aber das sollten Sie sich lieber noch mal überlegen, Bruder. Denken Sie noch mal gut nach, denn vielleicht bin ich der einzige Freund, den Sie hier haben.«

Bond nickte. »Vielleicht.«

»Ihr Vorgesetzter hat Ihnen eine anständige Unterweisung gegeben. Ich wurde in Langley über alles informiert. Wir haben vermutlich beide dieselben Informationen, und Kolja hat nicht alles preisgegeben. Ich will damit sagen, dass wir zusammenarbeiten müssen. So eng wie möglich. Dieser russische Mistkerl verschweigt etwas, und ich gehe davon aus, dass er ein paar Überraschungen für uns auf Lager hat.«

»Ich dachte, wir würden alle zusammenarbeiten?« Bond ließ es höflich und kultiviert klingen.

»Vertrauen Sie niemandem – außer mir.« Tirpitz hatte zwar eine Schachtel Zigaretten hervorgeholt, machte aber keinerlei Anstalten, sich eine anzuzünden. Eine Pause entstand, während der Kellner Bonds Rührei mit Speck und Toast sowie den Kaffee brachte. Als er wieder weg war, fuhr Tirpitz fort: »Hören Sie, wenn ich in Madeira nichts gesagt hätte, wäre die größte Bedrohung noch nicht einmal erwähnt worden – dieser falsche Graf. Sie hatten Informationen über ihn, genau wie ich. Konrad von Glöda. Kolja wollte ihn uns gegenüber nicht erwähnen. Wissen Sie, warum?«

»Erzählen Sie's mir.«

»Weil Kolja für beide Seiten arbeitet. Ein paar Leute des KGB sind in diese Angelegenheit mit den Waffendiebstählen verwickelt. Das haben uns unsere Leute in Moskau schon vor Wochen gemeldet. Man hatte es gerade erst für die Weitergabe an London freigegeben. Sie werden zu gegebener Zeit vermutlich eine Nachricht dazu erhalten.«

»Also, was steckt dahinter?« Nun spielte Bond den Wortkargen. Brad Tirpitz schien gerade die Theorie zu bestätigen, über die er bereits mit Rivke gesprochen hatte.

»Es klingt wie ein Märchen.« Tirpitz ließ ein knurrendes Lachen vernehmen. »Aus Moskau heißt es, dass sich eine unzufriedene Fraktion hochrangiger KGB-Mitglieder – eine sehr kleine Zelle – mit einer ähnlich unzufriedenen Splittergruppe der Roten Armee zusammengetan hat.« Diese beiden Gruppen, beharrte Tirpitz, hätten Kontakt zum Kern derer aufgenommen, die später als die Nationalsozialistische Aktionsarmee in Erscheinung treten sollten.

»Sie sind natürlich Idealisten«, sagte Tirpitz lachend. »Fanatiker. Männer, die in der UdSSR arbeiten, um das kommunistische Ideal durch faschistischen Terrorismus zu zerrütten. Sie steckten hinter dem ersten Waffendiebstahl in Blue Hare, und sie wurden erwischt, gewissermaßen …«

»Was meinen Sie mit ›gewissermaßen‹?«

»Sie wurden erwischt, aber die vollständigen Fakten kamen nie ans Licht. Die sind wie die Mafia – oder wie wir, wenn man mal ehrlich ist. Ihre Seite kümmert sich doch auch um ihre Leute, nicht wahr?«

»Nur wenn sie damit durchkommen.« Bond schob sich ein wenig Rührei in den Mund und griff nach dem Toast.

»Tja, die Jungs am Dserschinski-Platz haben es bislang geschafft, sich mit dem Armeemitglied, das sie in Blue Hare erwischt hat, gutzustellen. Außerdem führen sie diese gemeinsame geheime Operation mit einem ihrer eigenen Männer am Steuer durch – Kolja Mosolow.«

»Wollen Sie damit sagen, dass Kolja versagen wird?« Bond drehte sich so, dass er Tirpitz direkt ins Gesicht sehen konnte.

»Er wird nicht nur versagen, er wird dafür sorgen, dass die nächste Ladung ausgeliefert wird. Danach wird es so aussehen, als wäre Genosse Mosolow in all dem Schnee und Eis ums Leben gekommen. Und jetzt raten Sie mal, wer dann noch übrig sein wird, um die Schuld zugeschoben zu bekommen?«

»Wir?«, schlug Bond vor.

»Technisch gesehen wir, ja. Tatsächlich sieht der Plan vor, dass Sie es sein werden. Koljas Leiche wird man nie finden. Ihre hingegen schon, vermute ich. Natürlich wird Kolja irgendwann aus dem Grab auferstehen. Mit einem anderen Namen und einem anderen Gesicht in einem anderen Teil der Welt.«

Bond nickte eifrig. »Das ist mehr oder weniger das, was ich erwartet hatte. Ich bin nicht davon ausgegangen, dass Kolja mich nur so zum Spaß mit in die Sowjetunion nimmt, um einen Waffendiebstahl zu beobachten.«

Tirpitz ließ ein humorloses Lächeln aufblitzen. »Genau wie Sie, Kumpel, habe ich wirklich alles gesehen: Berlin, den Kalten Krieg, Vietnam, Laos, Kambodscha. Das hier ist nicht nur ein doppeltes, sondern ein dreifaches Spiel. Sie *brauchen* mich, Bruder ...«

»Und ich vermute, Sie brauchen mich ebenfalls ... äh, Bruder.«

»Klar. Wenn Sie nach meinen Regeln spielen und alles so machen, wie ich es verlange – wie die Firma es verlangt –, während Sie auf der anderen Seite der Grenze Schneemann spielen. Wenn Sie das machen, werde ich Ihnen Rückendeckung geben und dafür sorgen, dass wir am Ende beide noch in einem Stück sind.«

»Bevor ich frage, was ich machen soll, habe ich noch eine

wichtige Frage.« Bond fand die Unterhaltung mittlerweile nicht mehr verwirrend. Zuerst hatte Rivke ihn um einen Gefallen gebeten, nun tat Tirpitz es: Das gab der *Operation Eisbreche*r eine völlig neue Dimension. Niemand vertraute den anderen. Jeder wollte mindestens einen Verbündeten, der, so vermutete Bond, beim ersten Anzeichen von Problemen fallen gelassen oder hintergangen werden würde.

»Ja?«, hakte Tirpitz nach, und Bond merkte, dass er von zwei neu eingetroffenen Gästen abgelenkt worden war, die von den Kellnern wie Könige behandelt wurden.

»Was ist mit Rivke? Das wollte ich fragen. Lassen wir Sie wegen Kolja im Dunkeln?«

Brad Tirpitz wirkte erstaunt. »Bond«, sagte er leise, »Rivke Ingber mag eine Mossad-Agentin sein, aber ich gehe davon aus, Sie wissen, wer sie *wirklich* ist. Ich meine, Ihr Service muss Ihnen doch mitgeteilt haben, dass ...«

»Sie die entfremdete Tochter eines finnischen Offiziers ist, der gemeinsame Sache mit den Nazis machte und immer noch auf der Liste der gesuchten Kriegsverbrecher steht? Ja.«

»Ja und nein.« Tirpitz' Stimme wurde lauter. »Klar, wir wissen alle über diesen Mistkerl von Vater Bescheid. Aber niemand weiß wirklich, auf welcher Seite die Frau steht – nicht einmal der Mossad. Diesen Teil hat man uns nicht erzählt, aber ich habe ihre Mossad-Akte gesehen. Ich versichere Ihnen, selbst die wissen es nicht.«

Bond sprach ruhig: »Ich fürchte, ich glaube, dass sie aufrichtig ist – sie ist dem Mossad gegenüber vollkommen loyal.«

Tirpitz gab einen genervten Laut von sich. »Okay, glauben Sie das ruhig, Bond. Aber was ist mit dem Mann?«

»Dem Mann?«

»Diesem sogenannten Graf Konrad von Glöda. Der Kerl, der hinter den Waffenlieferungen steckt und vermutlich die gesamte NSAA-Operation leitet – ich korrigiere: der fast mit Sicherheit die gesamte NSAA leitet. Reichsführer-SS von Glöda.«

»Was ist mit ihm?«

»Sie meinen, niemand auf Ihrer Seite hat Ihnen die nötigen Informationen gegeben?«

Bond zuckte mit den Schultern. M war bei seiner Unterweisung genau und detailliert gewesen, hatte aber betont, dass es bestimmte Dinge über den geheimnisvollen Grafen von Glöda gebe, die nicht bewiesen werden könnten. Und da M nun einmal ein Pedant war, weigerte er sich, eine bloße Wahrscheinlichkeit als Tatsache anzuerkennen.

»Bruder, Sie stecken in Schwierigkeiten. Rivke Ingbers gestörter und entfremdeter Papa, SS-Oberführer Aarne Tudeer, ist auch der Eiskönig dieser kleinen Geschichte. Aarne Tudeer *ist* Graf von Glöda: ein passender Name.«

Bond befeuchtete seine Lippen mit Kaffee. Seine Gedanken rasten. Wenn Tirpitz ihm korrekte Informationen gab, hatte London das noch nicht einmal angedeutet. M hatte ihm nur den Namen geliefert und dazu die Möglichkeit, dass dieser Mann hinter dem Waffenschmuggel steckte, sowie die Tatsache, dass der Graf fast mit Sicherheit Zwischenstationen zwischen der sowjetischen Grenze und dem endgültigen Auslieferungsort für die Waffen arrangiert hatte. Er hatte jedoch nicht erwähnt, dass von Glöda Tudeer war.

»Sind Sie sich diesbezüglich sicher?« Bond weigerte sich,

etwas anderes als gelassene Ruhe zu zeigen.

»So sicher wie die Nacht auf den Tag folgt – was hier oben ziemlich schnell passiert …« Tirpitz hielt abrupt inne und schaute quer durch den Speisesaal. Sein Blick blieb an dem Paar hängen, das unter so überschwänglichen Willkommensbekundungen eingetroffen war.

»Tja, was sagt man dazu?« Tirpitz' Mundwinkel verzogen sich sogar noch weiter nach unten. »Sehen Sie sich das mal an, Bond. Das ist der Mann höchstpersönlich. Graf Konrad von Glöda und seine Frau, die man einfach nur als die Gräfin kennt.« Er nahm einen Schluck Kaffee. »Ich sagte ja, es sei ein passender Name. Auf Schwedisch bedeutet Glöda »glühen«. In Langley haben wir ihm das Kryptonym Glühwürmchen verpasst. Er glüht förmlich vor altem Nazigold und dem ganzen Geld, das er nun als Kommandant der NSAA zweifellos scheffelt. Und er ist auch ein Wurm. Ich werde dieses Exemplar persönlich aufspießen.«

Das Paar sah definitiv vornehm aus. Bond hatte gesehen, wie jemand nach ihrer Ankunft die schweren und teuren Pelzmäntel weggebracht hatte. Nun saßen sie da, als würde ihnen ganz Lappland gehören. Sie sahen fast wie ein Renaissanceprinz und seine Dame aus.

Konrad von Glöda war groß und muskulös. Er hielt sich kerzengerade. Außerdem war er einer dieser Männer, denen das Alter nichts anhaben konnte. Er mochte ein alt aussehender Fünfzigjähriger oder ein sehr jung aussehender Siebzigjähriger sein, denn es war unmöglich, das Alter eines Mannes einzuschätzen, dessen Gesichtszüge und Knochenstruktur so fein waren. Er hatte volles eisengraues Haar, und wenn er mit der Gräfin redete, lehnte er sich auf seinem Stuhl zurück und benutzte eine Hand zum Gestikulieren, während die andere auf der Armlehne des Stuhls ruhte. Das braune Gesicht strotzte nur so vor Gesundheit. Es strahlte eine Lebhaftigkeit aus, die zu einem eifrigen jungen Geschäftsführer gepasst hätte, und es bestand kein Zweifel daran, dass man diesen Mann mit seinen funkelnden grauen Augen, dem aristokratischen spitzen Kinn und der arroganten Kopfhaltung nicht unterschätzen durfte. Glühen war das richtige Wort.

»Starqualitäten?«, flüsterte Tirpitz.

Bond nickte knapp. Man musste den Mann nur sehen, um zu wissen, dass er eine begehrte Eigenschaft besaß: Charisma.

Die Haltung der Gräfin ließ sie ebenfalls wie jemand wirken, der die Möglichkeiten und die Fähigkeit hatte, sich alles Gewünschte zu kaufen oder zu nehmen. Obwohl man das Alter des Grafen nicht schätzen konnte, war sie definitiv sehr viel jünger als ihr Partner. Auch sie sah aus wie jemand, der seinen Körper und seine Verfassung wertschätzte. Sie erweckte den Eindruck einer Frau, für die alle Sportarten und Fitnessübungen ganz selbstverständlich waren. Bond betrachtete die wunderschöne weiche Haut der Frau, ihr anmutig frisiertes dunkles Haar sowie die klassischen Züge und kam zu dem Schluss, dass zu ihren Lieblingssportarten zweifellos auch die älteste der Welt gehörte, die man für gewöhnlich im Schlafzimmer ausübte.

Bond beobachtete das Paar noch immer unauffällig, als ein Kellner an den Tisch geeilt kam. »Mr Bond?«, fragte er.

Bond nickte.

»Da ist ein Anruf für Sie, Sir. In der Telefonkabine an der

Rezeption. Eine Miss Paula Vacker wünscht, Sie zu sprechen.«

Bond stand schnell auf, was ihm einen fragenden Blick von Brad Tirpitz einbrachte.

»Probleme?« Tirpitz' Stimme schien weicher geworden zu sein, doch Bond weigerte sich, zu reagieren. »Bad« Brad sollte man mit der Vorsicht begegnen, die man sich sonst für Klapperschlangen aufsparte, entschied er.

»Nur ein Anruf aus Helsinki.« Er setzte sich in Bewegung. Innerlich war er aufgewühlt, weil er sich nicht erklären konnte, wie Paula ihn hier gefunden hatte.

Als er am Tisch der von Glödas vorbeiging, gestattete sich Bond einen direkten, scheinbar desinteressierten Blick auf das Paar. Der Graf hob den Kopf und begegnete Bonds Blick. In seinen Augen lag fast greifbare Bosheit: ein Hass, den Bond noch spürte, lange nachdem er den Tisch hinter sich gelassen hatte, als würden sich die funkelnden Augen des Grafen in seinen Hinterkopf bohren.

Die Mitarbeiterin an der Rezeption deutete auf eine kleine halb geöffnete Kabine mit einem Telefon darin. Bond erreichte sie mit zwei Schritten, nahm den Hörer ab und sprach sofort hinein.

»Paula?«

»Einen Augenblick«, sagte die Telefonistin. Ein Klicken ertönte in der Leitung, dann folgte das Gefühl, dass sich am anderen Ende der Verbindung jemand befand.

»Paula?«, wiederholte er.

Wenn man ihn in diesem Moment gefragt hätte, hätte Bond nicht beschwören können, dass es Paulas Stimme war, obwohl er behauptet hätte, sich zu neunzig Prozent sicher zu sein. Die Verbindung war nicht gut, was für das finnische Telefonsystem ungewöhnlich war. Die Stimme klang hohl, als käme sie aus einem hallenden Raum.

»James«, sagte die Stimme. »Es wird nun jeden Moment passieren, schätze ich. Verabschiede dich von Anni.« Es folgte ein langes, unheimliches Lachen, das verklang, als würde Paula den Hörer bewusst von ihren Lippen wegbewegen und ihn dann langsam wieder auf die Gabel legen.

Bond zog die Brauen zusammen und spürte, wie die Sorge in seinem Inneren schnell wuchs. »Paula? Bist du das …?« Er hielt inne, denn er wusste, dass es keinen Sinn hatte, mit einer toten Leitung zu reden. Verabschiede dich von Anni … Was in aller Welt? Dann traf ihn die Erkenntnis. Rivke befand sich auf der Skipiste. Oder vielleicht hatte sie sie gar nicht erreicht. Bond lief zum Haupteingang des Hotels.

Er hatte die Hand bereits ausgestreckt, als eine Stimme hinter ihm schnauzte: »Denken Sie nicht mal dran, Bond. Nicht in diesen Klamotten.« Brad Tirpitz stand schräg hinter ihm. »Sie würden da draußen keine fünf Minuten überleben. Die Temperaturen liegen weit unter null.«

»Besorgen Sie mir die entsprechende Ausrüstung, und zwar schnell, Brad.«

»Besorgen Sie sich die doch selber. Was zum Teufel ist los mit Ihnen?« Tirpitz machte einen Schritt auf die Garderobe neben der Rezeption zu.

»Das erkläre ich Ihnen später. Rivke ist draußen auf der Skipiste, und ich habe so eine Ahnung, dass sie in Gefahr schwebt.« Ihm kam der Gedanke, dass sich Rivke Ingber vielleicht doch nicht auf dem Abhang befand. Paula hatte gesagt:

»Es wird nun jeden Moment passieren, schätze ich.« Was auch immer geplant war, könnte sich schon ereignet haben.

Tirpitz kehrte mit seiner Winterkleidung in den Armen zurück – Stiefel, Schal, Schneebrille, Handschuhe und eine gefütterte Jacke. »Sagen Sie mir einfach, was Sie brauchen«, sagte er im Befehlston, »und ich werde tun, was ich kann. Holen Sie Ihr eigenes Zeug. Ich gehe immer auf Nummer sicher und behalte meine Winterklamotten in Reichweite.« Er zog sich bereits die Schuhe aus und schlüpfte in die Stiefel. Offenbar ließ man sich mit Tirpitz nicht auf eine Diskussion ein.

Bond lief auf die Fahrstühle zu. »Wenn Rivke auf den Skiabfahrten ist, dann holen Sie sie so schnell wie möglich und in einem Stück da runter!«, rief er und drückte hektisch auf den Knopf. Als er sein Zimmer erreichte, brauchte Bond weniger als drei Minuten, um seine Winterkleidung anzuziehen. Während er sich umzog, schaute er die ganze Zeit über aus dem Fenster in Richtung Sessellift und Skipiste. Alles wirkte normal, was immer noch der Fall war, als er endlich die untere Station des Sessellifts erreichte. Von der Rezeption bis hierher hatte er sechs Minuten gebraucht.

Die meisten Menschen hatten sich bereits zurück ins Hotel begeben: Die beste Zeit zum Skifahren war vorbei. Bond erkannte Brad Tirpitz, der mit ein paar anderen Leuten neben der Hütte auf der anderen Seite des Lifts stand.

»Und?«, fragte Bond.

»Ich habe sie dazu gebracht, oben anzurufen. Ihr Name steht auf der Liste. Sie ist jetzt auf dem Weg nach unten. Sie trägt einen purpurnen Skianzug. Geben Sie mir alle Informationen, die Sie haben, Bond. Hat das etwas mit der Operation zu tun?«

»Später.« Bond reckte den Hals, verengte die Augen hinter der Schneebrille und suchte die schneebedeckte Landschaft nach einer Spur von Rivke ab.

Ein flacher Bergkamm bildete eine Reihe von Stufen, die sich über etwa anderthalb Kilometer erstreckten. Der Anfang der Piste lag außer Sichtweite, aber die markierte Strecke war kurvenreich und verschlungen. An einigen Stellen verlief sie zwischen Tannen hindurch. Manche Abschnitte waren so sanft, dass sie fast flach wirkten, andere waren scheinbar leichte Abfahrten, die in erstaunlich steile Passagen übergingen.

Der letzte halbe Kilometer bestand aus der Anfängerpiste und war nicht mehr als eine lange, gerade, sanft abfallende Fläche. Zwei junge Männer in schwarzen Skianzügen und weiß gestreiften Wollmützen beendeten gerade gekonnt eine Abfahrt, die sie offenbar als schnelle Tour am oberen Ende der Strecke begonnen hatten. Sie vollführten angeberische Gesten, lachten und veranstalteten eine Menge Lärm.

»Da kommt sie.« Brad reichte Bond sein Fernglas, mit dem er den Abhang abgesucht hatte. »Purpurner Skianzug.«

Bond hob das Fernglas. Rivke war offensichtlich sehr gut. Sie bewegte sich mit gekonnten Manövern den steilen Abhang hinunter, ging dann in eine gerade Abfahrt über, verlangsamte, als der Schnee flacher wurde, und nahm dann wieder ein wenig Fahrt auf, als sie sich einer Erhebung näherte und schließlich der Strecke den langen Abhang hinunter folgte. Sie hatte gerade die Auslaufstrecke erreicht und war nur noch weniger als einen halben Kilometer von ihnen entfernt, als der Schnee auf beiden Seiten neben ihr zu kochen schien und sich hinter ihr ein gewaltiger weißer Nebel erhob. Inmitten dieser Wolke aus Pulverschnee blitzte ein plötzliches Feuer auf – erst rot, dann weiß.

Das Geräusch der gedämpften Granate erreichte sie eine Sekunde nachdem Bond gesehen hatte, wie Rivkes Körper mit dem explodierenden Schnee nach oben geschleudert wurde und sich in der Luft überschlug.

9

DIE WURFLEINE

Bond spürte, wie sich sein Magen vor Entsetzen umdrehte, während er hilflos zusah und durch die Schneebrille in die aufsteigende Wolke aus Schnee starrte. Die purpurne Gestalt wurde wie eine Lumpenpuppe herumgewirbelt und verschwand in dem feinen weißen Schneegestöber, während sich die wenigen Leute in Tirpitz' und Bonds Nähe flach auf den Boden warfen, als stünden sie unter Mörserbeschuss. Brad Tirpitz blieb ebenso wie Bond stehen. Seine einzige Handlung bestand darin, sich das Fernglas zu schnappen und es an seine Augen zu heben.

»Da ist sie. Bewusstlos, denke ich.« Tirpitz sprach wie ein Aufklärer auf einem Schlachtfeld, der Bericht über einen gerade erfolgten Luftangriff erstattete oder die Artillerie ortete. »Ja, sie liegt mit dem Gesicht nach oben und ist halb im Schnee begraben. Etwa hundert Meter unterhalb der Stelle, an der der Angriff stattfand.«

Bond nahm das Fernglas entgegen, um es sich selbst anzusehen. Der Schnee legte sich, und er konnte die Gestalt klar und deutlich erkennen. Sie lag ausgestreckt in einer Schneeverwehung.

Hinter ihm erklang eine andere Stimme. »Das Hotel hat die Polizei und einen Krankenwagen gerufen. Es ist nicht weit, aber kein Rettungsteam wird schnell genug dort hochkommen. Der Schnee ist zu weich. Sie werden es mit einem Hubschrauber versuchen müssen.«

Bond drehte sich um. Kolja Mosolow stand neben ihm und hatte ebenfalls ein Fernglas an die Augen gehoben.

In den wenigen Sekunden nach der Explosion hatten sich Bonds Gedanken förmlich überschlagen. Paulas Anruf – falls es Paula war – bestätigte, dass alles, was Rivke erzählt hatte, stimmte, und untermauerte seine früheren Schlussfolgerungen. Paula Vacker war eindeutig nicht das, was sie zu sein schien. Sie hatte Bond während seines ersten Besuchs in Helsinki in ihrer Wohnung in eine Falle gelockt. Irgendwie hatte sie von seinem nächtlichen Treffen mit Rivke erfahren und sie nun ebenfalls angegriffen. Hinzukam, dass Paula den Zwischenfall auf der Skipiste mit einem unglaublich guten Timing arrangiert hatte. Sie wusste, wo Bond war, sie wusste, wo Rivke war, und sie wusste, was in die Wege geleitet worden war. Das alles konnte nur eines bedeuten: Paula hatte irgendwie Zugang zu den vier Mitgliedern der *Operation Eisbrecher*.

Bond riss sich von diesen Gedanken los. »Was denken Sie?« Er wandte sich für eine Sekunde an Kolja, bevor er wieder zum Abhang hinaufschaute.

»Wie ich schon sagte. Ein Hubschrauber. Die Mitte der Strecke ist fest, aber Rivke ist im weichen Schnee gelandet. Wenn wir schnell handeln wollen, brauchen wir einen Hubschrauber.«

»Das meinte ich nicht«, schnauzte Bond. »Was, denken Sie, ist passiert?«

Kolja zuckte unter der dicken Winterkleidung mit den Schultern. »Eine Landmine, schätze ich. Die gibt es hier immer noch. Die sind vom russisch-finnischen Winterkrieg oder aus dem Zweiten Weltkrieg übrig geblieben. Selbst nach so langer Zeit. Und sie bewegen sich – im frühen Winter mit den ersten Schneestürmen. Ja, ich würde schätzen, es war eine Landmine.«

»Was wäre, wenn ich Ihnen sagen würde, dass ich gewarnt wurde?«

»Das stimmt«, bestätigte Brad, dessen Fernglas nach wie vor auf den roten Fleck gerichtet war, wo Rivke lag. »Bond hat eine Art Botschaft erhalten. Einen Anruf.«

Kolja wirkte desinteressiert. »Ah, darüber werden wir reden müssen. Aber wo zum Teufel bleiben die Polizisten und der Hubschrauber?«

Wie aufs Stichwort kam ein Saab Finlandia der Polizei auf den Hauptparkplatz des Hotels geschlittert und hielt ein paar Schritte von Kolja, Tirpitz und Bond entfernt an. Zwei Beamte stiegen aus. Kolja stand sofort neben ihnen und sprach mit ihnen auf Finnisch wie ein Einheimischer. Es folgten ein paar untypische Gesten, dann wandte sich Kolja wieder an Bond und murmelte einen unanständigen russischen Fluch. »Sie können frühestens in einer halben Stunde einen Hubschrauber hier haben.« Er wirkte sehr wütend. »Und das Rettungsteam wird ebenso lange brauchen.«

»Dann müssen wir …«

Brad Tirpitz fiel Bond ins Wort. »Sie bewegt sich. Sie ist bei Bewusstsein und versucht, aufzustehen. Nein, jetzt liegt sie wieder am Boden. Es hat wohl ihre Beine erwischt.«

Bond fragte Kolja schnell, ob die Polizisten so etwas wie ein Megafon dabeihätten. Sie führten eine weitere schnelle Unterhaltung. Dann rief Kolja Bond zu: »Ja, sie haben eins.«

Bond war losgelaufen und rannte so schnell er konnte über den gefrorenen Boden. Mit behandschuhten Händen öffnete er eine Jackentasche, um die Autoschlüssel hervorzuholen. »Bereiten Sie es vor!«, rief er zurück. »Ich werde Sie selbst runterholen! Bereiten Sie das Megafon vor!«

Die Schlösser des Saabs waren gut geölt und mit Frostschutzmittel behandelt, daher hatte Bond keine Schwierigkeiten beim Öffnen. Er schaltete die Alarmsensoren ab, ging dann nach hinten, machte die große Heckklappe auf und holte zwei Knebelseile sowie die große Trommel mit der Wurfleine von Pains-Wessex heraus. Er schloss wieder ab, aktivierte die Alarmvorrichtungen und eilte zurück zum Fuß der Skipiste, wo einer der Polizisten, der ein wenig befangen wirkte, ein Megafon von Graviner bereithielt.

»Sie setzt sich auf. Sie hat einmal gewinkt und angezeigt, dass sie sich nicht weiter bewegen kann.« Tirpitz gab die Informationen weiter, als Bond sich näherte.

»Verstanden.« Bond streckte eine Hand aus und nahm das Megafon von dem Polizisten entgegen. Er legte den Schalter um und hob es in Rivkes Richtung. Er achtete darauf, dass das Metall nicht seine Lippen berührte.

»Wenn Sie mich hören können, Rivke, heben Sie einen Arm. Hier ist James.« Seine Stimme wurde durch den Verstärker auf das Zehnfache ihrer normalen Lautstärke verstärkt und hallte um sie herum.

Er sah die Bewegung, und Tirpitz meldete sie mit erhobenem Fernglas: »Sie hat einen Arm gehoben.«

Bond vergewisserte sich, dass das Megafon direkt auf Rivke gerichtet war. »Ich werde ein Seil in Ihre Richtung schießen, Rivke. Haben Sie keine Angst. Es wird von einer Rakete angetrieben, die sehr nah an Ihnen vorbeifliegen sollte. Geben Sie uns ein Signal, wenn Sie das verstanden haben.«

Erneut hob sie den Arm.

»Wenn das Seil Sie erreicht, können Sie es dann unter den Armen um Ihren Körper herumbinden?«

Eine weitere Bestätigung.

»Denken Sie, dass wir Sie dann langsam nach unten ziehen können?«

Bestätigung.

»Falls es sich als unmöglich erweist, falls Sie Schmerzen haben, während wir Sie nach unten ziehen, dann teilen Sie uns das mit, indem Sie beide Hände heben. Haben Sie mich verstanden?«

Wieder erfolgte das Zeichen zur Bestätigung.

»Also gut.« Bond wandte sich an die anderen und erteilte ihnen Anweisungen.

Die Pains-Wessex-Wurfleine war eine komplett eigenständige Wurfleineneinheit, die wie ein schwerer Zylinder mit einem Tragegriff und einem Auslösemechanismus an der Oberseite aussah. Sie zählte wohl zu den besten Wurfleineneinheiten der Welt. Bond entfernte die schützende Plastikabdeckung an der Vorderseite des Zylinders, legte die Rakete frei, die gut abgeschirmt in der Mitte saß, und außerdem die zweihundertfünfundsiebzig Meter der aufgerollten Leine, die einen Großteil des Platzes einnahmen. Er nahm das lose Ende der Leine heraus, wies die anderen an, es fest um die Stoßstange des Finlandias zu binden, und brachte sich direkt unterhalb der purpurnen Gestalt im Schnee in Position.

Als die Leine gesichert war, entfernte Bond den Sicherungsstift am hinteren Ende des Tragegriffs. Dann bewegte er seine Hand zu dem geformten Griff hinter dem Auslösemechanismus. Er bohrte die Absätze seiner Mukluk-Stiefel in den Schnee und ging vier Schritte den Abhang hinauf. Auf der rechten Seite der breiten Skipiste war der Schnee weich und sehr tief – auf der Piste selbst war er steinhart und man konnte sich nur mithilfe einer Eiskletterausrüstung darauf fortbewegen.

Nach vier Schritten sank Bond fast bis zur Taille ein, aber die Position war für einen guten Schuss mit der Wurfleine, deren anderes Ende hinter ihm an der Stoßstange des Finlandias befestigt war, eine vernünftige Ausgangslage. Bond machte sich bereit, hielt den Zylinder von seinem Körper weg und gestattete sich, den richtigen Balancepunkt zu finden. Als er sicher war, dass die Rakete Rivke verfehlen würde, betätigte er den Auslöser.

Ein dumpfer Aufschlag ertönte, als der Feuerstift auf den Zünder traf. Dann schoss die Rakete mit spektakulärer Geschwindigkeit und einer Rauchwolke in die klare Luft, zog die Leine hinter sich her und schien Fahrt aufzunehmen, während sie sich in hohem Bogen über den Schnee bewegte.

Die Rakete zischte ein gutes Stück an Rivkes Körper vorbei, war aber genau auf Kurs und zog die Leine direkt über ihr her, bis das Geschoss schließlich mit einem leisen Ploppen landete. Für eine Sekunde schien die Leine in ihrem Bogen zu verharren und flatterte in der stillen Luft. Dann begann sie mit fast schon kontrollierter Präzision zu fallen – eine lange braune Schlange, die sich von einer Stelle weit über Rivke bis nach unten erstreckte.

Bond kämpfte sich durch den dichten Schnee zurück zu den anderen und nahm das Megafon vom einem der Polizisten entgegen. »Heben Sie Ihren Arm, wenn Sie das Seil zu sich herunterziehen können.« Einmal mehr hallte Bonds Stimme von den Abhängen wider.

Trotz des eisigen Wetters waren einige Leute herausgekommen, um zu gaffen. Andere beobachteten das Geschehen von den Hotelfenstern aus. Das Geräusch einer Krankenwagensirene wurde lauter, als sich das Fahrzeug näherte.

»Das Fernglas, bitte.« Bond bat nicht darum, sondern erteilte einen Befehl. Tirpitz reichte ihm das Fernglas, und Bond stellte das gerändelte Rädchen ein, um Rivke zu fokussieren.

Sie schien in einem seltsamen Winkel zu liegen und steckte bis zur Taille im Schnee. Um sie herum gab es allerdings Anzeichen für aufgebrochenen harten Schnee und Eis. Obwohl Bond auf diese Entfernung nicht viel von ihrem Gesicht erkennen konnte, hatte er den Eindruck, dass sie Schmerzen hatte. Mühselig zerrte sie an der Leine und zog das obere Ende zu sich heran. Die Prozedur schien furchtbar lange zu dauern. Rivke – die offensichtlich Qualen durchmachte und sowohl unter der Kälte als auch unter Schmerzen litt – hielt immer wieder inne, um sich auszuruhen. Die einfache Aufgabe, die Leine nach unten zu ziehen, hatte sich in einen wahren Kampf verwandelt. Durch das Fernglas sah es für Bond so aus, als würde sie an der Leine eine schwere Last zu sich heranziehen.

Von Zeit zu Zeit, wenn er sehen konnte, dass ihre Kräfte nachließen, feuerte er sie an. Seine laute Stimme verursachte um sie herum hallende Echos. Endlich hatte sie die Leine zu sich herangezogen und machte sich nun an die beschwerliche Aufgabe, sie um ihren Körper zu binden.

»Unter die Arme, Rivke«, wies Bond sie an. »Knoten Sie sie zusammen und schieben Sie den Knoten auf Ihren Rücken. Sobald Sie fertig sind, heben Sie die Hände.«

Nach einer Ewigkeit reckte sie die Hände in die Luft.

»Also gut. Jetzt werden wir Sie so vorsichtig wie möglich nach unten bringen. Wir werden Sie durch den weichen Schnee ziehen, aber vergessen Sie nicht, falls es zu schmerzhaft wird, heben Sie beide Arme. Halten Sie sich bereit, Rivke.«

Bond wandte sich an die anderen, die die Leine bereits von der Stoßstange des Finlandias gelöst hatten und das Stück zwischen Rivke und dem Fuß des Abhangs nun langsam straff zogen.

Bond war bewusst gewesen, dass der Krankenwagen näher kam, aber nun nahm er seine Anwesenheit zum ersten Mal richtig wahr. In dem Fahrzeug befand sich ein komplettes Medizinerteam einschließlich eines jungen bärtigen Arztes. Bond fragte, wo sie sie hinbringen würden, und der Arzt – dessen Name Simonen lautete – sagte, sie kämen aus einem kleinen Krankenhaus in Salla. »Danach«, fügte er hinzu und hob die Hände in einer unsicheren Geste, »hängt es von ihren Verletzungen ab.«

Sie brauchten eine gute Dreiviertelstunde, um Rivke in Reichweite zu ziehen. Sie war nur halb bei Bewusstsein, als Bond sich durch den Schnee kämpfte, um zu ihr zu gelangen. Er wies diejenigen, die an der Leine zogen, an, sie vorsichtig an den Rand der Piste zu befördern.

Sie stöhnte, öffnete die Augen, als der Arzt sie erreichte, und erkannte Bond sofort. »James, was ist passiert?« Ihre Stimme war leise und schwach.

»Ich weiß es nicht, Liebes. Du bist gestürzt.« Bond spürte, wie sich unter der Schneebrille und dem Schal, der sein Gesicht umgab, Nervosität auf seine Züge schlich, als er die verräterischen weißen Erfrierungsflecken auf den ungeschützten Stellen in Rivkes Gesicht erblickte.

Nach ein paar Augenblicken berührte der Arzt Bonds Schulter und zog ihn weg. Tirpitz und Kolja Mosolow knieten neben der Frau, während der Arzt murmelte: »Beide Beine gebrochen, wie es aussieht.« Er sprach ausgezeichnetes Englisch, wie Bond bereits bei ihrer vorherigen Unterhaltung festgestellt hatte. »Erfrierungen, wie Sie sehen können, und fortgeschrittene Hypothermie. Wir müssen sie schnell reinbringen.«

»Machen Sie so schnell Sie können.« Bond griff nach dem Ärmel des Arztes. »Darf ich später ins Krankenhaus kommen?«

»Selbstverständlich.«

Sie war wieder bewusstlos, und Bond konnte nur zurücktreten und verwirrt zusehen, während die Mediziner Rivke auf eine Trage schnallten und sie in den Krankenwagen schoben. In seinem Kopf schienen sich verschiedene Bilder zu überschneiden: Die hiesige Kälte, Eis und Schnee und der Krankenwagen, der knirschend zur Ausfahrt des Hotelparkplatzes fuhr, blitzten zwischen Visionen auf, die ungebeten aus seiner Erinnerung auftauchten. Ein anderer Krankenwagen, eine andere Straße, Hitze, Blut überall auf dem Auto und ein österreichischer Polizist, der endlose Fragen über Tracys Tod stellte. Dieser Albtraum – der Tod seiner Ehefrau – lauerte immer am Rand von Bonds Bewusstsein.

Als hätten sich die beiden Bilder plötzlich vermischt, hörte er, wie Kolja sagte: »Wir müssen reden, James Bond. Ich muss Ihnen einige Fragen stellen. Außerdem müssen wir uns auf heute Nacht vorbereiten. Alles ist festgelegt, aber wir sind nun einer weniger. Wir werden einige Absprachen treffen müssen.«

Bond nickte und schlurfte langsam zum Hotel zurück. Im Foyer verabredeten sie sich für fünfzehn Uhr in Koljas Zimmer.

In seinem eigenen Zimmer öffnete Bond den Aktenkoffer und betätigte die inneren Sicherheitsvorrichtungen, mit denen sich der falsche Boden und die Seiten öffnen ließen – all diese Verstecke waren hinter Q'uties genialen Abdeckungen verborgen. Aus einem der Seitenfächer holte er eine rechteckige rote Einheit hervor. Sie war nicht länger als eine Zigarettenschachtel – das VL34, der sogenannte »Privatsphärenschutz«, möglicherweise eines der kleinsten und am weitesten entwickelten elektronischen Wanzenaufspürgeräte. Bei seiner Ankunft in der vergangenen Nacht hatte Bond den Raum bereits durchsucht und für sauber befunden, aber er würde keine Risiken eingehen.

Er zog die einfahrbaren Antennen heraus, schaltete das kleine Gerät an und machte sich daran, den Raum zu überprüfen. Innerhalb weniger Sekunden begann eine Reihe Lichter an der Vorderseite zu leuchten. Als er die Antennen aufs Telefon richtete, ging ein gelbes Licht an und bestätigte, dass sich irgendwo in der Nähe des Telefons ein Funksender und ein Mikrofon befanden.

Nachdem Bond eine der Abhörwanzen lokalisiert hatte, überprüfte er sorgfältig die gesamte Zimmermitte. In der Nähe des Radios und des Fernsehers gab es ein paar kleine Alarmmeldungen, aber das zuverlässige gelbe Signallicht ging nicht an. Innerhalb kürzester Zeit hatte er festgestellt, dass sich die einzige Wanze in diesem Zimmer im Telefon befand. Er untersuchte das Gerät und entdeckte schnell, dass es eine aktualisierte Version der alten und vertrauten Infinity-Wanze enthielt, die ein Telefon in ein Übertragungsgerät verwandelte, das ohne Unterbrechung sendete. Selbst am anderen Ende der Welt konnte man damit nicht nur Telefonate abfangen, sondern auch alles mithören, was in dem Raum, in dem sich das Telefon befand, gesagt wurde.

Bond entfernte die Wanze, trug sie ins Badezimmer und zertrat sie mit dem Absatz seines Mukluk-Stiefels, bevor er sie die Toilette hinunterspülte. »So enden alle Staatsfeinde«, murmelte er mit einem ironischen Lächeln.

Die anderen wurden zweifellos ebenfalls mit solchen – oder ähnlichen – Wanzen überwacht. Blieben noch die Fragen: Wie und wann waren die Wanzen installiert worden und wie war es diesen Leuten gelungen, den Anschlag auf Rivkes Leben zeitlich so genau zu planen? Paula hätte sehr schnell handeln müssen, um gegen Rivke vorzugehen – oder jeden anderen von ihnen. Es sei denn, dachte Bond, das Hotel Revontuli war so gut unterwandert, dass diese Dinge lange vor ihrer Ankunft vorbereitet worden waren.

Aber um das zu tun, hätte Paula – oder wer auch immer diese Gegenmaßnahmen organisierte – bei dem Treffen in Madeira anwesend sein müssen. Da Rivke ein Opfer geworden war, konnte man sie von jeglichem Verdacht freisprechen. Aber was war mit Brad Tirpitz und Kolja? Er würde schon bald die Wahrheit über beide herausfinden. Falls die Operation in dem russischen Waffenlager namens Blue Hare wirklich heute Nacht stattfinden sollte, würden vielleicht bald alle Karten auf dem Tisch liegen.

Er zog sich aus, duschte und zog sich bequeme Kleidung an. Dann legte er sich ausgestreckt aufs Bett und zündete sich eine seiner Simmons-Zigaretten an. Nach zwei oder drei Zügen drückte Bond den Stummel im Aschenbecher aus, schloss die Augen und döste ein.

Bond schreckte aus dem Schlaf hoch und schaute auf seine Uhr. Es war fast fünfzehn Uhr. Er trat ans Fenster und sah hinaus. Die Schneelandschaft schien sich zu verändern, während er dort stand. Das helle Weiß verschwand, als die Sonne unterging. Dann folgte die Magie dessen, was man am Polarkreis den »blauen Augenblick« nannte. Bevor die Abenddämmerung hereinbrach, nahmen der leuchtend weiße Schnee und das Eis auf dem Boden, den Felsen, den Gebäuden und den Bäumen für ein oder zwei Minuten eine grünlich blaue Färbung an.

Er würde zu spät zu dem Treffen mit Kolja und Tirpitz

kommen, aber das ließ sich nicht ändern. Bond ging schnell zu seinem nun wanzenfreien Telefon und bat die Telefonistin um die Nummer des Krankenhauses in Salla. Sie teilte sie ihm recht schnell mit. Bond bekam ein Freizeichen und wählte die Nummer. Sein erster Gedanke beim Aufwachen hatte Rivke gegolten.

Die Empfangsmitarbeiterin des Krankenhauses sprach recht gutes Englisch. Er fragte nach Rivke und wurde gebeten, zu warten.

Endlich meldete sich die Frau wieder. »Ich fürchte, wir haben hier keine Patientin mit diesem Namen.«

»Sie wurde erst vor Kurzem eingeliefert«, erklärte Bond. »Nach einem Unfall am Hotel Revontuli. Auf der Skipiste. Sie hat Hypothermie, Erfrierungen und beide Beine sind gebrochen. Sie haben einen Krankenwagen und einen Arzt geschickt …« Er hielt inne und versuchte, sich an den Namen des Mediziners zu erinnern. »… Doktor Simonen.«

»Es tut mir leid, Sir. Dies ist ein kleines Krankenhaus, und ich kenne alle Ärzte, die hier arbeiten. Es sind nur fünf und keiner von ihnen heißt Simonen …«

»Er hat einen Bart und ist recht jung. Er sagte, ich könne anrufen.«

»Es tut mir leid, Sir, aber da muss ein Fehler vorliegen. Heute gab es keine Notrufe vom Revontuli, ich habe das gerade überprüft. Es wurden auch keine weiblichen Patienten eingeliefert, und es gibt hier keinen Doktor Simonen. Tatsächlich arbeiten hier gar keine bärtigen jungen Ärzte. Ich wünschte, es wäre so.«

Bond fragte, ob es in der Nähe noch andere Krankenhäuser gebe. Nein. Das nächste Krankenhaus sei in Kemijärvi, und die würden ebenso wenig einen Notdienst in diese Gegend schicken wie das Krankenhaus in Pelkosenniemi. Bond bat um die Nummern dieser beiden Krankenhäuser und die der örtlichen Polizei. Dann dankte er der Frau und machte sich daran, erneut zu wählen.

Nach fünf Minuten kannte er die schreckliche Wahrheit. Keines der Krankenhäuser hatte auf einen Unfall am Hotel reagiert. Hinzukam, dass die örtliche Polizei an diesem Tag gar keinen Saab Finlandia auf den Straßen im Einsatz hatte. Tatsächlich war gar keine Polizeitruppe zum Hotel geschickt worden. Es war kein Fehler, die Polizei kannte das Hotel sehr gut. So gut, dass sie dort ihr Skitraining abhielt.

Es tue ihnen sehr leid.

Das galt auch für Bond. Es tat ihm leid, und er war erschüttert.

10

KOLJA

James Bond war furchtbar wütend. »Sie meinen, Sie werden wegen Rivke nichts unternehmen?« Er schrie nicht, aber seine Stimme war kalt, spröde wie das Eis, das die Bäume draußen vor Koljas Fenster schmückte.

»Wir werden ihre Organisation informieren.« Kolja wirkte unbekümmert. »Aber erst später, nachdem das hier vorbei ist. Bis dahin könnte sie längst wieder aufgetaucht sein. Wir haben jetzt keine Zeit, mit Schneeschuhen durch die Landschaft zu stapfen und sie zu suchen. Wenn sie nicht auftaucht, wird der Mossad nach ihr suchen müssen. Wie heißt es in der Bibel? Lasst die Toten ihre Toten begraben?«

Bonds Nerven lagen blank. Seit er sich den Überresten des *Eisbrecher*-Teams in Koljas Zimmer angeschlossen hatte, war er schon ein paar Mal kurz davor gewesen, durchzudrehen. Kolja hatte ihm auf sein Klopfen hin die Tür geöffnet, und Bond hatte sich an ihm vorbeigedrängt, einen Finger an die Lippen gehalten und mit der anderen Hand das VL34-Suchgerät umklammert, als wäre es ein Talisman.

Brad Tirpitz ließ ein sarkastisches Grinsen aufblitzen, das

sich in einen vernichtenden Blick voller Missfallen verwandelte, als Bond in Koljas Telefon eine weitere Infinity-Wanze aufspürte und ein paar weitere elektronische Geräte unter dem Teppich und in der Klorollenhalterung entdeckte.

»Ich dachte, Sie hätten die Zimmer überprüft«, schnauzte Bond und warf Tirpitz einen misstrauischen Blick zu.

»Das haben wir gleich nach unserer Ankunft hier auch getan. Wir haben sowohl unsere als auch Ihr Zimmer abgesucht, Kumpel.«

»Sie haben auch behauptet, die Zimmer in Madeira wären sauber.«

»Das waren sie auch.«

»Tja, wie kommt es dann, dass diese Leute – wer immer sie sein mögen – in der Lage waren, uns hier aufzustöbern?«

Unbeeindruckt wiederholte Tirpitz, dass sie die Zimmer nach elektronischen Abhörgeräten abgesucht hätten. »Alles war klinisch rein. In Madeira und hier.«

»Dann haben wir ein Leck. Einer von uns – und ich weiß, dass ich es nicht bin«, sagte Bond ätzend.

»Einer von uns? Von *uns*?« Nun wurde Koljas Stimme unangenehm.

Bislang war Bond noch nicht in der Lage gewesen, Kolja alles über den warnenden Telefonanruf zu erzählen, von dem er glaubte, dass er von Paula gekommen war. Also tat er es jetzt und beobachtete, wie sich das Gesicht des Russen veränderte. Mosolows Züge waren wie das Meer, dachte er. Dieses Mal fand ein Wandel von Wut zu Gelassenheit statt, dann folgte Sorge, als Bond beschrieb, wie der Trick durchgeführt worden sein könnte. Wer auch immer gegen sie vorging, wusste eine Menge über ihre Privatleben.

»Das da draußen war keine alte Landmine«, sagte er düster. »Rivke ist eine gute Skifahrerin. Ich selbst bin auch nicht schlecht, und ich könnte mir vorstellen, dass Sie ebenfalls kein Neuling sind, Kolja. Was Tirpitz angeht, so weiß ich nicht …«

»Ich komme ganz gut zurecht.« Tirpitz hatte den Gesichtsausdruck eines mürrischen Schuljungen aufgesetzt.

Die Explosion auf der Piste, fuhr Bond fort, könne per Fernzünder ausgelöst worden sein. »Sie könnten auch einen Scharfschützen im Hotel haben. Das wäre nicht das erste Mal, dass so etwas gemacht wird – eine Kugel löst eine Sprengladung aus. Ich persönlich würde auf den Fernzünder tippen, weil es zum Rest passt: zu der Tatsache, dass sich Rivke auf der Piste befand und dass ich einen Anruf erhielt, der zu dem Zeitpunkt stattgefunden haben muss, als sie oben losgefahren ist.« Er breitete die Hände aus. »Sie haben uns hier in die Enge getrieben, eine von uns haben sie bereits ausgeschaltet, was es für sie leichter macht, sich dem Rest zu nähern …«

»Und Graf von Glöda war zum Frühstück hier. Mit dieser Frau.« Tirpitz schüttelte seine Trotzhaltung ab und deutete auf Kolja Mosolow. »Wissen Sie irgendwas darüber?«

Mosolow deutete ein Nicken an. »Ich habe sie gesehen. Vor der Sache auf der Piste. Ich sah sie, als ich ins Hotel zurückkam.«

Bond verfolgte Tirpitz' Gedankengang weiter. »Denken Sie nicht, dass es nun an der Zeit wäre, Kolja? Zeit, uns die Wahrheit über von Glöda zu verraten?«

Mosolow vollführte eine Geste, um anzudeuten, dass ihm

nicht klar war, was das ganze Theater sollte. »Dieser sogenannte Graf von Glöda ist ein Hauptverdächtiger …«

»Er ist der einzige Verdächtige«, schnauzte Tirpitz.

»Und vermutlich die treibende Kraft hinter den Leuten, die wir alle festnageln wollen«, fügte Bond hinzu.

Kolja seufzte. »Ich habe ihn bei unseren vorherigen Besprechungen nicht erwähnt, weil ich noch auf bestätigende Beweise gewartet habe – eine Identifizierung seines Kommandohauptquartiers.«

»Und jetzt haben Sie diesen Beweis?« Bond rückte näher an Kolja heran und bedrohte ihn fast.

»Ja.« Seine Stimme war klar und unerschütterlich. »Wir haben alles, was wir brauchen. Es ist Teil der Besprechung heute Abend.« Kolja hielt inne, als würde er darüber nachdenken, wie klug es wäre, noch mehr Informationen preiszugeben. »Ich vermute, Sie wissen beide, wer von Glöda wirklich ist?« Es war, als beabsichtigte er, eine Art *coup de grâce* auszuführen.

Bond nickte. »Ja.«

»Und wir kennen das Verwandtschaftsverhältnis zu unserer verschwundenen Kollegin«, ergänzte Tirpitz.

»Gut«, sagte Kolja in leicht verärgertem Ton. »Dann können wir ja mit der Besprechung fortfahren.«

»Und Rivke den Wölfen überlassen.« Der Gedanke quälte Bond nach wie vor.

Kolja drehte sehr ruhig den Kopf und begegnete Bonds Blick. »Ich gehe davon aus, dass Rivke wieder in Ordnung kommen wird. Und ich schlage vor, dass wir sie – wie nennen Sie das – auf der Ersatzbank lassen? Ich vermute, dass Rivke

Ingber wieder auftauchen wird, wenn sie bereit ist. Wenn wir in der Zwischenzeit Beweise sammeln wollen, die die Nationalsozialistische Aktionsarmee irgendwann zerschlagen werden – was der einzige Grund für unsere Anwesenheit hier ist –, müssen wir uns der für heute Abend anstehenden Operation mit voller Sorgfalt widmen.«

»Meinetwegen«, sagte Bond und verbarg seinen Zorn.

Das Ziel der Operation war, wie Kolja bereits erklärt hatte, das Beobachten und nach Möglichkeit auch das Fotografieren des Waffendiebstahls aus dem Blue-Hare-Lager in der Nähe von Alakurtii. Kolja breitete auf dem Fußboden eine detaillierte Übersichtskarte aus. Sie war voller Markierungen – rote Kreuze und diverse Routen in Schwarz, Blau und Gelb.

Koljas Zeigefinger verweilte auf einem roten Kreuz direkt südlich von Alakurtii, etwa sechzig Kilometer hinter der russischen Grenze und fünfundsiebzig Kilometer von ihrem derzeitigen Aufenthaltsort entfernt.

»Soweit ich weiß«, sagte er, »können wir alle recht gut mit Schneemobilen umgehen.« Er schaute erst Tirpitz und dann Bond an. Beide Männer nickten bestätigend. »Ich bin froh, das zu hören, denn wir werden alle unter Druck stehen. Die Wettervorhersage für heute Nacht ist nicht gut. Temperaturen unter null, die nach Mitternacht ein wenig ansteigen, wenn leichter Schneefall erwartet wird. Danach fallen sie wieder weit unter den Gefrierpunkt.«

Kolja betonte, dass sie für einen Großteil der Nacht per Schneemobil durch schwer zugängliches Gelände reisen würden.

»Sobald mir klar wurde, dass Rivke ins Krankenhaus kommen würde …«, begann er wieder.

»Wo sie nicht ist«, unterbrach ihn Bond. Kolja ignorierte ihn.

»… habe ich andere Vorkehrungen getroffen. Für das, was wir vorhaben, müssen wir mindestens vier Leute auf dem Boden haben. Wir müssen die russische Grenze ohne die Hilfe meiner Leute überqueren und einer Route folgen, die, wie ich vermute, auch die Fahrzeuge der NSAA benutzen werden. Der Plan sah vor, dass zwei von uns als Wachposten an der Strecke zurückbleiben, während Bond und ich bis nach Alakurtii vordringen. Meinen Informationen zufolge wird dort um drei Uhr früh ein NSAA-Konvoi eintreffen, wie es mit dem Kommandanten von Blue Hare und seinen Untergebenen vereinbart wurde.«

Das Beladen der Fahrzeuge – wie immer diese auch aussehen mochten – würde nur etwa eine Stunde dauern. Kolja vermutete, dass sie schwimmfähige Mannschaftstransportwagen einsetzen würden, wahrscheinlich eine der vielen Varianten der russischen BTR-Panzer. »Meinen Leuten zufolge haben sie alles vorbereitet. Bond und ich werden Videoaufnahmen und Fotos machen, wenn nötig mit einer Infrarotkamera: Obwohl ich davon ausgehe, dass es eine Menge Licht geben wird. Blue Hare liegt sehr weit ab vom Schuss und während des Beladens wird sich kaum jemand um die Sicherheit kümmern. Allerdings werden sie auf dem Weg hinein und vor allem beim Transport hinaus extreme Vorsicht walten lassen. Aber in Blue Hare selbst werden sicher alle Flutlichter an sein.«

»Und wo kommt von Glöda bei all dem ins Spiel?« Bond hatte sich die Karte und die mit Bleistift daraufgekritzelten

Zeichen sehr genau angesehen. Er war nicht glücklich damit. Der Weg über die Grenze sah mehr als beschwerlich aus – er führte durch dicht bewaldete Gebiete, über gefrorene Seen und weite, schneebedeckte Abschnitte, die im Sommer eine flache Tundra sein würden. Die größten Sorgen bereiteten ihm jedoch die dicht bewaldeten Bereiche. Er wusste, wie schwer es war, ein Schneemobil durch diese großen schwarzen Flecken aus Tannen und Kiefern zu steuern und einen Weg zu finden.

Kolja ließ eine Art verborgenes Lächeln aufblitzen. »Von Glöda«, sagte er sehr langsam, »wird hier sein.« Sein Finger schwebte über der Karte und landete dann in einem Bereich, der mit Rechtecken und Quadraten markiert war. Der Karte zufolge lag er unmittelbar hinter der finnischen Grenze, ein wenig nördlich von der Stelle, an der sie die Grenze überqueren und auch wieder zurückkehren sollten.

Sowohl Bond als auch Tirpitz beugten sich vor. Bond prägte sich schnell die Koordinaten auf der Karte ein. Kolja setzte seine Ausführungen fort: »Ich bin mir zu neunundneunzig Prozent sicher, dass der Mann, den Ihre Leute, Brad, als Glühwürmchen bezeichnen, heute Nacht hier in Sicherheit bleiben wird. Genau wie ich mir sicher bin, dass der Konvoi aus Richtung Blue Hare am selben Zielpunkt ankommen wird.«

»Zu neunundneunzig Prozent sicher?« Bond zog fragend eine Augenbraue hoch und hob eine Hand, um sich die Strähne in Form eines Kommas aus der Stirn zu streichen. »Warum? Wie?«

»Mein Land …«, Kolja Mosolows Tonfall wies keinerlei

Hurrapatriotismus oder besonderen Stolz auf, »mein Land hat einen geringen Vorteil, aus geographischer Sicht betrachtet.« Sein Finger umkreiste den gesamten Bereich rund um die roten, rechteckigen Markierungen auf der Karte. »Wir waren in den letzten Wochen in der Lage, beträchtliche Überwachungssysteme einzurichten. Die Tatsache, dass Agenten auf dem Gelände ausgiebige Nachfragen angestellt haben, ist ebenfalls zu unserem Vorteil. Natürlich gibt es an diesem Teil der Grenze immer noch eine große Anzahl verfallener alter Verteidigungsposten. Die Überreste von Verteidigungsmaßnahmen kann man in vielen europäischen Städten sehen – in Frankreich zum Beispiel und sogar in England. Die meisten sind intakt, aber nicht mehr benutzbar, die Bunkerwände sind stabil genug aber im Inneren zerfallen sie. Sie können sich also vorstellen, wie viele Blockhütten und Befestigungsanlagen hier in der Gegend während des Winterkrieges und dann erneut nach dem Einmarsch der Nazis in Russland gebaut wurden.«

»Das kann ich bestätigen.« Bond lächelte, als wolle er Kolja klarmachen, dass ihm dieser Teil der Welt nicht vollkommen fremd war.

»Meine Leute wissen ebenfalls darüber Bescheid.« Tirpitz wollte sich nicht ausstechen lassen.

»Ah.« Koljas Gesicht hellte sich auf und nahm einen Ausdruck an, der durchaus als freundliches Lächeln durchgehen mochte.

Dann herrschte für eine gute halbe Minute Schweigen.

Schließlich nickte Kolja, und seine seltsame Fähigkeit, schlagartig den Gesichtsausdruck zu verändern, verwandelte ihn in einen weisen Mann. »Sobald wir darüber informiert wurden, was in Blue Hare vor sich geht, erhielt unsere Abteilung für Spezialeinsätze genaue Anweisungen. Hoch fliegende Flugzeuge und Satelliten wurden auf neue Routen geschickt. Irgendwann lieferten sie die hier.« Er zog eine kleine durchsichtige Plastikmappe unter der Karte hervor und machte sich daran, eine Reihe Fotos herumzureichen. Die Fotos waren offensichtlich von einem Aufklärungsflugzeug gemacht worden – vermutlich einer russischen Mandrake, Mangrove oder Brewer-D, die für diesen Zweck ideal waren. Obwohl es nur Schwarz-Weiß-Aufnahmen waren, erkannte man auf den Fotos deutlich große Bereiche aufgewühlten Bodens. Sie waren während der letzten Sommermonate oder Anfang Herbst vor den ersten Schneefällen entstanden. Auf den meisten von ihnen war unverkennbar ein Eingang zu einer Art großem Betonbunker auszumachen.

Die anderen Fotos waren ebenfalls von der Art, mit der sowohl Bond als auch Brad Tirpitz vertraut waren: militärische Aufklärungssatellitenbilder, die viele Kilometer über der Erde mit diversen Kameras und Objektiven aufgenommen worden waren. Die interessantesten waren die, die in grellen Farben Veränderungen der geologischen Struktur zeigten.

»Wir haben einen unserer Cosmos-Militäraufklärer mit der Aufgabe betraut. Gut, oder?«

Bonds Augen zuckten von den Satellitenbildern zu den kleinen Markierungen auf der Karte. Die Bilder, die fast alle vergrößert worden waren, zeigten, dass unter der Erdoberfläche beträchtliche Arbeiten stattgefunden hatten. Die Texturen und Farben machten deutlich, dass das Bauwerk professionell errichtet worden war und man dabei eine Menge Stahl und Beton benutzt hatte. Es war ein extrem symmetrisches Gebilde, das alle Eigenschaften eines vollständigen und aktiven Untergrundkomplexes aufwies.

»Wie Sie sehen werden«, fuhr Kolja fort, »habe ich mehr als nur Fotos.« Er zog eine weitere Mappe hervor, in der sich Baupläne und Ansichtszeichnungen von etwas befanden, das nur ein sehr großer Bunker sein konnte. »Die Satellitenbilder gaben uns erste Hinweise. Dann schickten wir unsere Einsatzagenten los. Es gab auch ein oder zwei interessante Karten der Gegend, die zur Zeit des Winterkrieges und später benutzt wurden. Finnische Militäringenieure bauten während der späten 1930er genau an dieser Stelle ein unterirdisches Waffenlager. Es war groß genug, um mindestens zehn Panzer und Munition unterzubringen und außerdem Platz für Reparaturarbeiten zu bieten. Der Haupteingang des Bunkers war riesig – hier.« Er deutete direkt auf die Fotos und die Ansichtszeichnungen. »Dank unserer Leute vor Ort und vorhandener Aufzeichnungen wissen wir, dass der Bunker tatsächlich nie benutzt wurde. Allerdings wurde vor zwei Jahren im Sommer eine Menge Aktivität in der Gegend gemeldet – Bauarbeiter, Planierraupen, die üblichen Gerätschaften. Es handelt sich fast zweifellos um von Glödas Versteck.« Er fuhr mit den Fingern an den Zeichnungen entlang. »Dies hier ist der ursprüngliche Eingang, der neu gebaut und versiegelt wurde – er ist groß genug, um Fahrzeuge durchzulassen, und im unteren Bereich befindet sich jede Menge Stauraum.«

Es waren sehr eindeutige und überzeugende Beweise. Der Komplex wirkte riesig und war in zwei Bereiche unterteilt: einen für die Fahrzeuge und das Lager, der andere war ein gewaltiges wabenförmiges Gebilde aus Unterkünften. An diesem Ort konnten mindestens dreihundert Leute das ganze Jahr über unter der Erde wohnen. Der größere Eingang lag parallel zu dem kleineren Zugang, und beide verliefen in einem ähnlichen Winkel nach unten bis zu einer Tiefe von etwa dreihundert Metern, was, wie Tirpitz bemerkte, »tief genug ist, um eine Menge Leichen zu vergraben«.

»Wir glauben, dass dort *alle* Leichen vergraben sind.« Kolja zeigte keinerlei Anzeichen von Humor. »Ich persönlich denke, dass es das Hauptquartier und den Kontrollkommandoposten für die Planungen der Nationalsozialistischen Aktionsarmee darstellt. Der Ort ist außerdem zu einem wichtigen Bereitstellungsraum für Waffen und Munition geworden, die von den Basen der Roten Armee gestohlen wurden. Dieser restaurierte Bunker ist meiner Meinung nach das Herz der NSAA.«

»Also ist unsere Aufgabe ganz einfach.« Tirpitz warf Kolja einen Blick zu, sein Sarkasmus war förmlich greifbar. »Wir müssen nur ein paar hübsche Bilder machen, die Ihre Armeemitglieder dabei zeigen, wie sie ihr Land verraten, und den Fahrzeugen dann bis hierher zurückfolgen.« Er tippte mit dem Finger auf die Karte. »Bis zum Bunker. Ihrem gemütlichen kleinen Eispalast.«

»Ganz genau.«

»Einfach so. Mit drei Mann – wobei ich vermutlich als Kugelfang an der Grenze fungieren werde, wo mich jedes hirnverbrannte Arschloch wie einen Hasen über den Haufen schießen kann.«

»Nicht wenn Sie so gut sind, wie Sie behaupten«, sagte Kolja mit dem gleichen Maß an Sarkasmus. »Ich war meinerseits so frei, einen weiteren meiner Leute anzufordern – einfach weil es *zwei* Überquerungspunkte gibt.« Er deutete auf eine weitere Linie, ein wenig weiter nördlich als die Route, die er und Bond nehmen würden, und erklärte, dass beide Grenzübergänge bewacht werden sollten. »Ursprünglich wollte ich Rivke dort oben stationieren, nur für alle Fälle. Wir brauchen einen Ersatzmann, also habe ich mich darum gekümmert.«

Eine kurze Pause entstand. Dann sagte Bond: »Kolja, ich will etwas wissen.«

»Nur zu.« Er wandte sich ihm zu, das Gesicht offen und ehrlich.

»Wenn das hier alles nach Plan verläuft – wenn wir die Beweise bekommen und dem Konvoi zu dem Bunker folgen, von dem Sie behaupten, dass er hier ist«, Bond deutete auf die Karte, »wenn wir das alles erledigt haben, was ist dann der nächste Schritt?«

Kolja musste nicht einmal überlegen. »Wir stellen sicher, dass wir unsere Beweise haben. Danach machen wir eins von zwei Dingen. Entweder erstatten wir unseren jeweiligen Agenturen Bericht oder wir erledigen die Sache selbst, falls sie durchführbar erscheint.«

Bond kommentierte das nicht weiter. Kolja hatte eine interessante Perspektive angedeutet. Falls er tatsächlich in irgendeine Verschwörung des KGB und der Roten Armee verwickelt war, wäre »wir erledigen die Sache selbst« eine ebenso gute Methode wie das Vertuschen der Angelegenheit für alle

Zeiten. Sogar mehr noch, überlegte Bond, wenn Kolja dafür sorgte, dass Bond und Tirpitz nicht zurückkehren würden. Und wenn an dieser Verschwörungstheorie irgendetwas dran war, mochte das Kommandohauptquartier der NSAA bereits Vorbereitungen getroffen haben, in ein anderes Versteck, einen anderen Bunker umzuziehen.

Sie sprachen weiter und gingen die Einzelheiten durch: wo die Schneemobile versteckt waren, was für Kameras sie benutzen würden, die genaue Stelle, an der Tirpitz seinen Posten beziehen würde, und die Position von Koljas neuem Agenten, den sie nur unter dem Kryptonym Mujik kannten. Letzteres war ein kleiner Scherz von Kolja, zumindest behauptete er das beharrlich, denn *mujik* war im alten Russland eine Bezeichnung für einen Bauern gewesen, der vor dem Gesetz als unmündig galt.

Nach einer etwa einstündigen Besprechung händigte Kolja Tirpitz und Bond Landkarten aus. Sie deckten das gesamte Gebiet ab und entsprachen fast den Standards amtlicher Landvermessung. Die Routen über die Grenze waren mit dünnen Bleistiftlinien eingezeichnet, ebenso wie die Position von Blue Hare und die Reihe der rechteckigen Symbole, die den Untergrundkomplex des, wie sie ihn mittlerweile nannten, Eispalasts markierten. Blue Hare und der Eispalast, beharrte Kolja, seien maßstabsgetreu eingezeichnet.

Sie synchronisierten ihre Uhren und verabredeten, sich um Mitternacht am Treffpunkt einzufinden – was bedeutete, dass sie zwischen halb zwölf und zwanzig vor zwölf einzeln das Hotel verlassen mussten.

Bond kehrte lautlos in sein Zimmer zurück und holte das

VL34 hervor, um noch einmal den gesamten Raum abzusuchen. Vorbei waren die Tage, dachte er beiläufig, als man die Situation in seinem Zimmer im Auge behalten konnte, indem man kleine Streichholzstückchen in die Türspalte oder die Schubladen schob. Früher konnte ein kleines Stück Baumwolle Wunder bewirken, doch heutzutage, im Mikrochip-Zeitalter, war das Leben hochentwickelt und deutlich komplizierter.

Sie hatten die Wanzen erneuert, während Bond bei der Besprechung gewesen war. Dieses Mal fand er nicht nur die automatische Infinity-Wanze im Telefon, sondern eine ganze Palette von Abhörgeräten: eines hinter dem Spiegel im Bad, ein weiteres zwischen den Vorhängen, wo es ordentlich eingenäht worden war, ein drittes, das als Knopf getarnt war und sich in dem kleinen Nähset befand, das an seinem vorgesehenen Platz in der Halterung für das Hotelbriefpapier steckte. Und dann gab es noch eine weitere Wanze, die auf geniale Weise *im Inneren* der Ersatzglühbirne neben dem Bett versteckt worden war.

Bond überprüfte das ganze Zimmer. Wer immer mit der Überwachung betraut war, kannte sich bestens aus. Als er die diversen Geräte zerstörte, fragte er sich sogar, ob die neue Infinity-Wanze im Telefon nur eine Attrappe war, die man dort in der Hoffnung platziert hatte, dass er nicht mehr weitersuchen würde, nachdem er sie gefunden hatte.

Sobald er sich vergewissert hatte, dass das Zimmer sauber war, breitete Bond die Karte aus. Aus seinem Aktenkoffer hatte er bereits einen militärischen Taschenkompass geholt, den er in dieser Nacht bei sich tragen wollte. Er benutzte einen kleinen Block Durchschlagpapier und eine Kreditkarte als Lineal und machte sich daran, Berechnungen durchzuführen und die Routen auf der Karte nachzuverfolgen. Er merkte sich die genauen Kompasspeilungen, denen sie folgen mussten, um über die Grenze zu gelangen und Blue Hare ausfindig zu machen, und dann die Peilungen, um von Blue Hare aus zurückzukehren. Er folgte sowohl der beabsichtigten Route als auch der Alternative.

Außerdem überprüfte er Winkel und Peilungen, die sie zum Eispalast führen würden. Die ganze Zeit über war Bond nervös – ein Gefühl, das er seit dem Treffen in Madeira mehr als einmal verspürt hatte. Und er kannte den Hauptgrund dafür: Von Zeit zu Zeit hatte er mit einem anderen Mitglied seines eigenen oder eines befreundeten Geheimdienstes zusammengearbeitet. Aber *Operation Eisbrecher* war anders. Dieses Mal hatte man ihn gezwungen, in einem Team zu arbeiten, und Bond war nicht teamfähig – vor allem nicht in einer Gruppe, in der so offenkundig heftiges Misstrauen herrschte.

Er suchte die Karte ab, als würde er nach einem Hinweis Ausschau halten, und ganz plötzlich, ohne dass er wirklich danach gesucht hätte, starrte ihn die Antwort an.

Bond riss eines der Durchschlagpapiere vom Block, legte es vorsichtig über die Markierungen für den Eispalast und zeichnete die Bleistiftlinien nach, die die Ausmaße des unterirdischen Bunkers beschrieben. Dann fügte er die örtliche Topografie hinzu. Als er fertig war, schob Bond das Durchschlagpapier in den nordöstlichen Bereich der Karte und legte damit etwa eine Entsprechung von fünfzehn Kilometern zurück.

Die diagonale Bewegung verlagerte den Eispalast über das Grenzgebiet bis nach Russland. Die örtliche Topografie passte genau, bis hin zur umliegenden Geländeoberfläche, den bewaldeten Bereichen und den sommerlichen Flussläufen. Die Topografie war sich generell sehr ähnlich, aber das hier war wirklich außergewöhnlich. Entweder waren die Karten extra gedruckt worden, oder es gab wirklich zwei Orte – einen auf jeder Seite der Grenze –, die sich topografisch gesehen bis ins kleinste Detail glichen.

Mit der gleichen Konzentration kopierte Bond die mögliche zweite Position des Eispalasts auf seine Karte. Dann führte er ein oder zwei weitere Kompasspeilungen durch. Es war durchaus möglich, dass von Glödas Hauptquartier und die erste Station seines Waffenkonvois nicht in Finnland lagen, sondern noch auf der russischen Seite der Grenze. Selbst wenn man die Ähnlichkeit der Landschaft an allen Punkten entlang dieses Teils der Grenze berücksichtigte, war es ein seltsamer Zufall, zwei exakt identische Orte zu entdecken, die sich nur fünfzehn Kilometer voneinander entfernt befanden.

Nun rief er sich die Lage der Hauptbunkereingänge des Eispalasts ins Gedächtnis. Beide waren zur russischen Seite hin ausgerichtet. Wenn sich der Bunker auf der russischen Seite der Grenze befand, durfte er nicht vergessen, dass dieser Teil der Sowjetunion einst zu Finnland gehört hatte – vor dem großen Konflikt des Winterkriegs von 1939–40. Doch wie dem auch sein mochte, die Tatsache, dass die Eingänge der ursprünglichen Festung nach Russland hin ausgerichtet waren, war seltsam, besonders wenn die Bunker vor dem russisch-finnischen Krieg von 1939 gebaut worden waren. Nicht ganz so seltsam wäre es gewesen, wenn sie nach der Friedensschließung errichtet worden wären, als große Teile des Landes, einschließlich eines Großteils dieser Zone, nach der finnischen Kapitulation am 13. März 1940 an die Sowjetunion übergeben wurden.

Bond sah es durchaus als möglich an, dass der Eispalast russischen Ursprungs war. Falls er tatsächlich das Hauptquartier der faschistischen Nationalsozialistischen Aktionsarmee war, dann bewies das zwei Dinge: Der Anführer der NSAA war sogar noch gerissener, als Bond gedacht hatte, und die Nötigung und der Verrat innerhalb der Roten Armee, der GRU und des KGB mochten tiefer reichen, als man sich bislang vorgestellt hatte.

Bonds nächste Aufgabe bestand darin, irgendwie eine Botschaft an M zu schicken. Technisch gesehen konnte er einfach von seinem Zimmertelefon aus in London anrufen. Es war nun definitiv frei von Abhörgeräten, aber wer wusste schon, ob die Telefonate mithilfe der Vermittlung des Hotels überwacht wurden?

Schnell prägte sich Bond die Kompasspeilungen und Koordinaten ein, indem er seine bestens erprobte Gedächtnisstütze einsetzte. Dann zerriss er die Durchschlagpapiere von seinem Block – wobei er auch einige der Zwischenblätter zerstörte – und spülte sie die Toilette hinunter. Er wartete ein paar Augenblicke, um sicherzugehen, dass sie wirklich weg waren.

Bond zog sich seine Winterkleidung an, verließ das Zimmer und ging zu seinem Auto hinunter. Unter den zahlreichen Teilen geheimer Ausrüstung, die er mittlerweile in seinem Saab transportierte, gab es eines, das die Q-Abteilung erst kürzlich hinzugefügt hatte. Vor der Gangschaltung befand sich etwas, das wie ein vollkommen normales Funktelefon aussah, ein Gerät, das nutzlos war, es sei denn, es hatte irgendwo in einem Umkreis von vierzig Kilometern eine Basis. Aber vierzig Kilometer nützten Bond nichts. Genauso wenig hätte ihm unter den derzeitigen Umständen ein normales Telefon etwas gebracht. Das Autotelefon des Saabs hatte aber zwei große Vorteile. Der erste war ein kleines schwarzes Kästchen, an dem zwei Anschlussklemmen hingen. Das Kästchen war nicht viel größer als zwei übereinandergestapelte Kassetten. Bond nahm es aus seinem Versteck in einem Fach hinter dem Handschuhfach.

Er aktivierte die Alarmsensoren wieder und stapfte durch den harten vereisten Schnee zurück ins Hotel und in sein Zimmer. Bond ging kein Risiko ein und überprüfte den Raum erneut mit dem VL34. Erleichtert stellte er fest, dass nach seiner kurzen Abwesenheit noch immer alles sauber war. Schnell schraubte er die Abdeckung an der Unterseite des Telefons ab. Dann verband er die Anschlussklemmen des kleinen Kästchens mit dem Telefon, nahm den Hörer von der Gabel und legte ihn in Reichweite. Die fortgeschrittene Elektronik in dem kleinen Kästchen stellte sicher, dass er nun eine leicht zugängliche Basiseinheit hatte, von der aus er das Autotelefon bedienen konnte. Zugang zur Außenwelt war ihm durch die illegale Benutzung des finnischen Telefonnetzes garantiert.

Und dann war da noch der zweite Vorteil des Autotelefons. Als er zum Saab zurückkehrte, drückte Bond auf einen der nicht markierten eckigen schwarzen Knöpfe auf dem Armaturenbrett. Eine Abdeckplatte glitt hinter dem Telefongehäuse zurück und enthüllte eine kleine Computertastatur und einen winzigen Bildschirm – ein Telefonverzerrer von unendlicher Komplexität, den man benutzen konnte, um die Stimme zu verändern oder Nachrichten zu verschicken, die dann auf einem entsprechenden Bildschirm im Gebäude am Regent's Park erscheinen würden.

Bond drückte auf die erforderlichen Tasten, um das Autotelefon mit seiner Basiseinheit zu verbinden. Dann tippte er den Code ein, um aus Finnland herauswählen zu können und gleich darauf den, um sich nach London einzuwählen. Dann folgten die Vorwahl von London und die Nummer des Hauptquartiers seines Geheimdienstes. Schließlich gab er die verlangte Chiffre des Tages ein und machte sich daran, seine Botschaft in klaren Worten einzutippen. Sie erschien in einem Gewirr aus Buchstabengruppierungen auf dem Bildschirm, so wie es auch im Hauptquartier der Fall sein würde. Sie würde schnell entziffert werden, damit man sie auf dem Bildschirm im Hauptquartier als ganz gewöhnliche Nachricht lesen konnte.

Die ganze Übertragung dauerte etwa fünfzehn Minuten. Bond saß vorgebeugt im dunklen Auto, das nur vom Glühen des kleinen Bildschirms erhellt wurde, und war sich der Eiskruste, die sich an den Fenstern bildete, bewusst. Draußen herrschte leichter Wind und die Temperatur fiel immer weiter. Als die gesamte Nachricht abgeschickt war, schloss Bond den Wagen ab, reaktivierte die Sensoren und kehrte ins Hotel zurück. Wieder ging er auf Nummer sicher und überprüfte das Zimmer. Dann entfernte er die Basiseinheit vom Telefon.

Er hatte sie gerade erst wieder in seinem Aktenkoffer verstaut – er wollte sie in den Saab zurückbringen, bevor sie zu ihrer nächtlichen Mission aufbrachen –, als es an der Tür klopfte. Bond hielt sich an die Vorschriften, nahm seine P7 und ging zur Tür. Er schob die Kette vor, bevor er fragte, wer dort sei.

»Brad«, kam die Antwort. »Brad Tirpitz.«

»Bad« Brad Tirpitz wirkte ein wenig angeschlagen, als er das Zimmer betrat. Bond bemerkte im Gesicht des großen Amerikaners eine deutliche Blässe und um die Augen herum eine nervöse Vorsicht.

»Dieser verdammte Kolja«, schimpfte Tirpitz.

Bond deutete auf den Lehnstuhl. »Setzen Sie sich und machen Sie Ihrem Ärger Luft. Das Zimmer ist jetzt sauber. Ich musste es nach dem Treffen mit Kolja noch mal entlausen.«

»Ich auch.« Ein Lächeln breitete sich langsam auf Tirpitz' Gesicht aus und verharrte, wie immer, kurz vor den Augen. Es war, als hätte ein Bildhauer langsam an den steinharten Zügen gearbeitet und dann plötzlich aufgegeben. »Ich habe Kolja allerdings auf frischer Tat ertappt. Haben Sie schon herausgefunden, wer für wen arbeitet?«

»Nicht genau. Warum?«

»Ich habe nach dem Treffen ein kleines Erinnerungsstück in Koljas Zimmer hinterlassen. Ich habe es einfach hinter das Stuhlkissen gestopft. Und seitdem belausche ich ihn.«

»Und haben nichts Gutes über sich gehört, nehme ich an.« Bond öffnete den Kühlschrank und fragte Tirpitz, ob er einen Drink wolle.

»Ich nehme das, was Sie nehmen. Ja, Sie haben recht. Es stimmt, was man sagt – man hört nie etwas Gutes über sich selbst.«

Bond mixte schnell ein Paar Martinis und reichte einen davon Tirpitz.

»Tja.« Tirpitz nahm einen Schluck und zog anerkennend die Augenbrauen hoch. »Tja, alter Freund, Kolja tätigte mehrere Anrufe. Er wechselte sehr oft die Sprache, und ich konnte das meiste davon nicht verstehen – er benutzte die ganze Zeit über Codes. Aber das letzte Gespräch verstand ich dann doch. Er sprach mit jemandem, ohne um den heißen Brei herumzureden. Unverschnörkeltes Russisch. Der heutige Ausflug, mein Freund, bringt uns zum Ende dieses Abenteuers.«

»Oh?«

»Ja. Mir verpassen sie die Rivke-Behandlung – direkt an der Grenze, damit es so aussieht, als wäre ich auf eine Landmine getreten. Ich kenne sogar die genaue Stelle.«

»Die genaue Stelle?«, hakte Bond nach.

»Kein toter Raum – wenn Sie mir den Ausdruck verzeihen –, sondern mitten auf offenem Gelände. Ich werde es Ihnen zeigen.« Tirpitz streckte die Hand aus, um Bonds Karte entgegenzunehmen.

»Nennen Sie mir einfach die Koordinaten.« Niemand, ob er ihm nun vertraute oder nicht, würde Bonds Karte zu Gesicht bekommen, vor allem jetzt nicht mehr, nachdem er die womöglich wahre Position des Eispalasts eingetragen hatte.

»Sie sind ein misstrauischer Mistkerl, Bond.« Tirpitz’

Gesicht wurde wieder zu hartem Granit – kantig, scharf und gefährlich.

»Geben Sie mir einfach die Koordinaten.«

Tirpitz ratterte die Zahlen herunter, und Bond rechnete im Kopf grob aus, wo sich die Stelle in Relation zum gesamten Operationsbereich befand. Es ergab Sinn – eine ferngesteuerte Landmine an der Stelle, an der sie sich ohnehin nur ein paar Meter von einem echten Minenfeld entfernt vorbeibewegen würden.

»Und was Sie angeht«, knurrte Tirpitz, »Sie haben ja noch keine Ahnung, was Sie erwartet. Für unseren Mr Bond haben sie sich einen ganz besonders spektakulären Abgang ausgedacht.«

»Ich frage mich, was für Kolja Mosolow dabei herausspringt«, sagte Bond mit einem fast schon unschuldigen Blick.

»Ja, das waren auch meine Gedanken. Wir ticken gleich, mein Freund. Bei dieser Sache geht es darum, dass Tote nicht mehr reden können.«

Bond nickte, hielt inne, nahm einen Schluck von seinem Martini und zündete sich eine Zigarette an. »Dann verraten Sie mir besser, was sie für mich geplant haben. Denn es sieht so aus, als würde es eine lange, kalte Nacht werden.«

11

SCHNEESAFARI

Alle paar Minuten musste James Bond die Geschwindigkeit reduzieren, um den Raureif von seiner Schneebrille zu wischen. Sie hätten keine schlimmere Nacht wählen können. Selbst ein Schneesturm wäre besser gewesen, dachte er. »Eine Schneesafari«, hatte Kolja es lachend genannt.

Die Dunkelheit schien sich an sie zu klammern. Nur ab und an konnte man kurz etwas erkennen, bevor sie sich wieder wie Augenbinden über sie senkte. Es erforderte höchste Konzentration, dem Mann vor sich zu folgen, und der einzige Trost bestand darin, dass Kolja, der die drei anführte, eine kleine Taschenlampe angeschaltet hatte und damit den Boden vor sich beleuchtete. Bond und Tirpitz folgten ohne Lampen diesem schnellen Winterirrlicht, so gut sie konnten. Die drei großen Yamaha-Schneemobile dröhnten laut genug durch die Nacht, um jede Patrouille in einem Fünfzehn-Kilometer-Radius auf sie aufmerksam zu machen, befürchtete Bond.

Nach seinem langen Gespräch mit Brad Tirpitz hatte sich Bond noch sorgfältiger als sonst vorbereitet. Als Erstes hatte er aufgeräumt und alle Dinge, die er nicht brauchen würde, zum Saab gebracht und andere Dinge, die benötigt wurden, herausgeholt. Nachdem er den Aktenkoffer verschlossen und ihn zusammen mit der Reisetasche im Kofferraum verstaut hatte, setzte sich Bond auf den Fahrersitz. Sobald er dort saß, hatte er Grund, dem Schutzheiligen der Geheimagenten zu danken, welcher auch immer dafür zuständig sein mochte.

Er hatte gerade die Telefonbasis wieder in ihrem Versteck hinter dem Handschuhfach deponiert, als das kleine Lämpchen neben dem Autotelefon zu blinken begann. Sofort drückte Bond auf den Knopf, der ihm Zugang zum Telefonverzerrer und seinem Bildschirm gab. Das blinkende Lämpchen bedeutete, dass eine Botschaft aus London im System gespeichert war.

Schnell ging er alle Aktivierungsvorgänge durch und tippte den durchgegebenen Chiffriercode ein. Nach wenigen Sekunden erfüllten Buchstabengruppen den kleinen Bildschirm, der nicht größer war als ein Taschenbuchcover. Ein paar weitere schnelle Bewegungen von Bonds Fingern über die Tasten brachten die Gruppen noch stärker durcheinander und entfernten sie dann komplett. Das Instrument surrte und klickte, während sein elektronisches Gehirn das Problem zu lösen begann. Eine Zeile klaren Texts lief über den Bildschirm. Die Botschaft lautete:

> VON DIENSTLEITER AN 007 BOTSCHAFT ERHALTEN NÄHERN SIE SICH ZIEL VON GLÖDA NUR MIT ÄUSSERSTER VORSICHT DA ES SICH BEI VON GLÖDA ZWEIFELLOS WIEDERHOLE ZWEIFELLOS UM GESUCH-

TEN NAZIKRIEGSVERBRECHER AARNE TUDEER HANDELT HOHE WAHRSCHEINLICHKEIT DASS IHRE THEORIE KORREKT IST DAHER INFORMIEREN SIE MICH SOFORT WENN KONTAKT HERGESTELLT WURDE UND KEHREN ZURÜCK DAS IST EIN BEFEHL M

Also war M besorgt genug, um ihn zurückzupfeifen, sollte er zu nah kommen, dachte Bond.

Nachdem er den Wagen abgeschlossen hatte, kehrte er ins Hotel zurück, wo er sich Essen und einen frischen Wodkavorrat bestellte. Die drei Agenten hatten ausgemacht, dass jeder auf seinem Zimmer bleiben würde, bis es Zeit war, sich an den Schneemobilen zu treffen.

Ein älterer Kellner brachte auf einem kleinen Serviertisch Bonds Essensbestellung – eine einfache Mahlzeit bestehend aus dickflüssiger Erbsensuppe mit mageren Fleischstücken und ausgezeichneten Rentierwürstchen.

Während Bond aß, wurde ihm klar, dass seine Nervosität in Bezug auf seinen Auftrag, *Operation Eisbrecher*, nicht allein darauf zurückzuführen war, dass er auf sich allein gestellt arbeiten und sich auf seine Professionalität und Intuition verlassen musste. Es gab einen weiteren Faktor – einen, der mit dem Namen Aarne Tudeer aufgetaucht war und der Verbindung dieses Namens mit Graf von Glöda.

Bond dachte über die anderen mächtigen Gegner nach, gegen die er gefährliche und oft einsame Kämpfe gefochten hatte. Da war zum Beispiel Sir Hugo Drax, ein Lügner und Betrüger, den er geschlagen hatte, indem er ihn als Falschspieler enttarnt hatte, bevor er den Mann in einen Kampf der anderen Art verwickelt hatte. Auric Goldfinger war vom gleichen Schlag gewesen, eine Art König Midas, der Bond nicht nur auf dem Gebiet des Sports herausgefordert hatte. Blofeld – nun, es gab an Blofeld viele Dinge, die Bonds Blut immer noch gefrieren ließen – Gedanken an Blofeld und seine Tochter, der Bond erst vor Kurzem Auge in Auge gegenübergestanden hatte.

Aber Konrad von Glöda – oder genauer gesagt Aarne Tudeer – schien einen Schatten über die ganze Angelegenheit geworfen zu haben. Ein riesiges Fragezeichen. »Glöda bedeutet Glühen«, sagte Bond laut.

Er fragte sich, ob der Mann einen seltsamen Sinn für Humor hatte und dieses Pseudonym eine Botschaft enthielt. Einen Schlüssel zu seiner Persönlichkeit. Glöda war ein Mysterium, ein Geist, auf den er im Speisesaal des Hotel Revontuli nur einen kurzen Blick hatte werfen können – ein fitter älterer Herr, wettergegerbt, mit grauen Haaren und militärischem Gebaren. Wenn Bond ihm in einem Londoner Club begegnet wäre, hätte er ihn keines zweiten Blicks gewürdigt – er sah eindeutig aus wie jemand, der früher beim Militär gewesen war. Ihn umgab keine Aura des Bösen. Nichts, was sein wahres Wesen verriet. Einen flüchtigen Moment lang hatte Bond das Gefühl, dass eine klamme Hand über seinen Rücken strich. Weil er von Glöda nie von Angesicht zu Angesicht gegenübergestanden oder einen vollständigen Bericht über ihn gelesen hatte, verspürte Bond ein ungewöhnliches Unbehagen. In diesem kurzen Moment fragte er sich, ob er schließlich doch noch seinen Meister gefunden hatte.

Er atmete tief durch und schüttelte diese Gedanken ab. Nein, Konrad von Glöda würde ihn nicht besiegen. Außerdem würde Bond, wenn er mit dem falschen Graf in Kontakt kam, über Ms Anweisungen hinweggehen. Wenn von Glöda oder Tudeer wirklich für die terroristischen Aktivitäten der NSAA verantwortlich war, konnte James Bond nicht vor ihm davonlaufen. Wenn er die Chance bekam, diese Organisation auszulöschen, würde er sie sich nicht durch die Finger gleiten lassen. Er fühlte, wie sein Selbstbewusstsein zurückkehrte. Er war allein und konnte niemandem hier draußen in der klirrenden Kälte der Arktis trauen. Rivke war verschwunden, und er verfluchte die Tatsache, dass er keine Zeit hatte, nach ihr zu suchen. Kolja Mosolow war genauso vertrauenswürdig wie ein ausgehungerter und verletzter Tiger. Brad Tirpitz? Nun, auch wenn sie auf dem Papier Verbündete waren, konnte Bond es einfach nicht über sich bringen, dem Amerikaner sein Vertrauen zu schenken. Natürlich hatten sie gemeinsam an einem Plan gearbeitet, um den Anschlag auf sein Leben zu verhindern, der laut Tirpitz vorbereitet wurde. Aber das war alles. Ein Band des Vertrauens war noch nicht zwischen ihnen geknüpft worden. Noch bevor die Nacht angebrochen war, schwor Bond sich eines: Er würde die Sache allein durchziehen und dabei nur nach seinen eigenen Regeln spielen. Er würde sich niemandes Willen beugen.

Nun waren sie also unterwegs, rutschten und holperten mit etwa hundert Kilometern pro Stunde auf einem unebenen Pfad zwischen den Bäumen hindurch, etwa einen Kilometer von der russischen Grenze entfernt und parallel dazu.

Schneemobile – den Touristen als »Skidoos« geläufig –

können selbst bei hoher Geschwindigkeit durch Schnee und Eis rasen. Man muss sorgfältig mit ihnen umgehen. Die Form der Schneemobile ist unverwechselbar: eine plumpe Motorhaube und lange, nach vorne gerichtete Kufen sowie eine mit Spikes versehene Kette. Diese verleiht der Maschine einen ersten Schwung, der sich durch die Kufen auf dem Schnee schnell verstärkt. Abgesehen von einer kleinen Windschutzscheibe gibt es für den Fahrer – oder mögliche Passagiere – nur wenig Schutz. Bei ihrer ersten Fahrt bedienen die meisten Menschen solche Schneemobile falsch, nämlich wie Motorräder. Ein Motorrad kann in einem engen Radius abbiegen, während ein Schneemobil einen viel größeren Wendekreis hat. Außerdem haben Anfänger die Tendenz, beim Abbiegen ein Bein auszustrecken. Das machen sie meist nur einmal, denn viele landen dadurch mit einem gebrochenen Bein im Krankenhaus. Das Bein sinkt in den Schnee ein und wird durch die Geschwindigkeit des Schneemobils zurückgerissen. Umweltforscher verfluchen die Erfindung dieser Maschinen und behaupten, dass die Spikes bereits die Textur des Bodens unter dem Schnee zerstört haben. Das Leben in der Arktis hat sie aber auf jeden Fall geändert – besonders für die einheimischen Nomaden von Lappland.

Bond hielt seinen Kopf gesenkt und reagierte schnell. Eine Wende kostete beträchtliche Energie, besonders in tiefem, festem Schnee, da man die Kufen mit den Lenkstangen herumreißen und sie dann festhalten musste, bis sie ihre normale Vorwärtsrichtung wieder eingenommen hatten. Jemandem wie Kolja zu folgen, präsentierte wiederum andere

Schwierigkeiten. Man konnte sich leicht in der Spurrille des Vordermanns verfangen, was auf Kosten der Steuerbarkeit ging und sich anfühlte, als würde man auf Eisenbahnschienen fahren. Und sollte der Vordermann einen Fehler machen, würde man ihn mit Sicherheit rammen.

Bond versuchte, hinter Kolja hin und her zu schlängeln, und starrte dabei immer wieder nach vorn, um durch das spärliche Licht von Koljas Lampe den Weg vor ihnen zu erkennen. Gelegentlich brach er zu weit aus und war kurz davor, die Kontrolle zu verlieren, bis er mit einem festen Ruck der Lenkstange wieder auf Spur kam.

Obwohl er Gesicht und Kopf komplett bedeckt hatte, schnitten Kälte und Wind in Bonds Haut wie Rasiermesser, und aus Angst, seine Finger könnten erfrieren, spannte er sie unaufhörlich an.

Bond hatte alles in seiner Macht Stehende getan, um sich vorzubereiten. Die P7 Automatik steckte in ihrem Holster auf seiner Brust unter der gefütterten Jacke. Es bestand keine Möglichkeit, sie schnell zu ziehen, aber zumindest war sie da, zusammen mit ein wenig zusätzlicher Munition. Der Kompass hing an einem Band um den Hals, das Instrument selbst sicher verstaut unter seiner Jacke. Einige der kleineren Elektronikteile waren überall an seinem Körper und die Karten leicht zugänglich in einer Tasche am Bein seiner gefütterten Skihose untergebracht. Eines der langen Sykes-Fairburn-Kommandomesser steckte in seinem linken Stiefel, und ein kürzeres Rentiermesser hing an seinem Gürtel.

Auf dem Rücken trug Bond eine kleine Tasche mit anderen Gegenständen bei sich – einen weißen Overall mit

Kapuze, falls er sich im Schnee verstecken musste, drei Blendgranaten und zwei L2A2-Splitterbomben.

Die Bäume schienen dichter zu werden, doch Kolja wich den Ästen mit Leichtigkeit aus. Offensichtlich kannte er die genaue Route. Er macht das aus dem Handgelenk, dachte Bond, der ein paar Meter hinter dem Russen fuhr und sich bewusst war, dass sich Brad Tirpitz irgendwo hinter ihm befand.

Sie drehten ab. Er konnte es spüren, obwohl die Bewegung nicht sofort offensichtlich war. Kolja führte sie durch Lücken in den Bäumen und schwenkte nach links und nach rechts, doch Bond fühlte, wie sie sich weiter nach rechts bewegten – nach Osten. Schon bald würden sie den Schutz der Bäume hinter sich lassen. Dann folgte ein Kilometer offener Strecke, wieder durch die Wälder und der lange Abstieg ins Tal, wo sich eine große Schneise durch die Bäume zog, um die Grenze zu markieren und Personen davon abzuschrecken, eine Überquerung zu wagen.

Ziemlich plötzlich schossen sie zwischen den Bäumen hinaus, und selbst in der Dunkelheit war der Übergang nervenaufreibend. Innerhalb des Waldes hatte es eine Art Sicherheit gegeben. Nun hob sich die Dunkelheit leicht, als der offene Schnee mit seinem grauen Schimmern übernahm. Ihre Geschwindigkeit erhöhte sich – eine gerade Strecke ohne Richtungswechsel. Kolja schien seinen Kurs gesetzt zu haben. Er drückte aufs Gas und raste davon. Bond folgte, so gut er konnte, doch er hatte einen leichten Rechtsdrall und fiel ein wenig zurück. Die Kälte wurde schlimmer, entweder weil der Schutz der Bäume fehlte oder weil sie auf der offenen Strecke schneller fuhren. Vielleicht lag es auch daran, dass sie nun schon seit einer Stunde unterwegs waren und ihnen die Kälte langsam in die Knochen kroch.

Vor ihnen nahm Bond den nächsten Baumabschnitt wahr. Wenn Kolja sie mit dieser Geschwindigkeit durch dieses kleine Wäldchen führte, würden sie in knapp zehn Minuten im langen offenen Gefälle sein.

Dem Tal des Todes, dachte Bond, denn dort befand sich der Grenzstreifen, wo Brad Tirpitz eine Falle gestellt werden sollte. Sie hatten die Theorie in Bonds Hotelzimmer entwickelt. Nun näherte sich der Moment, während die drei Schneemobile den Schnee in die Höhe schleuderten. Wenn es so weit war, konnte Bond weder anhalten noch umdrehen, um zu sehen, ob ihre geplante Gegenmaßnahme funktioniert hatte. Er musste einfach darauf vertrauen, dass Tirpitz den richtigen Moment wählte und überlebte.

Wieder fuhren sie durch Bäume – es war, als würde man aus dem Tageslicht in die Dunkelheit einer düsteren Kathedrale treten. Tannenzweige schlugen gegen Bonds Körper und sein Gesicht, während er die Lenkstangen fest im Griff hatte: links, dann rechts, geradeaus, wieder links. Es gab einen Moment, in dem er eine Kurve zu eng nahm und spürte, wie die vordere Kufe des Schneemobils den Stamm eines Baums traf. Ein anderes Mal dachte er, es würde ihn vom Schneemobil schleudern, als dieses über dicke eisbedeckte Wurzeln rumpelte. Doch Bond hielt sich fest und brachte die Maschine wieder unter Kontrolle.

Als sie erneut ins Freie kamen, wirkte die Landschaft vor ihnen klarer, selbst durch die frostbedeckten Schutzbrillen.

Das weiße Tal erstreckte sich zu jeder Seite, der Abhang neigte sich sanft, wurde flacher und kletterte auf der anderen Seite wieder hinauf bis zu einem Wäldchen.

Erneut nahmen sie Fahrt auf. Bond spürte, wie sein Schneemobil loslegte und der Motor entlastet wurde. Jetzt musste er darauf achten, dass die Maschine nicht ins Schleudern kam.

Während der Abfahrt wurde das Gefühl der Verwundbarkeit immer stärker. Kolja hatte ihnen gesagt, dass diese Route ständig von Grenzüberquerern benutzt wurde, da sich auf beiden Seiten innerhalb von fünfzehn Kilometern keine Grenzeinheiten befanden und nur selten patrouilliert wurde. Bond hoffte, dass Kolja recht hatte. Schon bald würden sie das Tal erreichen – ein halber Kilometer pures Eis – bevor sie auf der anderen Seite wieder hinauffahren und in den Wäldern von Mütterchen Russland verschwinden würden. Doch zuvor würde Brad Tirpitz sterben – zumindest lautete so der Plan.

Bond erinnerte sich daran, wie er vor vielen Jahren einmal im Winter durch die Ostzone nach Westberlin gefahren war. Eis und Schnee waren nicht so heftig und tödlich wie hier gewesen, aber er wusste noch, wie er durch den Kontrollpunkt Helmstedt gefahren war. Die ersten paar Kilometer der Straße waren von Bäumen flankiert gewesen, und er sah noch immer die hohen hölzernen Türme mit ihren Suchscheinwerfern vor sich. Soldaten der Roten Armee hatten in weißen Winteruniformen in den Wäldern und am Straßenrand gehockt. Würde ihn so etwas zwischen den Bäumen auf der anderen Seite des Tals erwarten?

Sie waren unten angelangt und begannen die gerade

Strecke. Wenn Brad recht hatte, würde das Ganze bald geschehen, in zwei, höchstens drei Minuten.

Kolja wurde schneller, als wollte er sich einen Vorsprung verschaffen. Bond folgte ihm, ließ dabei jedoch einen kleinen Abstand. Er betete, dass Tirpitz bereit war. Er warf einen Blick nach hinten. Zu seiner Erleichterung war Brads Schneemobil weit nach hinten gefallen, genau wie sie geplant hatten. Er konnte nicht sehen, ob Tirpitz noch da war, sondern nur den Umriss des Schneemobils.

Als Bond den Kopf drehte, geschah es. Es war, als hätte er die Sekunden gezählt, um den genauen Moment abzupassen. Vielleicht Intuition?

Die Explosion kam später. Er sah nur den heftigen Lichtblitz, dort wo die dunkle Form hinter ihm herraste – das scharlachrote Flammenherz und ein gewaltiger weißer, phosphoreszierender Umriss, der die Schneesäule beleuchtete, die in den Nachthimmel stieg.

Dann folgte das Geräusch, der heftige doppelte Donner, der sein Trommelfell erzittern ließ. Die Schockwelle erreichte Bonds Schneemobil, traf ihn im Rücken und brachte ihn vom Kurs ab.

12

BLUE HARE

Im Moment der Explosion kamen Bonds Reflexe automatisch ins Spiel. Er riss an der Steuerung und bremste ab, sodass sich sein Schneemobil seitlich drehte und ins Rutschen kam, bis es schließlich stehen blieb. Fast bevor er es bemerkte, befand er sich neben Koljas Schneemobil.

»Tirpitz!«, rief Bond, wobei er seine eigene Stimme kaum hörte, denn er war von der Kälte und der Schockwelle der Explosion fast taub. Seltsamerweise wusste er, was Kolja ihm antwortete, obwohl er die genauen Worte nicht verstand.

»Um Himmels willen, kommen Sie nicht neben mich!«, brüllte Kolja. Seine Stimme hob sich wie der Wind innerhalb eines Wirbelsturms. »Tirpitz ist erledigt. Er muss vom Weg abgekommen sein und eine Mine getroffen haben. Wir können nicht anhalten. Das wäre unser Tod. Bleiben Sie direkt hinter mir, Bond. Das ist der einzige Weg.« Er wiederholte: »*Direkt* hinter mir!« Und dieses Mal wusste Bond, dass er die Worte klar gehört hatte.

Es war vorbei. Ein Blick zurück zeigte ein schwaches Glühen, während Teile von Tirpitz' Schneemobil auf der

Schneedecke brannten. Dann ertönte das Heulen von Koljas Schneemobil, der über das Eis raste. Bond startete seinen Motor und folgte ihm. Nun achtete er darauf, dass er dicht hinter dem Russen blieb.

Wenn der Plan funktioniert hatte, befand sich Tirpitz bereits auf Skiern, die er eine gute Stunde vor ihrem Aufbruch zu den Schneemobilen geschmuggelt hatte. Der Gedanke war gewesen, die Skier, Stöcke und Marschgepäck drei Minuten von dem Punkt entfernt abzuwerfen, an dem Kolja Tirpitz ausschalten wollte. Eine Minute später sollte Tirpitz das Gas und die Lenkstangen blockieren, abspringen und sich im Schnee verstecken. Mit gutem Timing und ein wenig Glück würde das Schneemobil die Explosion auslösen. Tirpitz konnte sich in Ruhe die Skier holen und hatte genügend Zeit, um den mit Bond vereinbarten Treffpunkt zu erreichen.

Schlag ihn dir am besten aus dem Kopf, dachte Bond. Betrachte Tirpitz als tot. Jetzt gibt es nur noch dich und niemand sonst.

Der Anstieg auf der anderen Seite war nicht leicht, doch Kolja fuhr mit halsbrecherischer Geschwindigkeit weiter, als könne er es kaum erwarten, die relative Sicherheit der Bäume zu erreichen. Auf halbem Weg nach oben begann frischer Schnee um sie herum aufzuwirbeln.

Schließlich erreichten sie den Wald und seine Dunkelheit. Kolja bremste und wartete, bis Bond neben ihm war. Dann lehnte er sich zu ihm herüber, um etwas zu sagen. Aber abgesehen vom sanften Dröhnen der leerlaufenden Motoren war es inmitten der hohen Tannen und Kiefern sehr still. Kolja schien nicht zu rufen, und dieses Mal waren seine Worte perfekt zu verstehen.

»Tut mir leid wegen Tirpitz«, sagte er. »Es hätte jeden von uns treffen können. Vielleicht haben sie das Minenmuster geändert. Jetzt sind wir einer zu wenig.«

Bond nickte, sagte aber nichts.

»Bleiben Sie an mir dran wie ein Blutegel«, fuhr Kolja fort. »Die ersten zwei Kilometer sind nicht leicht, aber danach sind wir mehr oder weniger auf breiten Wegen. Auf einer Straße genau genommen. Beim ersten Zeichen des Konvois werde ich meine Lampe ausschalten und anhalten. Also halten Sie ebenfalls an, wenn mein Licht ausgeht. Wenn wir Blue Hare erreicht haben, verstecken wir die Schneemobile und nähern uns zu Fuß mit den Kameras.« Er deutete auf die Taschen, die hinten auf seine Maschine geschnallt waren. »Es ist nur ein kurzer Weg durch die Bäume. Etwa fünfhundert Meter.«

Das wird ja ein Spaß werden, dachte Bond.

»Wenn wir gut vorankommen, dauert die Fahrt noch ungefähr anderthalb Stunden«, erklärte Kolja weiter. »Können Sie noch?«

Wieder nickte Bond.

Bond tat so, als würde er seine Ausrüstung überprüfen, zog den Kompass heraus. Er klappte ihn auf, legte ihn flach auf seine Handfläche und senkte seinen Kopf, um die selbstleuchtende Anzeige zu lesen. Er beobachtete, wie die Nadel in eine grobe Richtung wies. Sie waren ungefähr dort, wo sie laut Kolja sein sollten. Der wirkliche Test würde später kommen, wenn es ihnen gelang, dem Konvoi von Blue Hare zum Eispalast zu folgen.

Bond steckte den Kompass wieder in seine Jacke, richtete sich auf und hob einen Arm, um seine Bereitschaft zum Weiterfahren zu signalisieren. Langsam setzten sie ihre Fahrt fort und legten die ersten schwierigen zwei Kilometer fast in Schrittgeschwindigkeit zurück. Es war offensichtlich, dass es einen breiteren Weg durch diesen schützenden Waldgürtel geben musste, wenn der Konvoi aus Finnland kam.

Doch wie Kolja vorhergesagt hatte, fanden sie sich bald auf einer breiten, schneebedeckten Straße wieder – der Schnee war hart gefroren, an manchen Stellen aber tief zerfurcht. Vielleicht meinte Kolja es ja doch ehrlich. Die Furchen deuteten auf andere Fahrzeuge hin, die diese Strecke vor ihnen genommen hatten, doch es war unmöglich zu sagen, wie lange das her war. Die Kälte war inzwischen so intensiv, dass alles Schwere, das die Oberfläche des gefrorenen Schnees durchbrach, ebensolche hart gefrorenen Spuren hinterlassen würde.

Kolja beschleunigte, und während Bond ihm auf der flachen Oberfläche mit Leichtigkeit folgte, begann er sich trotz der unglaublichen Kälte, die seinen Verstand zu betäuben schien, Fragen zu stellen. Kolja hatte auf dem Weg über die Grenze fast unglaubliches Fachwissen bewiesen – besonders bei der Fahrt durch den Wald. Es war praktisch unmöglich, dass er der gleichen Route nicht schon viele Male gefolgt war. Bond hatte sich die ganze Zeit wahnsinnig konzentrieren müssen, während Tirpitz die meiste Zeit weit hinter ihnen geblieben war. Nun kam es Bond wieder so vor, als sei Brad Tirpitz während des Zickzacks durch die Bäume nicht mal in der Nähe gewesen war.

Hatten beide diesen Weg über die Grenze bereits genommen? Es war auf jeden Fall möglich. Je länger Bond darüber nachdachte, desto seltsamer kam es ihm vor, dass Kolja selbst in den schwierigsten Abschnitten so schnell gefahren war, und das alles ohne Kompass oder Karte. Es war, als wäre er von außen gesteuert worden. Per Funk? Vielleicht. Weder er noch Tirpitz hatten Kolja ohne seine Kapuze gesehen, als sie sich an den Schneemobilen getroffen hatten. Waren sie von den Russen durch eine Art Funksignal hergeführt worden? Kolja hätte unter seiner Mütze leicht Kopfhörer verstecken können. Bond nahm sich vor, Koljas Schneemobil auf eingesteckte Kabel zu untersuchen.

Wenn nicht Funk, war es dann ein markierter Pfad? Das war ebenfalls eine Möglichkeit, denn Bond war so mit seiner eigenen Maschine beschäftigt gewesen, dass es fraglich war, ob er Lämpchen oder Reflektoren auf dem Weg bemerkt hätte.

Ihm fiel eine weitere Sache ein. Cliff Dudley, sein Vorgänger in der *Operation Eisbrecher*, hatte vor dem Streit mit Tirpitz und der Besprechung in Madeira nicht verraten, an was das Team am Polarkreis gearbeitet hatte. Hatte M nicht vermutet oder geradeheraus gesagt, dass sie Bond von Anfang an im Team hatten haben wollten? Was hatten diese Vertreter vier verschiedener Geheimdienste getrieben? War es möglich, dass sie bereits in die Sowjetunion vorgedrungen waren? Hatten sie Blue Hare bereits erkundet? Und doch waren fast alle brauchbaren Informationen von Kolja gekommen – aus Russland, von den Luftaufnahmen und Satellitenbildern sowie der Aufklärung am Boden.

Es war davon geredet worden, nach von Glöda zu suchen, ihn als den Führer der NSAA oder sogar als Aarne Tudeer zu identifizieren. Und dennoch war von Glöda dort gewesen, beim Frühstück im Hotel, in voller Lebensgröße, von allen erkannt. Und niemand hatte auch nur im Geringsten besorgt gewirkt.

Wenn Bond schon von Anfang an niemandem getraut hatte, war dieses Gefühl zu tiefem Misstrauen gegenüber jedem geworden, der mit *Eisbrecher* zu tun hatte. Und das schloss M mit ein, der ebenfalls keine Einzelheiten hatte herausrücken wollen.

War es möglich, überlegte Bond, dass M ihn absichtlich in eine unhaltbare Situation geschickt hatte? Während sie durch den Schnee flitzten, erkannte er klar und deutlich die Antwort: Ja. Es war ein uralter Geheimdiensttrick. Einen äußerst erfahrenen Agenten so gut wie blind in eine Situation zu schicken, in der er dann selbst die Wahrheit erkennen musste. Und die Wahrheit für 007 lautete wieder einmal, dass er vollkommen auf sich allein gestellt war. Die Schlussfolgerung, zu der er insgeheim bereits gekommen war, schien nun die Grundlage von Ms Handeln zu sein. Es hatte nie ein »Team« im eigentlichen Wortsinn gegeben, sondern lediglich die Vertreter vierer Geheimdienste, die zwar zusammen, aber nicht miteinander arbeiteten. Vier Einzelkämpfer.

Der Gedanke nagte an Bond, während er Kolja über den endlosen Schnee folgte. Er verlor jegliches Zeitgefühl und war sich nur noch der Kälte und des dröhnenden Motors bewusst.

Irgendwann bemerkte Bond ein Licht von links – von Nordwesten –, das zwischen den Bäumen aufstieg. Ein paar Momente später schaltete Kolja seine kleine Stirnlampe aus. Er wurde langsamer und hielt zwischen den Bäumen links von der Straße. Bond brachte sein Schneemobil neben Koljas Maschine zum Stehen.

»Wir schieben sie in den Wald«, flüsterte Kolja. »Da drüben ist es – Blue Hare, das leuchtet wie ein Maifeuer.«

Sie parkten die Schneemobile und tarnten sie, so gut sie konnten. Kolja schlug vor, dass sie sich die weißen Schneeanzüge anziehen sollten. »Wir werden gleich im Tiefschnee sein, wenn wir das Depot ausspähen. Ich habe ein Nachtsichtgerät, also brauchen Sie sich nicht die Mühe zu machen, etwas Spezielles mitzunehmen.«

Doch Bond machte sich die Mühe. Unter dem Vorwand, den Overall überzuziehen, griff er mit tauben Fingern nach dem Verschluss seiner Jacke. Zumindest konnte er jetzt an die P7 kommen. Außerdem schaffte er es, eine Blendgranate und eine der L2A2-Splitterbomben aus seiner Tasche in eine der zahlreichen Taschen des weiten Schneeanzugs zu stecken, der ihn jetzt bedeckte.

Der Russe schien nichts bemerkt zu haben. Er selbst trug seine Waffe ziemlich offen an seiner Hüfte. Das große Nachtsichtgerät hing um seinen Hals, und in der Dunkelheit meinte Bond, ein Lächeln auf diesem so wandelbaren Gesicht zu erkennen, als Kolja ihm die automatische Infrarotkamera reichte. Außerdem hatte der Russe eine Videokamera bei sich.

Kolja deutete auf den Punkt, wo das Licht zwischen den Bäumen hinter einem Hügel über ihnen erstrahlte. Er ging voraus, Bond folgte dicht hinter ihm – zwei stumme weiße Geister, die sich von Baum zu Baum bewegten.

Nach wenigen Schritten hatten sie den Hügel erreicht. Der Grat war hell erleuchtet. Wachen waren keine zusehen.

Anfangs fiel Bond das Laufen schwer, da seine Gelenke von der Schneemobilfahrt noch ganz steif gefroren waren.

Als sie sich dem Hügelkamm näherten, gab Kolja ihm mit der Hand das Signal, zu Boden zu gehen. Eng beieinander krochen die beiden durch den tiefen Schnee, der die Wurzeln und unteren Stammenden der Bäume unter sich begraben hatte. Vor ihnen lag hell erleuchtet das Waffendepot namens Blue Hare. Nachdem Bond über drei Stunden in der Dunkelheit gewesen war, taten ihm die Flutlichter in den Augen weh. Es war nicht weiter überraschend, dachte er flüchtig, während er hinunterblickte, dass die Männer von Blue Hare so leichtfertig dazu übergegangen waren, Militärwaffen, Munition und Ausrüstung zu verkaufen. Das ganze Jahr an diesem Ort leben zu müssen – trostlos und wenig verlockend im Winter, moskitoverseucht im kurzen Sommer –, reichte aus, um jeden in Versuchung zu führen, und sei es nur aus Trotz.

Während sich seine Augen anpassten, dachte Bond über ihr eintöniges Leben nach. Was gab es in einem solchen Lager schon zu tun? Nächtliche Kartenspiele, Alkohol? Ja, ein perfekter Ort, um Alkoholiker zu werden; die Tage bis zu einem kurzen Urlaub abzuhaken, der wahrscheinlich eine lange Reise beinhaltete; ein gelegentlicher Ausflug nach Alakurtii, das seiner Einschätzung nach etwa sechs oder sieben Kilometer entfernt war. Und was gab es schon in Alakurtii? Vielleicht ein Café, das gleiche Essen, gekocht von anderen Händen, eine Kneipe, in der man sich betrinken konnte. Frauen? Womöglich. Vielleicht ein paar russischstämmige junge Lappinnen, leichte Beute für Krankheiten und die brutalen zügellosen Soldaten. Für Zivilisten wirkten alle Soldaten brutal und zügellos, dachte Bond. Syphilis und andere Geschlechtskrankheiten waren sicher weit verbreitet. Gelegentliche Vergewaltigungen wurden vertuscht, sodass die Soldaten von Blue Hare ungestört blieben.

Bonds Augen hatten sich nun an die neuen Lichtverhältnisse gewöhnt. Er konnte Blue Hare ohne Schwierigkeiten erkennen: ein langes, breites Rechteck, von Bäumen befreit, obwohl einige bereits wieder die hohen Zäune mit dem Stacheldraht und den Suchscheinwerfern überwucherten. Direkt unter ihnen hatte man ein Tor geöffnet, und die Straße, die sich durch die Bäume wand, war von Schnee und Eis befreit, entweder durch Flammenwerfer oder Streusalz. Das Gelände selbst war sehr ordentlich aufgebaut. Auf jeder Seite des Tors befand sich ein Wachposten mit hölzernen Türmen und Suchscheinwerfern, und eine etwa zweihundertfünfzig Meter lange Schotterstraße führte direkt zum Zentrum der Basis. Die Lagerhallen waren auf beiden Seiten dieses Wegs untergebracht: große wellblechhüttenartige Gebilde mit gekrümmten Dächern, hohen Wänden und jeweils einer Laderampe.

Es ergab alles Sinn. Fahrzeuge konnten gerade hineinfahren, über die Rampen be- oder entladen werden und dann der Straße bis zum Ende des Lagers folgen, wo es einen Wendekreis gab. Lieferungen oder Abholungen konnten schnell durchgeführt werden – die Laster oder gepanzerten Fahrzeuge fuhren hinein, luden ihre Fracht ab und fuhren weiter, drehten und fuhren wieder hinaus, auf die gleiche Weise, wie sie hineingekommen waren. Hinter den Lagern befanden sich lange Blockhütten, bei denen es sich bestimmt um Quartiere, Messe und Erholungszentren der Truppe handelte. Alles war sehr symmetrisch. Wenn man sich den Schutzzaun und die Rampen weg- und eine hölzerne Kirche dazudachte, hatte man ein Dorf, das um eine kleine Fabrik errichtet worden war.

Bonds Kreislauf hatte sich auf dem Weg zum Grat ein wenig erholt. Doch nun begann er, die Kälte wieder zu spüren. Es war, als würde Eiswasser durch seine Adern fließen, während seine Knochen aus dem gleichen Eis bestanden, das wie ein Damoklesschwert spitz und glänzend über ihm von den Zweigen hing.

Er warf einen Blick nach links. Kolja nahm die Szene bereits für die Nachwelt auf. Die Kamera surrte, als er auf den Aufnahmeknopf drückte, die Linse einstellte und erneut drückte. Bond hielt die kleine Infrarotkamera vor sich. Er stützte sich auf seinen Ellbogen ab, hob die Kamera und presste das Gummistück gegen sein linkes Auge. In den nächsten Minuten machte er fünfunddreißig Fotos des Waffentransfers in Blue Hare.

Koljas Informationen waren einwandfrei. Ungeachtet jeglicher Sicherheitsvorschriften war alles hell beleuchtet. Neben den Rampen standen vier große Truppentransporter. Es waren BTR-80er, genau wie Kolja vorausgesagt hatte. Gebt dem Mann eine andere Kristallkugel, dachte Bond. Es war zu gut, um wahr zu sein.

Die russischen BTRs kamen in unterschiedlichen Formen: Es gab sie als Amphibienfahrzeug für zwei Fahrer und zwanzig Mann, als Gun Carrier oder in der Form, wie sie nun unter ihnen stand. Dieser Typ war strikt für den Frachttransport über schwieriges Terrain gedacht. Er war auf die wesentlichen Bestandteile reduziert. Ein Großteil der Panzerung war entfernt worden und er stand auf gut geölten Ketten. Jedes der Fahrzeuge hatte vorne einen Schubschild, um Schutt, Eis, Tiefschnee oder gefallene Bäume aus dem Weg räumen zu können. Die BTRs waren grau gestrichen und ihr Inneres, das mit Kisten beladen wurde, offen einzusehen.

Die Besatzungen der Panzerwagen standen an der Seite, als wären sie über die körperliche Arbeit des Beladens erhaben, auch wenn ein Mann von jedem BTR gelegentlich mit dem Unteroffizier an der Rampe sprach, der Punkte auf einer Liste abhakte.

Die Männer, die arbeiteten, trugen graue Arbeitsanzüge mit deutlich sichtbaren Rangabzeichen und Schulterklappen. Es war offensichtlich, dass sie darunter Winterkleidung anhatten. Auf dem Kopf hatten sie Fellmützen mit großen Ohrenklappen, die fast bis ans Kinn reichten und vorne mit dem bekannten Stern der Roten Armee geschmückt waren.

Die Fahrer trugen jedoch vollkommen andere Kleidung, die Bond die Stirn runzeln ließ und ihm einen Schauer über den Rücken jagte. Unter kurzen Ledermänteln waren blaue Hosen zu sehen, während ihre Füße in schweren Kampfstiefeln steckten. Auch sie trugen Ohrenschützer, aber darüber saßen einfache blaue Baretts mit funkelnden Abzeichen. Die Aufmachung erinnerte Bond zu lebhaft an eine andere Zeit, eine andere Welt.

Kolja zupfte an seinem Arm und reichte ihm das Nachtsichtgerät. Dabei deutete er auf den vordersten Teil der ersten Rampe. »Der Kommandooffizier«, flüsterte er. Bond blickte durch das Gerät und sah zwei Männer, die sich unterhielten. Der eine gehörte zu den BTR-Mannschaften, der andere war eine untersetzte, blasse Gestalt in einem grauen Militärmantel. Letzterer trug die Schulterklappen eines Stabsfeldwebels. Der breite rote Streifen war durch das Nachtsichtgerät deutlich zu erkennen.

»Nur Unteroffiziere hier«, flüsterte Kolja. »Hauptsächlich Typen, die andere Einheiten loswerden wollten.«

Bond nickte und reichte das Nachtsichtgerät zurück.

Das Depot von Blue Hare schien sehr nah zu sein – eine optische Täuschung, verursacht durch das blendende Licht und den Frost, der wie Ranken in der Luft hing. Den Arbeitern schien Dampf aus Mund und Nase zu steigen, wie bei überanstrengten Pferden, während gedämpfte Befehle zu ihnen heraufdrangen. Scharfes russisches Knurren, das die Arbeiter antrieb. Bond fiel sogar eine Stimme auf, die rief: »Schneller, ihr Tölpel. Denkt an den netten Bonus am Ende und an die Mädchen, die morgen aus Alakurtii kommen. Erledigt das hier, dann könnt ihr euch ausruhen.«

Einer der Männer rief dem Unteroffizier zu: »Das muss ich auch, wenn die fette Olga herkommt …« Der Rest des Satzes verhallte, aber das Gelächter deutete darauf hin, dass er mit einem obszönen Scherz geendet hatte. Bond zog verstohlen den Kompass heraus, bestimmte die Position und stellte ein paar schnelle Berechnungen an. Dann ertönte von unten Lärm. Der erste Panzerwagen wurde gestartet. Männer kletterten an Bord und schlossen die Ladefläche.

Die anderen BTRs waren ebenfalls fast fertig beladen. Nachdem die Fracht verschnürt worden war, starteten auch diese Motoren.

»Zeit, hinunterzugehen«, flüsterte Kolja, und sie sahen,

wie der erste Wagen langsam auf den Wendekreis zufuhr. Auf diese Weise würde der ganze Konvoi etwa eine Viertelstunde brauchen, um zu drehen und eine Linie zu bilden.

Langsam zogen sich die Agenten zurück. Sobald sie unterhalb des Horizonts waren, mussten sie ein paar Momente still liegen und darauf warten, dass sich ihre Augen wieder an die Dunkelheit gewöhnten. Dann folgte der rutschige Abstieg – der viel kürzer war als der Aufstieg –, bis sie wieder dort angekommen waren, wo sie die Schneemobile versteckt hatten.

»Wir warten, bis sie vorbeigefahren sind.« Kolja sprach wie ein Kommandant. »Die Motoren dieser BTRs brüllen wie wütende Löwen. Die Mannschaften werden nichts davon mitbekommen, wenn wir starten.« Er ließ sich von Bond die Kamera zurückgeben und verstaute sie.

Noch immer stieg Licht von Blue Hare auf, aber hier in der Stille klangen die Motoren der Panzerwagen viel lauter und aggressiver. Bond stellte eine erneute Kalkulation an und hoffte, dass er recht hatte. Dann schwoll der Motorenlärm immer weiter an und hallte von den Bäumen wider.

»Sie sind unterwegs«, sagte Kolja und stieß ihn an. Bond reckte seinen Hals vor und versuchte, den Konvoi auf der Straße zu sehen. Die Motoren wurden immer lauter, und trotz der durch Eis und Bäume verursachten Verzerrung konnten Bond und Kolja der Bewegung der Geräusche folgen.

»Bereit?«, murmelte Kolja. Er schien plötzlich nervös, während er halb auf dem Sattel seines Schneemobils stand und den Kopf starr drehte.

Das Dröhnen der Motoren reduzierte sich zu einem leisen Brummen. Sie hatten die Straßeneinmündung erreicht, dachte

Bond. Dann hörte er ziemlich deutlich, wie einer der Motoren aufheulte. Das Geräusch nahm neue Muster an, und Kolja reckte sich noch ein wenig höher. Der Motorenlärm ebbte wieder ab. Alle vier Panzerwagen waren nun auf der gleichen Straße, bewegten sich bei ähnlicher Geschwindigkeit und fuhren in einem Konvoi. Doch irgendetwas stimmte nicht. Bond brauchte ein paar Sekunden, um zu begreifen, dass die Echos der Motoren abnahmen.

Kolja fluchte auf Russisch. »Sie fahren nach Norden«, sagte er und spie die Worte praktisch aus. Dann wurde seine Stimme sanfter. »Ah, gut. Es bedeutet, dass sie die alternative Route nehmen. Mein Agent wird sie verfolgen. Bereit?«

Bond nickte, und sie starteten ihre Schneemobile. Kolja raste los.

Das Dröhnen der Panzerwagen war selbst über dem Geräusch der Schneemobilmotoren hörbar, und sie waren in der Lage, ihnen in einem Abstand von etwa elf Kilometern zu folgen, sodass der letzte Wagen nur noch gerade so sichtbar war. Der kleine Konvoi blieb auf der gleichen Straße, bis Bond dachte, dass sie gefährlich nahe an Alakurtii kamen. Dann sah er, wie Kolja ihm ein Signal gab, links zurück in die Wälder abzubiegen. Dieses Mal war der Weg ausreichend breit, der Schnee tief und hart und von den schweren Panzerwagen frisch aufgewühlt.

Es schien den ganzen Weg bergauf zu gehen. Sie mussten hin und her schlängeln, um den gefährlich tiefen Spuren der BTRs auszuweichen. Der Motor von Bonds Schneemobil protestierte gegen diese Belastung, während Bond sich bemühte, ihre Richtung zu bestimmen.

Wenn sie wirklich zurück in Richtung Grenze unterwegs waren, würden sie fast wieder an dem Punkt landen, an dem sie die Wälder auf der russischen Seite betreten hatten. Eine lange Zeit schienen sie in Richtung Südwesten zu fahren. Doch nach etwa einer Stunde teilte sich der Weg. Die Panzerwagen fuhren nach rechts und damit nach Nordwesten.

Es gab einen Moment, in dem Kolja das Gefühl hatte, ihnen zu nahe zu kommen, und Bond bedeutete, zu halten. Dieser hatte gerade noch Zeit, den Kompass herauszuholen und die selbstleuchtende Anzeige zu lesen. Wenn die Panzerwagen ihrem derzeitigen Kurs folgten, würden sie definitiv sehr nah an die Position kommen, an der Bond den Eispalast vermutete, wenn er sich auf der russischen Seite befand.

Nach ein paar weiteren Kilometern blieb Kolja erneut stehen. »In wenigen Minuten überqueren wir die Grenze.« Er sprach laut. Der Wind schnitt in ihre Gesichter und durch die Schutzkleidung und trug den Lärm des Konvois zu ihnen. »Mein Ersatzagent sollte irgendwo vor uns sein, seien Sie also nicht überrascht, wenn sich uns ein anderes Schneemobil anschließt.«

»Sollten wir in dieser Richtung nicht auf eine offene Strecke stoßen?«, fragte Bond so unschuldig, wie er angesichts des beißenden Winds konnte.

»Nicht in dieser Richtung. Erinnern Sie sich an die Karte?«

Bond erinnerte sich nur allzu gut. Er sah auch seine eigenen Markierungen, und der Eispalast konnte genau hier auf der russischen Seite der Grenze liegen. Kurz dachte er darüber nach, Kolja einfach zu erschießen, diesem anderen Agenten auszuweichen, sicherzugehen, dass die beladenen

Panzerwagen im Bunker verschwanden, und dann so schnell, wie es sein Schneemobil erlaubte, aus der Sowjetunion zu verschwinden.

Der Gedanke hielt nur einen Moment. Steh es durch, sagte ihm eine Stimme aus seinem Inneren.

Etwa fünfzehn Minuten später tauchte das andere Schneemobil auf. Es wurde von einer schmalen Gestalt gesteuert.

Kolja hob eine Hand, und das neue Schneemobil übernahm die Führung. Vor ihnen brummten die Panzerwagen über den Waldweg, der an dieser Stelle gerade breit genug für sie war.

Sie fuhren eine halbe Stunde ohne einen weiteren Richtungswechsel. Über ihnen breitete sich ein schwaches Licht am Himmel aus. Bis zu diesem Moment hatten sie die BTRs ziemlich gut hören können, selbst über den Lärm der drei Schneemobilmotoren. Doch nun hörte Bond nur noch ihren eigenen Lärm. Automatisch wurde er langsamer, wich einer tiefen Fahrspur aus und sah dabei den klaren Umriss von Koljas neuem Agenten auf dem Schneemobil vor sich. Selbst in Winterkleidung erkannte er die Form des Kopfs und der Schultern. Es dauerte einen Moment, bis es Bond klar wurde, und in diesem Sekundenbruchteil geschah alles auf einmal.

Vor ihnen brach ein grelles Licht durch die Bäume. Bond warf einen flüchtigen Blick auf den letzten Panzerwagen und etwas, das wie eine riesige Klippe aus Schnee über ihnen aussah. Dann wurde das Licht greller und schien von allen Seiten zu kommen – sogar, so kam es ihm vor, von unten. Bond fühlte sich durch die ganzen großen Scheinwerfer irgendwie erwischt und wehrlos. Er drehte sein Schneemobil und wollte zurückfahren, dabei griff er nach seiner Pistole. Aber die Spuren der Panzerwagen machten das unmöglich.

Dann traten sie zwischen den Bäumen hervor – vor ihm, dahinter und von den Seiten: Gestalten in grauer Uniform, Helmen und langen, mit Schaffell gefütterten Mänteln, die mit Gewehren und Maschinenpistolen auf die drei Agenten zumarschierten.

Bond zog die Automatik heraus, hielt sie aber lose über seinem Kopf. Dies war nicht der richtige Zeitpunkt für ein Todesduell. Selbst 007 wusste, wann die Chancen zu schlecht für ihn standen.

Er starrte nach vorne. Kolja saß kerzengerade auf seinem Schneemobil, doch der andere Agent war abgestiegen und ging an Kolja vorbei auf Bond zu. Er kannte den Gang, genau wie er zuvor den Kopf und die Schultern erkannt hatte.

Er senkte seinen Kopf, um dem grellen Licht eines Scheinwerfers auszuweichen, und sah die Stiefel der Männer, die sie umstellten. Das Knirschen auf dem Eis kam näher, während Koljas Agent auf ihn zuschritt. Behandschuhte Finger nahmen ihm die P7 aus der Hand. Bond sah blinzelnd auf.

Die Gestalt wickelte den Schal ab, schob die Schutzbrille in die Stirn und nahm die Mütze ab. Blondes Haar fiel auf ihre Schultern.

Paula Vacker schaute Bond direkt in die Augen.

»James«, sagte sie mit schwerem deutschem Akzent. »Für dich ist der Krieg vorbei.«

13

DER EISPALAST

Die uniformierten Männer kamen näher. Bond wurde durchsucht und seiner Ausrüstung entledigt. Es war ein kleiner Trost, dass sie das Kommandomesser in seinem Mukluk-Stiefel nicht entdeckt hatten. Paula lachte noch immer, als die Männer Bond von seinem Schneemobil rissen und ihn durch den Schnee zu schubsen begannen. Er fror und war erschöpft. Warum nicht? Ein vorgetäuschter Schwächeanfall verschaffte ihm vielleicht einen Vorteil. James Bond ließ seinen Körper schlaff werden, und zwei der uniformierten Männer packten ihn unter den Armen und trugen ihn. Seinen Kopf ließ er hängen, aber er verfolgte den Weg durch halb geschlossene Augenlider.

Sie waren nun auf einer halbrunden Lichtung, die in einem breiten, flachen Abhang endete, der an einen Anfängerskihügel erinnerte. Es handelte sich natürlich um den Bunker – den Eispalast –, denn an jeder Seite des Hügels hatten sich große, weiß getarnte Tore geöffnet. Aus dem hell erleuchteten Inneren schien Wärme zu kommen.

Bond bemerkte auch noch einen kleineren Eingang auf

der linken Seite. Dieser passte perfekt zu den Plänen, die Kolja von dem Ort beschafft hatte. Zwei Bereiche: einer für Waffen und Instandhaltung, der andere für die Quartiere.

Er hörte einen Motor starten und sah einen der BTRs – den letzten – langsam durch die Öffnung hineinfahren. Dann verschwand er über die lange interne Rampe, die, wie Bond wusste, tief unter die Erde führte.

Irgendwo in der Nähe lachte Paula erneut, und der Motor eines Schneemobils erklang. Bonds eigenes Schneemobil überholte ihn, gesteuert von einem uniformierten Mann. Dann murmelte Kolja etwas auf Russisch und Paula erwiderte etwas.

»Bald du dich wirst besser fühlen«, sagte einer der Männer, die ihn vorwärts schleppten, auf Englisch mit starkem Akzent. »Wir geben dir zu trinken drinnen.«

Direkt hinter den schweren Toren lehnten sie ihn gegen eine Wand, und einer von ihnen zog einen Flachmann hervor, den er an Bonds Lippen hielt. Die Flüssigkeit setzte Bonds Mund in Flammen und brannte sich in seinen Magen herunter. Bond schnappte prustend nach Luft. »Was …? Was war …?«

»Rentiermilch und Wodka. Gut? Ja?«

»Gut, ja«, antwortete Bond atemlos. Nachdem er dieses Feuerwasser getrunken hatte, konnte er auf keinen Fall Bewusstlosigkeit vortäuschen. Er schüttelte den Kopf und sah sich um. Aus dem hinteren Teil der Höhle drang der Gestank von Dieseldämpfen, und die breite Eingangsrampe fiel immer weiter ab.

Draußen formierten sich die Uniformierten in Dreierreihen. Bond fiel auf, dass sie alle die gleichen grauen Uniformen trugen: die kurzen Winterstiefel und weiten Feldhosen, die pelzbesetzten Mäntel mit schrägen Taschen, die Abzeichen, die gerade so auf den Jacken darunter sichtbar waren. Die Offiziere trugen sogenannte Knobelbecher und unter ihren schweren Mänteln wahrscheinlich Kniehosen.

Kolja stand an seinem Schneemobil und sprach weiter mit Paula. Beide wirkten angespannt, und Paula hatte gegen den Wind ihren Schal und ihre Mütze angezogen. Irgendwann rief Kolja im Befehlston nach einem Offizier, als könne er jeden herumkommandieren, wie es ihm gefiel. Der Offizier nickte und gab seinerseits einen scharfen Befehl. Zwei Männer lösten sich aus der Gruppe und brachten die Schneemobile fort. Rechts neben dem Haupteingang schien es einen kleinen Betonverschlag zu geben, der groß genug war, um mehrere Schneemobile aufzunehmen.

Die Soldaten marschierten jetzt in den Bunker, an Bond und den zwei Männern vorbei, die ihn mit Kalaschnikows in Schach hielten. Es war der einzige Misston in dieser seltsamen teutonischen Szene. Der Trupp Männer verschwand über die Rampe, ihre Stiefel stampften im Gleichschritt über den verstärkten Asphalt, bis der Befehl kam, ohne Tritt weiterzumarschieren, wahrscheinlich als Vorsichtsmaßnahme gegen Bauschäden durch resonanzverstärkte Schwingungen.

Kolja und Paula schlenderten zum Eingang, als hätten sie alle Zeit der Welt. Hinter ihnen zwischen den Bäumen sah Bond die typisch lappländischen, Koten genannten Zelte. In ihrer Mitte stieg von einem Feuer Rauch auf, während sich eine Gestalt über einen Kochtopf beugte. Es war eine Frau in

Samentracht: ein stark verzierter schwarzer Rock über einer dicken Hose, die Füße in fellbesetzten Stiefeln, der Kopf von einer gestrickten Mütze und einem Schal bedeckt, Handschuhe an den Fingern. Bevor Paula und Kolja den Eingang erreichten, gesellte sich ein Mann zu ihnen, der ebenfalls farbenprächtige Kleidung trug, unter anderem eine gemusterte Jacke. Und über seiner Schulter hing ein farbenprächtig bestickter Mantel. Irgendwo hinter den Koten schnaubte ein Rentier.

Von oben im abgerundeten Dach kam ein metallisches Klicken, gefolgt von einer Reihe greller Warntöne. Paula und Kolja bewegten sich schneller, und das Zischen von Hydraulik war zu hören. Die großen Stahltore sanken herunter: ein eiserner Sicherheitsvorhang vor der Welt.

»Tja, James, Überraschung«, sagte Paula, während sie die Wollmütze wieder abnahm, und jetzt konnte er sehen, dass sie unter ihrer Lederjacke eine Art Uniform trug. Hinter ihr bewegte sich Kolja wie ein Boxer hin und her. Er wusste einfach, wie er sich anpassen musste, dachte Bond.

»Eigentlich keine Überraschung.« Bond zwang sich zu einem Lächeln. Ein Bluff schien momentan die einzige Option. »Meine Leute wissen Bescheid. Sie haben sogar die Position dieses Bunkers.« Sein Blick wanderte zu Kolja. »Sie sollten vorsichtiger sein, Kolja. Die Karten waren nicht besonders gut ausgeführt. Es ist nicht besonders wahrscheinlich, dass man nur fünfzehn bis zwanzig Kilometer voneinander entfernt zwei identische Gebiete mit genau der gleichen Topografie findet. Sie sind aufgeflogen.«

Für einen Augenblick breitete sich auf Koljas Gesicht Besorgnis aus.

»Ein Bluff wird dir auch nicht weiterhelfen, James«, warnte Paula.

»Will er uns sehen?«, fragte Kolja.

Paula nickte. »Zu gegebener Zeit. Ich denke, wir schaffen es noch, James auf eine kleine Führung mitzunehmen. Ihm das Ausmaß des Führerbunkers zu zeigen …«

»Ach du meine Güte«, stieß Bond spöttisch aus. »Haben die dich wirklich umgedreht, Paula? Warum hast du mich übrigens nicht einfach von den Schlägern in deiner Wohnung erledigen lassen?«

Sie lächelte giftig. »Weil du zu gut für sie bist. Jedenfalls lautete der Auftrag, dich lebend herzuschaffen, nicht tot.«

»Auftrag?«

»Mund halten«, blaffte Kolja sie an.

Paula machte eine abweisende Handbewegung. »Er erfährt es doch ohnehin bald. So lange dauert es nicht mehr, Kolja. Der Chef hat, was Sie wollten, wie versprochen. Der derzeitige Bestand wird in ein oder zwei Tagen fortgebracht. Nichts passiert.«

Kolja Mosolow schnaubte ungeduldig. »Ich nehme an, es sind alle hier?«

Sie nickte lächelnd und zog das Wort in die Länge. »Alle.«

»Gut.«

Nun richtete Paula ihre Aufmerksamkeit wieder auf Bond. »Willst du dich umsehen? Das bedeutet eine Menge Gehen. Schaffst du das?«

Bond seufzte. »Ich denke schon, Paula. Aber es ist wirklich eine Schande, dass ein so angenehmes Mädel wie du hier verschwendet wird.«

»Chauvinist.« Sie sagte es nicht unfreundlich. »Dann machen wir also die Runde. Aber zuerst …« Sie sah die Wachen an. »Durchsucht ihn. Gründlich. Der hier hat mehr Verstecke als ein griechischer Schmuggler. Sucht überall – und ich *meine* überall.«

Sie suchten überall – nicht gerade sanft – und fanden alles. Dann nahmen Paula und Kolja Bond in ihre Mitte. Die beiden Soldaten folgten ein paar Schritte hinter ihnen, die Kalaschnikows im Anschlag. Nach ein paar Metern führte die Rampe nach unten, und sie alle wichen auf die linke Seite aus, wo sich ein Gehsteig mit Handlauf und Stufen befand. Der Bunker war offensichtlich mit großer Sorgfalt errichtet worden. Warme Luft umgab sie, und hoch oben an den Wänden über ihnen bemerkte Bond die Wasser- und Kraftstoffleitungen, die Klimaanlage und andere notwendige unterirdische Systeme. Außerdem sah er in regelmäßigen Abständen kleine Metallkisten an der Wand und der gewölbten Decke. Während sie weiter nach unten gingen, wurde der Gang immer breiter. Bond sah, dass er in einen riesigen Hangar mündete.

Selbst er war von der schieren Größe überrascht. Die vier Panzerwagen, die in Blue Hare Waffen geladen hatten, standen in einer Reihe mit vier weiteren – zusammen waren es acht –, und die ganze Gruppe Fahrzeuge schien in Relation zu der Höhe und Breite des Hangars geschrumpft zu sein.

Gruppen uniformierter Männer luden die Fracht aus. Die Kisten wurden mit Gabelstaplern davongefahren und in sorgfältig voneinander getrennten Kammern mit Brandschutztüren und großen Radschlössern eingelagert. Die Männer trugen weiche Gummischuhe, um die Möglichkeit auszuschließen, dass Funken die Munition zur Explosion brachten. Bond schätzte, dass es hier genug Waffen geben musste, um einen ansehnlichen Krieg auszutragen, aber auf jeden Fall genug für eine sorgfältig geplante Terroroperation oder einen längeren Guerilla-Einsatz.

»Wie du siehst, sind wir sehr effizient. Wir werden der Welt schon zeigen, dass wir es ernst meinen.« Paula lächelte stolz.

»Keine Atom- oder Neutronenbomben?«, fragte Bond.

Paula lachte abschätzig.

»Atombomben, Chemikalien, Neutronenwaffen, Sie bekommen, was Sie wollen«, erwiderte Kolja.

Bond beobachtete genau und nahm alles in sich auf, von der Anzahl der feuerfesten Waffen- und Munitionslager bis zu den breiten Gehsteigen an den Wänden. Außerdem zählte er die Ausgänge und nahm sich vor, zu versuchen, herauszufinden, wohin diese führten. Außerdem hatte er noch Brad Tirpitz im Hinterkopf. Wenn Tirpitz der Explosion entkommen war, bestand noch die Chance, dass er irgendwie Alarm schlagen würde.

»Genug gesehen?« Die sarkastische Frage kam von Kolja.

»Zeit für einen Martini, oder?« Bond entspannte sich – er hatte keine andere Wahl. Zumindest würde er schon bald die ganze Wahrheit über von Glöda und die Aktivitäten der Nationalsozialistischen Aktionsarmee erfahren. Er wusste bereits das Allernötigste über Paula, dass sie ein Teil der quasi-militärischen Maschine von Glödas war, und dass Kolja ebenfalls irgendwie in die Sache verwickelt war. Außerdem war von einem Auftrag die Rede gewesen. Ihm gefiel gar nicht, wie das klang. Bleib entspannt, sammle so viele Informationen wie möglich, und versuche dann, eine Fluchtmöglichkeit zu finden.

Bond meinte, er hätte die Hauptkontrollkabine entdeckt, hinter einer Laufplanke, von der aus man den großen Lagerbereich überblicken konnte. Wahrscheinlich wurden von dort aus die großen Tore des Bunkers gesteuert, und vielleicht auch die Heizungs- und Lüftungsanlage. Er musste sich jedoch selbst daran erinnern, dass dies nur ein relativ kleiner Teil des gesamten Bunkers war. Die Wohnquartiere, die, wie er bereits wusste, neben dieser Sektion lagen, waren bestimmt komplexer.

»Zeit für einen Martini?«, wiederholte Kolja. »Vielleicht. Der Graf legt immer viel Wert auf Gastfreundschaft. Ich kann mir vorstellen, dass bereits etwas zu essen vorbereitet ist.«

Paula erwiderte, sie sei sicher, dass es eine Mahlzeit gäbe. »Er ist wirklich sehr verständnisvoll. Besonders was Verdammte angeht, James. Wie die römischen Imperatoren, die ihre Gladiatoren fütterten.«

»Ich hatte schon so ein Gefühl, dass es in diese Richtung gehen würde.«

Sie lächelte, nickte und führte ihn über den Asphalt. Die Absätze ihrer Stiefel klickten laut. Sie brachte ihn zu einer der Stahltüren in der Wand links von ihnen. Paula sagte etwas in eine kleine Sprechanlage. Mit einem Klicken glitt die Tür zurück. Sie drehte sich lächelnd um. »Zwischen den verschiedenen Bereichen des Bunkers gibt es gute Sicherheitsvorkehrungen. Die Verbindungstüren öffnen sich nur voreingestellten Stimmmustern.« Wieder das hübsche

Lächeln, dann gingen sie hindurch, und die Tür schob sich hinter ihnen zu.

Auf dieser Seite waren die Gänge genauso schmucklos wie im Außenbereich. Die Wände bestanden aus dem gleichen groben Beton – zweifellos mit Stahl verstärkt, dachte Bond. Leitungen für die diversen Systeme verliefen unverkleidet an der Wand.

Es schien, als seien die Wohnquartiere in etwa so groß wie das Lager. Und sie waren auf symmetrische Weise angeordnet, mit einem Zickzack aus Gängen und Tunneln.

Der Eingangskorridor führte zu einer breiteren Passage. Bond warf einen Blick nach links. Dort befanden sich Brandschutztüren, von denen eine offen stand und einen Blick auf den Gang dahinter ermöglichte. So wie es aussah, nahm er an, dass von diesem Hauptgang noch andere Korridore abgingen. Links schienen Baracken für die Männer zu sein. Vorsicht vor den Drachen, dachte Bond – denn dort war der Eingang zu den Wohnquartieren. Um hinauszukommen, würde man durch die Baracken und wahrscheinlich an einer Art Überwachung am Haupttor vorbeikommen müssen.

Kolja und Paula manövrierten ihn nach rechts. Sie kamen an zwei weiteren Brandschutztüren, anderen Seitengängen und Türen vorbei. Überall standen bewaffnete Sicherheitsmänner, manche in Eingängen, andere an Punkten, wo die Nebengänge auf den Hauptkorridor stießen.

Doch nachdem sie durch die dritte Brandschutztür gekommen waren, änderte sich das ganze Ambiente. Die Wände waren nun nicht mehr kalt und nackt, sondern mit Stofftapeten in Pastelltönen verziert. Die Heizungs-, Wasser-,

Luft- und Stromleitungen waren hinter dekorativen Simsen versteckt, und die Türen hatten nun Fenster, durch die deutlich Männer und Frauen in Uniform sichtbar waren – sie arbeiteten an Schreibtischen, umgeben von elektronischer oder Funkausstattung.

Verräterisch waren die gelegentlichen Fotografien und gerahmten Poster an den Wänden. Die Gesichter waren Bond nur allzu gut bekannt, wie jedem, der sich ein wenig mit der Nazi-Ära beschäftigt hatte.

Vor ihnen befand sich eine weitere Stahltür, doch sobald sie hindurch waren, gingen sie auf hochflorigem Teppichboden weiter. Paula hob eine Hand. Die kleine Gruppe hielt an.

Sie standen nun in einer Art Vorraum. Auf der anderen Seite des Zimmers befand sich eine schwere polierte Holztür, flankiert von dorischen Säulen und zwei Männern in dunkelblauer Uniform und Schirmmützen mit Schädelabzeichen. Dazu glänzende Stiefel, rot-weiß-blaue Armbänder mit Hakenkreuzen, Ledergürtel und -holster.

Paula sagte etwas auf Deutsch. Einer der Uniformierten nickte, klopfte an die Tür und verschwand im Raum dahinter. Der andere Mann beäugte Bond mit einem verzerrten Grinsen. Seine Hand bewegte sich dabei immer wieder zu der Waffe in seinem Holster.

Die Minuten verstrichen, dann öffnete sich die Tür und der erste Mann erschien. Er nickte Paula zu. Beide Männer hielten die Tür weit auf. Paula berührte Bonds Arm, und sie betraten den Raum, während ihre ursprünglichen Bewacher draußen blieben.

Das Erste, was Bond beim Betreten sah, war Fritz Erlers

riesiges Hitler-Porträt, das über allem anderen in diesem Raum thronte. Es nahm fast die gesamte hintere Wand ein, und es wirkte so schockierend, dass Bond etwa eine Minute nur so dastand und es anstarrte. Er war sich der Anwesenheit anderer Personen bewusst sowie der Tatsache, dass sich Paula aufrichtete und ihren Arm zum Faschistengruß hob.

»Gefällt es Ihnen, Mr Bond?«

Die Stimme kam von der anderen Seite eines großen Schreibtischs voller Papiere, unterschiedlich farbiger Telefone und einer kleinen Hitlerbüste.

Bond riss seinen Blick von dem Gemälde, um den Mann hinter dem Schreibtisch anzusehen. Das gleiche wettergegerbte Gesicht, eine strenge militärische Haltung – selbst im Sitzen – und das elegant geschnittene graue Haar. Graf von Glöda wirkte nicht wie ein alter Mann. Wie Bond bereits im Hotel bemerkt hatte, war er mit alterslosen Zügen gesegnet – klassisch, noch immer attraktiv, aber mit Augen, die keinerlei Freude ausstrahlten. In diesem Moment waren sie auf Bond gerichtet, als würde ihr Besitzer Bond für seinen Sarg vermessen.

»Ich habe nur Fotografien davon gesehen«, antwortete Bond ruhig. »Es gefiel mir nicht, also folgt daraus, das mir das hier auch nicht gefällt, ob es nun das Original ist oder nicht.«

»Ich verstehe.«

»Sie sollten den Graf als Führer anreden.« Dieser Rat kam von Brad Tirpitz, der in einem Sessel unweit des Schreibtischs lümmelte.

Bond wunderte sich über gar nichts mehr. Die Tatsache, dass Tirpitz ebenfalls Teil der Verschwörung war, entlockte ihm lediglich ein Lächeln und ein kleines Kopfnicken, wie um anzudeuten, dass er die Wahrheit von Anfang an hätte wissen sollen. »Es ist Ihnen also gelungen, der Landmine auszuweichen?« Bond gelang es, die Frage ganz beiläufig klingen zu lassen.

Tirpitz schüttelte den Kopf. »Ich fürchte, Sie haben den Falschen, James, alter Freund.«

Von Glöda entfuhr ein freudloses Lachen, als Tirpitz weitersprach: »Sie haben wohl noch nie ein Foto von Brad Tirpitz gesehen. ›Bad‹ Brad Tirpitz ließ sich – wie Kolja hier – nur höchst ungern fotografieren. Aber mir wurde gesagt, dass wir im Dunkeln mit dem Licht im Rücken die gleiche Gestalt haben. Ich fürchte, Brad hat es nicht geschafft. Er wurde aus dem Weg geräumt, bevor *Operation Eisbrecher* überhaupt gestartet wurde.«

Hinter dem Schreibtisch gab es Bewegung, ein Klatschen erklang, als hätte von Glöda entschieden, dass er übergangen wurde.

»Es tut mir leid, mein Führer.« Tirpitz klang richtiggehend ehrerbietig. »Es war einfacher, es Bond direkt zu erklären.«

»Mein Führer,« sagte Paula. Bond erkannte ihre Stimme fast nicht wieder. »Die letzte Waffenlieferung ist hier. In achtundvierzig Stunden wird alles zum Weitertransport bereit sein.«

Der Graf neigte den Kopf und sah einen Moment lang Bond an, dann wandte er sich an Kolja: »Nun gut. Ich habe vor, meinen Teil der Abmachung zu erfüllen, Genosse Mosolow. Hier habe ich, was Sie wollten: Mr James Bond. Genau wie versprochen.«

»Ja.« Kolja klang weder erfreut noch verstimmt. Das einzelne Wort bestätigte lediglich, dass irgendeine Abmachung erfüllt worden war.

»Mein Führer, vielleicht ...«, begann Paula, doch Bond fiel ihr ins Wort.

»Mein Führer?«, explodierte er. »Du nennst diesen Mann deinen Führer? Ihr seid doch alle verrückt. Besonders Sie.« Er zeigte auf den Mann hinter dem Schreibtisch. »Aarne Tudeer, gesucht wegen Verbrechen während des zweiten Weltkriegs. Ein kleiner SS-Offizier, dem die Nazis diese zweifelhafte Ehre zugestanden haben, als sie mit finnischen Truppen gegen die Russen kämpften – gegen Koljas Volk. Jetzt ist es Ihnen gelungen, eine kleine Gruppe von Fanatikern um sich herum zu versammeln, alle aufgemacht wie Filmstatisten, und Sie erwarten, Führer genannt zu werden! Aarne, was soll das alles? Was treiben Sie da nur? Ein paar Terroranschläge, eine relativ kleine Anzahl von toten Kommunisten – ein winziger Erfolg. Aarne Tudeer, unter den Blinden ist der Einäugige König. Sie sind nicht nur einäugig, sondern auch vollkommen wahnsinnig ...«

Sein Wutausbruch, kalkuliert, um den größtmöglichen Zorn zu provozieren, wurde unterbrochen. Brad Tirpitz, oder wer er auch immer sein mochte, sprang aus seinem Sessel auf schlug Bond ins Gesicht.

»Ruhe!« Der Befehl kam von Tudeer alias von Glöda. »Ruhe! Setz dich, Hans.« Er wandte sich an Bond, der Blut schmecken konnte. Wenn er nicht vorsichtig war, dachte Bond, würde Hans, Tirpitz oder wie auch immer selbst eine verpasst bekommen.

»James Bond.« Von Glödas Augen wirkten glasiger als je zuvor. »Sie sind nur aus einem einzigen Grund hier. Diesen werde ich Ihnen zu gegebener Zeit erklären. Jedoch …« Er verweilte einen Augenblick bei dem Wort und wiederholte es dann. »Jedoch gibt es Dinge, die ich mit Ihnen teilen will. Und Dinge, die Sie mit mir teilen werden.«

»Wer ist der Idiot, der sich als Brad Tirpitz ausgibt?« Bond wollte von Glöda aus dem Konzept bringen, doch dieser schien unbeirrt, obwohl er an absoluten Gehorsam gewöhnt war.

»Hans Buchtman ist mein SS-Reichsführer.«

»Ihr Himmler?« Bond lachte.

»Oh, Mr Bond, das ist nicht komisch.« Er drehte seinen Kopf ein wenig. »Bleib in Rufweite, Hans – draußen.«

Tirpitz oder Buchtman schlug seine Hacken zusammen, machte den altbekannten Hitlergruß und verließ den Raum. Von Glöda wandte sich an Kolja: »Mein lieber Mosolow, es tut mir leid, dass sich unser Geschäft um ein paar Stunden verzögern wird – vielleicht um einen Tag. Könnten Sie mir in dieser Hinsicht entgegenkommen?«

Kolja nickte. »Ich denke schon. Wir haben eine Abmachung, und ich habe Ihnen Ihren Teil dieses Geschäfts direkt in die Hände gespielt. Was habe ich zu verlieren?«

»In der Tat. Was haben Sie zu verlieren? Paula, kümmere dich um ihn. Bleib bei Hans.«

Sie antwortete auf seinen Befehl mit »Mein Führer«, nahm Koljas Arm und führte ihn aus dem Raum.

Bond studierte den Mann sorgfältig. Wenn dies wirklich Aarne Tudeer war, hatte er sich außergewöhnlich gut gehalten, sowohl vom Aussehen her als auch körperlich. Konnte es sein, dass … Nein, Bond wusste, dass er nicht weiter spekulieren sollte.

»Gut, dann kann ich jetzt frei sprechen.« Von Glöda stand auf, die Hände hinter dem Rücken, eine hochgewachsene Gestalt, durch und durch ein Soldat. Zumindest war er nicht so ein mickriger militärischer Amateur, wie Hitler es gewesen war, dachte Bond. Dieser Mann war breitschultrig, groß und wirkte so gerissen wie jeder erfahrene Armeekommandant. Bond sank auf einen Stuhl. Er würde nicht darauf warten, befragt zu werden. Von Glöda baute sich vor ihm auf und sah auf ihn herab.

»Um alle Missverständnisse aus dem Weg zu räumen und Ihnen jegliche Hoffnungen aus dem Kopf zu schlagen …«, sagte der selbsternannte Führer. »Ihr Geheimdienstansprechpartner hier in Helsinki – mit dem Sie hier arbeiten sollen …«

»Ja?« Bond lächelte.

Eine Telefonnummer – mehr hatte er nicht als Kontakt von seinem Ansprechpartner in Helsinki. Obwohl die Besprechung in London über die Zusammenarbeit mit ihrem Mann in Finnland präzise gewesen war, hatte Bond nie daran gedacht, ihn zu kontaktieren. Die Erfahrung hatte ihn gelehrt, lokale Geheimdienstvertreter wie die Pest zu meiden.

»Er wurde – wie sagt man noch? – ›ausgeschaltet‹, sobald Sie in die Arktis aufgebrochen waren.«

»Ah.« Bonds Stimme verriet keinerlei Emotion.

»Eine Vorsichtsmaßnahme.« Von Glöda machte eine abwinkende Geste. »Traurig, aber notwendig. Es gab einen Ersatz für Brad Tirpitz. Ich musste natürlich wegen meiner abtrünnigen Tochter sehr vorsichtig sein, aber Kolja Mosolow handelte auf meinen Befehl hin. Die Vertreter Ihres Geheimdiensts, der CIA und des Mossad wurden alle ausgetauscht, und die Kontakttelefone – oder im Fall des Mossad das Funkgerät – wurden von meinen eigenen Männern besetzt. Also, mein Freund Bond, erwarten Sie nicht, dass Ihnen die Kavallerie zu Hilfe eilt.«

»Die habe ich auch nicht erwartet. Ich vertraue nicht auf Pferde. Bestenfalls launische Biester, und seit dieser Geschichte in Balaklawa – dem Tal des Todes – habe ich für die Kavallerie nicht mehr viel übrig.«

»Sie sind ja ein Komödiant, Mr Bond. Besonders für einen Mann in Ihrer derzeitigen Lage.«

Bond zuckte mit den Schultern. »Ich bin nur einer von vielen, Aarne Tudeer. Hinter mir stehen hundert, und dahinter noch mal tausend. Das Gleiche gilt für Tirpitz und Rivke. Ich kann nicht für Kolja Mosolow sprechen, weil ich seine Motive nicht verstehe.« Er machte eine kurze Pause, bevor er weitersprach. »Ihre eigenen Wahnvorstellungen könnte selbst ein Psychologiestudent erklären. Worauf laufen sie hinaus? Auf eine Neonazi-Terrorgruppe mit Zugang zu Waffen und Leuten. Eine weltweite Organisation. Irgendwann wird der Terrorismus zu einem Ideal, etwas, für das es sich zu kämpfen lohnt. Die Bewegung wird wachsen. Sie werden zu einer Macht, mit der die Regierungen dieser Welt rechnen müssen. Dann, Bingo, Ihnen ist gelungen, was Hitler nie erreicht hat – ein weltweites Viertes Reich. Nichts leichter als das.« Er lachte trocken. »Aber es wird nicht funktionieren. Nicht mehr. Wie haben Sie es geschafft, jemanden wie Mosolow – ein engagiertes Parteimitglied, ein Senior-Offizier des KGB – zu einer Zusammenarbeit zu bewegen?«

Von Glöda sah Bond ruhig an. »Sie kennen Mosolows Abteilung im Ersten Direktorat des KGB, Mr Bond?«

»Nicht auf Anhieb, nein.«

Das schmale Lächeln, ein Blick so hart wie Diamanten, die Gesichtsmuskeln fast unbewegt. »Er gehört zur Abteilung V. Die Abteilung, die vor vielen Jahren noch SMERSCH hieß.«

Bond begann zu verstehen.

»SMERSCH hat eine, wie man es wohl in diesem Milieu ausdrückt, Abschussliste. Auf dieser Liste stehen jedoch ein paar Namen von Personen, die sie lebendig, nicht tot, in die Finger kriegen wollen. Können Sie sich vorstellen, wessen Name auf Platz eins dieser Liste steht, James Bond?«

Bond musste nicht lange raten. SMERSCH hatte sich vielen Veränderungen unterzogen, aber als Abteilung des russischen Geheimdiensts hatte sie ein sehr gutes Gedächtnis.

»Mmmm.« Von Glöda nickte. »Gesucht wegen Subversion und Verbrechen gegen den Staat. Tod den Spionen, Mr Bond. Eine kleine Information vor dem Tod. James Bond steht ganz oben auf dieser Liste, und wie Sie genau wissen, ist das schon seit langer Zeit so. Ich brauchte Unterstützung der besonderen Art. Etwas, um mir gewisse Herren des KGB … wie soll ich es ausdrücken? … vom Hals zu halten. Selbst der KGB hat – wie jeder – seinen Preis. Und dieser Preis waren Sie, James Bond. Sie, in gutem Zustand und unverletzt. Sie haben mir Zeit, Waffen und einen Weg in die Zukunft verschafft. Wenn ich mit Ihnen fertig bin, wird Kolja Sie nach Moskau bringen, zu diesem reizenden Gebäude am Dserschinskiplatz.« Die

Andeutung eines Lächelns verschwand vollkommen. »Sie haben lange gewartet. Aber so gesehen wir ebenfalls. Seit 1945.« Er setzte sich gegenüber von Bond in einen Sessel. »Lassen Sie mich Ihnen die ganze Geschichte erzählen. Dann werden Sie vielleicht verstehen, dass ich mir das Vierte Reich und die politische Zukunft der Welt verschaffe, indem ich die Sowjetunion hereingelegt und ihnen einen englischen Spion verkauft habe: James Bond, nach dem sie sich verzehren. Was für Narren, die Zukunft ihrer Ideologie an einem einzigen Engländer aufzuhängen.«

Dieser Mann war vollkommen wahnsinnig. Bond wusste das, aber wahrscheinlich auch jeder andere, der mit ihm zu tun hatte. Hör zu, dachte er. Hör gut zu, was von Glöda zu sagen hat. Lausche der Musik und den Worten, vielleicht findest du dann die wirkliche Antwort und eine Möglichkeit zu entkommen.

14

EINE WELT DER HELDEN

»Als der Krieg vorbei war und der Führer in Berlin tapfer gestorben war«, begann von Glöda.

»Er hat sich erschossen, um einer Gefangennahme zu entgehen«, unterbrach Bond. »Kein besonders tapferer Tod.«

Von Glöda schien ihn gar nicht zu hören. »… dachte ich daran, nach Finnland zurückzukehren, um mich dort zu verstecken. Die Alliierten hatten meinen Namen auf ihren Listen, aber ich wäre wahrscheinlich sicher gewesen. Sicher, aber ein Feigling.«

Und so entfaltete sich die Geschichte: das Verstecken in Deutschland, dann der Kontakt mit den organisierten Fluchtorganisationen Spinne und Kameradschaftswerk. Bond wurde klar, dass er es nicht mit irgendeinem alten Nazi zu tun hatte, der Träumen von vergangener Größe nachhing, die damals in einem Berliner Bunker gestorben war.

»Die Schriftsteller nennen es Odessa«, sagte von Glöda fast amüsiert zu sich selbst. »Aber das ist nur eine äußerst romantische Bezeichnung – eine lose Organisation, um Personen hinauszuschleusen. Die wirkliche Arbeit wurde von entschlossenen Mitgliedern der SS erledigt, die schlau genug waren, um zu sehen, was schiefgehen konnte.«

Wie viele andere war er von Ort zu Ort gezogen. »Sie wissen natürlich, dass Mengele – den man in Auschwitz Todesengel nannte – fast fünf Jahre unentdeckt in seiner Heimatstadt lebte. Doch irgendwann waren wir alle fort.«

Zuerst waren von Glöda und seine Frau nach Argentinien gegangen. Später hatte er dem Vortrupp derer angehört, die sich in einem abgelegenen, gut geschützten Lager in Paraguay versteckt hatten. Sie waren alle dort gewesen, die gesuchten Nazis. Aber Aarne Tudeer – wie er sich damals noch nannte – war mit der Gesellschaft, die ihn dort umgab, zunehmend unzufrieden gewesen. »Sie alle verstellten sich«, fauchte er. »Als Peron noch an der Macht war, und später, als sie sich öffentlich zeigten. Sogar Kundgebungen und Treffen: Schönheitswettbewerbe – Miss Nazi 1959. Der Traum des Führers sollte wahr werden.« Er stieß ein angeekeltes Schnauben aus. »Aber das war alles nur nutzloses Gerede. Sie jagten Träumen hinterher und verloren sich in ihnen. Sie verloren den Mut, ihr Heldentum, wurden blind gegenüber unserer Ideologie. Hitler hatte recht. Wenn der Nationalsozialismus zu Asche reduziert ist, muss sich ein Phönix aus dieser Asche erheben – denn sonst würde der Kommunismus noch vor Ende dieses Jahrhunderts Europa und schließlich auch die Welt unterwerfen.«

Von Glöda hatte die wenigen, die noch an ihrem Traum festhielten, gedrängt, dass die Zeit zum Zuschlagen im Moment des Übergangs gekommen war, wenn die Welt ihre Ziele aus den Augen verloren hatte und alle nach jemandem riefen, um sie zu führen. »Das wäre der richtige Augenblick gewesen«, sagte er. »Das kommunistische Regime hätte kurz gezögert, bevor es sich mit aller Macht an die Unterwerfung der Welt gemacht hätte.«

»Ganz so ist es nicht gekommen.« Bond wusste, dass seine einzige Hoffnung darin bestand, einen gemeinsamen Nenner mit diesem Mann zu finden – ein Gefangener musste seinen Geiselnehmer für sich einnehmen.

»Nein?« Von Glöda lachte. »Nein, es ist besser, als wir es uns jemals hätten vorstellen können. Sehen Sie nur, was in der Welt gerade geschieht. Die Sowjets haben die Gewerkschaften und Regierungen unterwandert, bis nach England und Amerika – aber das wird ihnen nichts nützen. Sie werden mir sicher zustimmen, dass der Ostblock langsam in sich zusammenfällt. Letztes Jahr haben wir das der Welt durch ein paar gut geplante Operationen gezeigt – beginnend mit dem Tripoli-Vorfall. Dieses Jahr wird es anders. Dieses Jahr sind wir besser ausgerüstet und bewaffnet. Wir haben mehr Anhänger. Wir werden uns Zugang zu Regierungen verschaffen. Nächstes Jahr wird die Partei an die Öffentlichkeit gehen und innerhalb von zwei Jahren wieder eine wahre politische Macht sein. Wir *werden* Hitler rehabilitieren. Wir *werden* die Ordnung wiederherstellen und unseren gemeinsamen Feind, den Kommunismus, hinwegfegen. Die Menschen sehnen sich nach Ordnung – einer neuen Ordnung, einer Welt der Helden, ohne Pöbel und Regimeopfer.«

»Keine Opfer?«, fragte Bond.

»Sie wissen, was ich meine, Mr Bond. Der Bodensatz muss natürlich entsorgt werden. Aber sobald das erledigt ist, gibt es eine Herrenrasse – nicht nur eine deutsche, sondern eine europäische.«

Irgendwie war es dem Mann gelungen, einige der älteren Nazis in Paraguay davon zu überzeugen, dass all dies möglich war. »Vor sechs Jahren«, erzählte er stolz, »haben sie mich mit einer hohen Summe in bar ausgestattet. Ein Großteil davon stammte aus Schweizer Konten. Ich hatte in den späten Sechzigern einen neuen Namen angenommen – oder eher wieder angenommen. Es gibt echte Verbindungen zwischen meiner alten Familie und den inzwischen ausgestorbenen von Glödas. Ich kehrte ab und an zurück und begann dann vor vier Jahren ernsthaft mit der Arbeit. Ich reiste um die Welt, Mr Bond, organisierte, plante und trennte die Spreu vom Weizen.

Ich wollte letztes Jahr mit den vermeintlichen Terroranschlägen beginnen.« Von Glöda hatte sich warm geredet. »Das Problem war, wie immer, die Bewaffnung. Männer konnte ich trainieren – es gab viele Truppen, viele erfahrene Ausbilder. Doch Waffen waren eine andere Sache. Es wäre schwierig für mich gewesen, mich als PLO, Rote Brigade oder IRA auszugeben.«

Inzwischen war er wieder nach Finnland gezogen. Seine Organisation nahm Gestalt an. Waffen und ein geheimes Hauptquartier waren seine einzigen Probleme. Dann hatte er eine Idee. »Ich kam hierher. Ich kannte die Gegend gut. Ich erinnerte mich sogar noch besser daran, als ich gedacht hatte.«

Er erinnerte sich besonders gut an den Bunker, der ursprünglich von den Russen gebaut und von deutschen Truppen verbessert worden war. Sechs Monate lang hatte von

Glöda in Salla gelebt und die bekannten »Schmuggelrouten« nach und aus Russland benutzt.

Erstaunlicherweise waren große Teile des Bunkers noch intakt gewesen, und er war ganz offiziell und mit Erlaubnis des finnischen Handelsministeriums an die sowjetische Regierung herangetreten. »Es wurde viel gefeilscht, aber schließlich erlaubten sie mir, hier zu arbeiten und nach Mineralien zu schürfen. Ich war nicht allzu genau, aber es klang wie eine gute Investition. Es kostete die Sowjets gar nichts.«

Nach weiteren sechs Monaten war der neue Bunker mithilfe von Bauteams aus Südamerika, Afrika und selbst England fertig. Und in dieser Zeit hatte von Glöda Kontakt zu zwei Waffendepots etabliert. »Das eine wurde letztes Jahr geschlossen. Von denen habe ich die Panzerfahrzeuge, genauso wie ich mit all den verräterischen Trotteln in Blue Hare ins Geschäft gekommen bin. Haben sich für nichts und wieder nichts verkauft ...«

»Sich selbst und eine Menge Ausrüstung – Raketentechnik, die Sie noch nicht benutzt haben, nehme ich an.« Bond ließ die Tatsache so nebenher fallen und erntete dafür einen durchdringenden Blick.

»Aber bald.« Von Glöda nickte. »Im zweiten Jahr werden wir die schweren Waffen benutzten – und mehr.«

Schweigen. Erwartete von Glöda etwa Lob? Gut möglich.

»Sie scheinen da eine ziemlich große Sache auf die Beine gestellt zu haben«, sagte Bond übertrieben. Er sollte ironisch klingen, aber von Glöda nahm es für bare Münze.

»Ja. Ja, das denke ich auch: mir von den Russen Soldaten kaufen, die keine Ahnung von ihrer eigenen Ideologie haben –

ganz zu schweigen von der der NSAA. Idioten. Kretins.«

Erneutes Schweigen.

»Dann wird die Welt auf sie aufmerksam?«, soufflierte Bond.

»Die Welt? Ja. Die Behörden werden aufmerksam und sie kommen zu mir gerannt, um sich zu verstecken. Ja, ich glaube wirklich, dass ich mit unseren Erfolgen bis jetzt prahlen kann. Eintausend Männer und Frauen hier in diesem Bunker. Fünftausend Männer draußen im Einsatz – in der ganzen Welt. Eine Armee, die täglich wächst. Angriffe auf Hauptregierungszentren überall in Europa und den Vereinigten Staaten, alles bis ins letzte Detail geplant. Und die Waffen sind für den Transport bereit. Nach dem nächsten Anschlag ein Versuch in Diplomatie. Wenn das nicht funktioniert, weitere Aktion und weitere Diplomatie. Am Ende werden wir die größte Armee und Anhängerschaft der westlichen Welt haben.«

»Der Welt, die für Helden bereit ist?« Bond schnaubte. »Nein, Sir. Sie sind unterbesetzt und waffentechnisch unterlegen.«

»Unterlegen? Das bezweifle ich, Mr Bond. Wir haben bereits während dieses Winters große Mengen an Munition herausgeschmuggelt – Panzer, Pistenfahrzeuge, hoch aufgetürmt. Durch ganz Finnland, durch raues Land. Jetzt warten sie auf den Weitertransport als Werkzeugmaschinen und Landwirtschaftsgeräte. Meine Methoden, um meine Truppen mit Ausrüstung zu versorgen, sind äußerst ausgeklügelt.«

»Wir wussten, dass Sie sie das Zeug durch Finnland herausschaffen.«

Von Glöda lachte. »Teilweise, weil ich wollte, dass Sie es

wissen. Doch es gibt andere Dinge, von denen Sie keine Ahnung haben sollten. Sobald diese Lieferung auf dem Weg ist, bin ich bereit, meine Truppen näher an europäische Standorte zu bewegen. Wir haben bereits Bunker vorbereitet. Das ist, wie Sie vielleicht begreifen, eines der Probleme, das sie betrifft.« Bond runzelte die Stirn. Er wusste nicht, worauf von Glöda hinauswollte, aber der Nazi war zu sehr in seine Geschichte vertieft, wie er mit den Soldaten in Blue Hare verfahren war.

Es war ein ordentlicher Handel mit den Mitarbeitern von Blue Hare abgeschlossen worden, der eine Zeit lang auch gut funktioniert hatte. Dann plötzlich war ihr kommandierender Offizier – »ein Mann mit wenig Vorstellungskraft« – panisch zum Eispalast gekommen. Eine Inspektion war angekündigt worden, und zwei Inspektoren der Roten Armee machten eine Menge Wirbel und beschuldigten jeden – einschließlich des oben erwähnten kommandierenden Offiziers. Von Glöda hatte daraufhin vorgeschlagen, dass dieser auf seine Ehre verweisen und eine Untersuchung durch den KGB fordern sollte.

»Ich wusste, dass sie darauf hereinfallen würden. Wenn es eine Sache gibt, die ich an den Russen schätze, dann ihre Vorliebe, den Schwarzen Peter weiterzureichen. Der Kommandiere Offizier und seine Männer in Blue Hare waren aufgeflogen. Die Inspektoren waren über die Menge der fehlenden Materialien entsetzt. Sie alle waren in einer Art Kreuzfeuer gefangen. Jeder wollte das Problem loswerden. Warum also nicht an den KGB, schlug ich vor.«

Bond musste zugeben, dass Graf von Glöda in dieser Angelegenheit gesunden Menschenverstand bewiesen hatte.

Ein Vorfall wie dieser würde vom Militärdirektorat gemieden werden. Das Verschwinden großer Mengen von Waffen und Munition in der arktischen Ödnis würde dem dritten Direktorat nicht gefallen. Wie verrückt der selbsternannte Führer auch sein mochte, er hatte Ahnung von Strategie und dem russischen Wesen. Nach dem Geheimdienst würde der Fall bei Abteilung V landen, und der Gedanke dahinter war mehr als offensichtlich. Wenn Abteilung V dazukam, würde es keinen einzigen Hinweis mehr darauf geben, wenn sie fertig waren – keine fehlenden Waffen und niemanden, den man befragen könnte. Ein sauberer Schnitt: wahrscheinlich ein furchtbarer Unfall in einem Munitionsdepot, zum Beispiel eine Explosion, die das Leben aller Mitarbeiter dort fordern würde.

»Ich sagte dem idiotischen Offizier von Blue Hare, die Leute vom KGB zuerst zu mir zu schicken. Sie blieben ein paar Tage. Dann kam Kolja Mosolow. Wir tranken zusammen. Er stellte keine Fragen. Ich wollte wissen, was er benötigte, um seine Karriere zu verbessern. Wir schlossen den Handel hier in diesem Büro ab. Blue Hare wird in etwa einer Woche aufhören zu existieren. Niemand wird deswegen Ärger machen. Kein Geld wechselt den Besitzer. Kolja wollte nur eins. Sie, Mr Bond. Sie auf einem Silbertablett. Ich habe lediglich als Puppenspieler agiert und ihm gesagt, wie er Sie bekommen konnte. Er sollte Sie zu mir bringen und mir ein paar Stunden mit Ihnen gewähren. Danach bekommt Sie Abteilung V – die Sie noch als SMERSCH kennen. Für den Rest Ihres Lebens. Was nicht besonders lang sein wird, nehme ich an.«

»Und Sie machen damit weiter, das Vierte Reich zu errichten?«, fragte James Bond. »Und die Welt lebt glücklich bis ans Ende ihrer Tage?«

»So in etwa. Aber ich habe getrödelt. Meine Leute warten darauf, mit Ihnen zu sprechen …«

Bond hob eine Hand. »Ich habe kein Recht, das zu fragen, aber haben Sie auch die gemeinsame Operation eingefädelt? CIA, KGB, Mossad und meine Leute?«

Von Glöda nickte. »Ich habe Mosolow gesagt, wie er es anstellen sollte und wie man die Agenten am besten ersetzt. Allerdings habe ich nicht veranlasst, dass mir der Mossad meine eigene verlorene Tochter auf den Hals hetzt.«

»Rivke.« Bond erinnerte sich an die Nacht im Hotel.

»Ja, so nennt sie sich wohl heutzutage. Rivke. Benehmen Sie sich gut, Mr Bond, und vielleicht erlaube ich Ihnen, sie noch einmal zu sehen, bevor Sie nach Moskau gebracht werden.«

Sie war also am Leben und hier im Eispalast. Bond zwang sich, sich nichts anmerken zu lassen. Stattdessen zuckte er nur mit den Schultern. »Sie sagten, dass man mit mir sprechen will?«

Von Glöda kehrte an seinen Schreibtisch zurück. »Die Behörden in Moskau lecken sich zweifellos die Finger nach Ihnen, aber meine eigenen Nachrichtenoffiziere wollen ebenfalls mit Ihnen über gewisse Dinge sprechen.«

»Wirklich?«

»Ja, wirklich, Mr Bond. Wir wissen, dass Ihr Geheimdienst einen unserer Männer hat – einen Soldaten, der seine Pflicht nicht erfüllt hat.«

Bond zuckte mit den Schultern. Er schützte vollkommene Unwissenheit vor.

»Meine Truppen sind loyal und wissen, dass unsere Sache wichtiger als alles andere ist. Darum waren wir bis jetzt auch so erfolgreich. Keine Gefangenen. Alle Mitglieder der NSAA schwören einen Eid, eher zu sterben, als uns zu verraten. Bei all unseren Operationen letztes Jahr wurde keiner unserer Männer gefangen genommen. Bis auf …« Er ließ den Satz in der Luft hängen. »Nun, wollen Sie mir nicht etwas dazu sagen, Mr Bond?«

»Ich habe nichts zu sagen.« Er stellte sich dumm.

»Ich denke aber doch. Der Anschlag auf drei britische Beamte, als sie die sowjetische Botschaft verließen. Denken Sie gut nach, Mr Bond.«

Bond war ihm längst voraus. Er erinnerte sich an die Besprechung mit M und an den ernsten Gesichtsausdruck seines Chefs, als er von einem NSAA-Mann berichtete, den sie im Hauptquartier verhörten – er hatte sich erschießen wollen. Was hatte M noch mal gesagt? »Er hat schlecht gezielt.« Weitere Details hatte er aber nicht preisgegeben.

»Ich gehe davon aus …« Von Glödas Stimme senkte sich fast zu einem Flüstern. »*Ich* gehe davon aus, dass jede Information, die man diesem Gefangenen entrissen hat, Ihnen bei Ihrer Einsatzbesprechung vor Ihrem Treffen mit Kolja mitgeteilt wurde. Ich *muss* wissen, wie viel der Verräter preisgegeben hat. Und Sie werden es mir sagen, Mr Bond.«

Bond gelang es, seiner trockenen Kehle ein Lachen zu entlocken. »Es tut mir leid, Tudeer …«

»*Führer*!«, schrie von Glöda. »Sie werden mich wie jeder andere mit ›mein Führer‹ ansprechen!«

»Einen finnischen Offizier, der zu den Nazis übergelaufen

ist? Einen Möchtegerndeutschen mit Wahnvorstellungen von Größe? Ich kann Sie nicht Führer nennen.« Bond sprach leise. Die Tirade, die folgte, hatte er nicht erwartet.

»Ich habe jedweder Nationalität entsagt. Ich bin weder Finne noch Deutscher! War es nicht Goebbels, der Hitlers Gefühle öffentlich machte? Das deutsche Volk hatte kein Recht, zu überleben, da es sich als mangelhaft erwiesen hat. Sie konnten den Idealen der großartigen Nazibewegung nicht gerecht werden. Sie wurden ausgelöscht, damit sich eine neue Partei erheben und die Arbeit fortführen konnte …«

»Aber sie wurden nicht ausgelöscht.«

»Das macht keinen Unterschied. Ich bin meiner Partei und Europa, nein, der ganzen Welt gegenüber verpflichtet. Die Morgendämmerung des Vierten Reichs ist angebrochen. Selbst dieses kleine Stück Information ist wichtig für mich. Und Sie werden es mir geben.«

»Ich weiß nichts über einen NSAA-Gefangenen. Ich habe keine Informationen über ein Verhör.«

Von Glöda, der sich vor Bond aufgebaut hatte, schien sich plötzlich vor Wut zu krümmen. Sein Blick brannte sich in Bond. »Sie werden mir alles sagen, was Sie wissen. Alles, was der britische Geheimdienst über die NSAA weiß.«

»Ich habe Ihnen nichts zu sagen, weil ich nichts weiß«, wiederholte Bond. »Und was wollen Sie schon tun? Um Ihren eigenen Kampf voranzutreiben, müssen Sie mich an Kolja übergeben – so lautet die Abmachung.«

»Oh, Mr Bond, seien Sie nicht so naiv. Ich kann meine Männer und die Waffen innerhalb von vierundzwanzig Stunden von hier wegschaffen. Kolja hat seine Seele an seinen

Ehrgeiz verkauft. Er denkt, er würde in der Hierarchie aufsteigen, wenn er mit Ihnen in das Gebäude am Dserschinskiplatz spaziert – dem Mann, den SMERSCH seit Langem haben will. Denken Sie, dass seine Vorgesetzten wissen, was er hier treibt? Natürlich nicht. Kolja hat einen Hang zum Dramatischen – wie alle guten Agenten und Soldaten. Soweit es Abteilung V des Ersten Direktorats betrifft, befindet sich Kolja Mosolow auf einer Mission, um den Diebstahl von Waffen in dieser Gegend aufzuklären. Wenn sie nichts von ihm hören, wird es lange dauern, bis sie nach ihm suchen. Verstehen Sie, Mr Bond? Sie haben mir Zeit verschafft, das ist alles. Eine Gelegenheit, meinen kleinen Waffendeal abzuschließen, und eine Rückzugsmöglichkeit. Mosolow ist entbehrlich. *Sie* sind entbehrlich.«

Bond verstand die Logik. Von Glödas Terrorarmee von Neonazis war im letzten Jahr tatsächlich überaus erfolgreich gewesen. Darüber hinaus war M felsenfest davon überzeugt gewesen, dass die Nationalsozialistische Aktionsarmee von allen westlichen Regierungen sehr ernst genommen wurde. Ms ernste Warnung war seinen Bemerkungen über den NSAA-Mann gefolgt, der lebend gefangen worden war und nun im Gebäude am Regent's Park gefangen gehalten wurde. Das bedeutete, dass der Mann genug gesagt haben musste, um den Service mit hochwertigen Information über von Glödas Stärke und seine Verstecke zu versorgen. Die wahre Antwort, dachte Bond, lautete, dass sein eigener Geheimdienst, wenn nicht auch die anderen, genau wusste, wo sich von Glödas geheimes Hauptquartier befand, und durch Befragung möglicherweise auch die Position zukünftiger Kommandoposten herausgefunden hatte.

»Ich bin also wegen eines einzigen Gefangenen entbehrlich«, begann Bond. »*Ein* Mann, der möglicherweise von meinen Leuten gefangen gehalten wird. Das ist wirklich ironisch, in Anbetracht der vielen Millionen, die Ihr ehemaliger Führer gefangen genommen, in Gaskammern ermordet oder mit Sklavenarbeit umgebracht hat. Jetzt geht es um einen einzigen Mann.«

»Oh, ein netter Versuch, Mr Bond«, erwiderte von Glöda trocken. »Wäre es nur so einfach. Aber dies ist eine ernste Angelegenheit, und ich muss Sie bitten, sie als solche zu behandeln. Ich kann kein Risiko eingehen.«

Er hielt kurz inne, als würde er darüber nachdenken, wie er Bond die Situation am besten erklären sollte. Dann: »Sehen Sie, niemand hier, nicht einmal mein Generalstab, weiß genau, wo sich mein nächstes Hauptquartier befinden wird. Weder Kolja, dem ich den Weg zu großer Macht freigeräumt habe, noch Paula oder Buchtman … Tirpitz für Sie. Keiner von ihnen weiß es.

Doch leider gibt es ein paar Personen, die diese Information, wenngleich unabsichtlich, in ihren Köpfen haben. Die Männer und Frauen, die mich in diesem Moment im neuen Hauptquartier erwarten, wissen natürlich Bescheid. Aber es gibt auch andere. Zum Beispiel die Einheit, die die Operation in den Kensington Palace Gardens vor der sowjetischen Botschaft ausgeführt hat. Sie wurden im neuen Kommandoposten instruiert.

Von diesem neuen und streng geheimen Hauptquartier aus machten sie sich an die Arbeit. Wir wissen um das Schicksal von allen bis auf einen. Soweit ich informiert bin, gelang es ihm nicht, Selbstmord zu begehen, als er in die Hände Ihres Geheimdienstes fiel. Er ist ein gut ausgebildeter Mann, aber selbst der schlaueste Offizier kann in eine Falle tappen. Sie können zwei und zwei zusammenrechnen, Mr Bond. Ich brauche zwei Dinge von Ihnen. Erstens, hat er Ihnen die Information gegeben, wo sich mein neues Hauptquartier befindet? Zweitens, wo wird er gefangen gehalten?«

»Ich weiß nichts von einem NSAA-Gefangenen.«

Von Glöda warf Bond einen leeren, vollkommen emotionslosen Blick zu. »Möglicherweise sagen Sie die Wahrheit. Ich bezweifle es, aber es wäre möglich. Ich will lediglich die Wahrheit. Ich persönlich denke, dass Sie wissen, wo er ist, und dass Sie von den Dingen Kenntnis haben, die er gesagt hat. Nur ein Idiot würde Sie ohne die vollständigen Fakten auf eine solche Mission schicken.«

Er scheint sich ja für ziemlich gerissen zu halten, dachte Bond. Auf jeden Fall hatte er ein Auge für Details und einen schnellen Verstand. Aber seine letzte Bemerkung ließ keinen Zweifel an seiner vollkommenen Ignoranz gegenüber Sicherheitsvorschriften. Außerdem nahm es ihm Bond persönlich übel, dass er M einen Idioten genannt hatte.

»Denken Sie *wirklich*, dass man mir Zugang zu allen Fakten gewähren würde?« Bond lächelte nachsichtig.

»Dessen bin ich mir sicher.«

»Dann sind Sie der Idiot. Nicht mein Vorgesetzter.«

Von Glöda lachte harsch auf. »Wie Sie meinen, aber ich werde kein Risiko eingehen. Ich *werde* die Wahrheit erfahren. Wir können einen Mann hier an seine Grenzen bringen. Wenn Sie nichts zu sagen haben, werden Sie auch nichts sagen, und ich weiß dann, dass keine Gefahr besteht. Wenn Sie nur wissen, wo mein Mann gefangen gehalten wird, kann diese Information nach London übermittelt werden. Auch wenn er sich am unzugänglichsten Ort befindet, wird mein Team in London ihn herausholen – wenn wir genügend Zeit haben.«

Konnten von Glödas Leute in das Hauptquartier des Secret Service eindringen? So sehr Bond das bezweifelte, wollte er es nicht riskieren.

»Und was, wenn ich zusammenbreche und Sie anlüge? Was, wenn ich sage, ja, es gibt einen solchen Gefangenen – auch wenn ich Ihnen versichern kann, dass ich von keinem weiß –, und er hat uns all die Informationen gegeben, die wir benötigen?«

»Dann kennen Sie ebenfalls die Position meines neuen Kommandopostens, Mr Bond. Sie können einfach nicht gewinnen, sehen Sie?«

Jedenfalls nicht auf deine Art, dachte Bond. In der Welt dieses Manns war alles schwarz oder weiß.

»Eine Sache noch.« Von Glöda erhob sich. »Wir verlassen uns hier auf althergebrachte Verhörtechniken. Schmerzhaft, aber sehr erfolgreich. Ich muss von der Methode, die Ihr Freund Kolja ein chemisches Verhör nennt, noch überzeugt werden. Nur damit Sie wissen, was Ihnen bevorsteht, Mr Bond. Außergewöhnlicher Schmerz, um es milde auszudrücken. Ich habe vor, Sie an Ihre Grenzen zu bringen, und man sagte mir, dass es niemanden gibt, der unter der Methode, die wir anwenden werden, nicht zusammenbricht.«

»Aber ich weiß von nichts.«

»Dann werden Sie auch nichts verraten können und ich werde es mit Sicherheit wissen. Also, warum vermeiden wir nicht das Schlimmste? Erzählen Sie mir von dem Gefangenen – wo befindet er sich, was hat er erzählt?«

Die Sekunden tickten in Bonds Kopf fast hörbar vorbei. Dann öffnete sich die Tür, und der Mann, den Bond als Brad Tirpitz kennengelernt hatte, kam herein, gefolgt von den zwei uniformierten Männern, die sich im Vorraum befunden hatten. Sie hoben ihre Arme zum Gruß.

»Hans, Sie wissen, welche Informationen ich von diesem Mann benötige«, sagte von Glöda. »Nutzen Sie Ihre ganze Überzeugungskraft. Jetzt.«

»Jawohl, mein Führer.« Die Männer schlugen ihre Hacken zusammen, dann ergriffen sie Bond, legten ihm Handschellen an und zerrten ihn aus dem Raum.

Sie brachten ihn nicht weiter als in den Vorraum. Tirpitz/Buchtman ging zu einer Wand und drückte auf eine bestimmte Stelle, woraufhin eine Geheimtür aufsprang.

Buchtman verschwand durch diese Tür, gefolgt von einem der Offiziere, der Bond an der Schulter mit sich zog. Der andere Mann hatte Bonds gefesselte Handgelenke gepackt. Einer vor ihm, einer hinter ihm. Bond fand schon bald den Grund dafür heraus. Sobald sie durch die Tür waren, betraten sie einen schmalen Gang, der gerade hoch und breit genug für eine Person war.

Nach einem halben Dutzend Schritten wurde klar, dass sie bergab gingen. Kurz darauf erreichten sie nackte Steinstufen, erleuchtet von schwachen bläulichen Lampen, die in regelmäßigen Abständen in die Wand eingelassen waren. Ein Seil, das durch Metallösen ging, diente als Geländer.

Sie kamen nur langsam voran, denn die Treppe ging tief nach unten. Bond versuchte, zu schätzen, wie tief, gab aber schnell auf. Die Stufen schienen immer steiler zu werden. An einer Stelle gab es einen kleinen Absatz, der in einen offenen Raum führte. Hier zogen sich Buchtman und die beiden Wachen schwere Mäntel und Handschuhe über. Bond wurde nichts dergleichen angeboten, obwohl er selbst in der Winterkleidung, die er trug, allmählich die intensive Kälte aus der Tiefe unter ihnen spüren konnte.

Die Stufen wurden immer rutschiger, und Bond bemerkte Eisblumen an den Wänden, während sie weiter hinabstiegen. Schließlich gelangten sie in eine hell erleuchtete Höhle. Sie war rund, die Wände aus natürlichem Fels und der Boden unter ihnen schien aus dickem Eis zu bestehen.

Schwere hölzerne Querbalken überspannten die Decke der Höhle. An diesen Querbalken war ein Seilzug befestigt, mit einer langen soliden Eisenkette, die herunterhing und in einer Art Ankerhaken endete.

Einer der Uniformierten zog direkt neben Bond seine Pistole. Der andere öffnete eine große, mit Eis überzogene Metallkiste, aus der er eine kleine motorbetriebene Kettensäge holte.

Der Atem aller vier Männer verdichtete sich in der Luft des eisigen Kerkers zu Wolken. Bond roch das Benzin der Motorsäge, als sie angestellt wurde.

»Wir bewahren sie sehr sorgfältig auf.« Buchtman hatte seinen amerikanischen Akzent nicht verloren. »Okay.« Er nickte dem Mann mit der Waffe zu. »Zieht den Mistkerl aus.«

Als Bond Hände spürte, die ihn seiner Kleidung entledigten, sah er, wie die Kettensäge in den Boden der Zelle schnitt und Eisstückchen umherflogen. Selbst mit Kleidung war die Kälte inzwischen lähmend geworden. Nun, während ihm Schicht um Schicht abgenommen wurde, schien sein Körper allmählich in einen unsichtbaren Mantel aus spitzen Nadeln gehüllt zu werden.

Buchtman nickte dem Mann mit der Kettensäge zu. »Er schneidet eine gemütliche kleine Wanne für Sie heraus, alter Freund.« Er lachte. »Wir sind hier tief unter dem Bunker. Im Sommer steigt das Wasser ziemlich hoch. Ein kleiner natürlicher See. Sie werden diesen See schon bald sehr gut kennenlernen, James.«

Während er sprach, hatte sich die Kettensäge durch die Eisdecke gefressen, die mindestens einen halben Meter dick war. Dann begann die Wache damit, direkt unter dem Seilzug einen Kreis auszufräsen.

15

TÖDLICHE KÄLTE

Sie schlossen seine Handschellen auf. Inzwischen war James Bond viel zu schwach, um sich zu wehren. Das Entfernen der oberen Hälfte seiner Kleidung, das nun folgte, schien keinen nennenswerten Unterschied zu machen. Er konnte sich kaum bewegen, nicht einmal zittern.

Einer der uniformierten Männer zog Bonds Arme vor seinen nackten Körper und legte ihm die Handschellen wieder an. Das Metall an seinen Gelenken fühlte sich an, als würde es glühen.

Bond begann sich zu konzentrieren. Versuch, dich an irgendetwas zu erinnern … vergiss die Kälte … schließ deine Augen … sieh nur einen einzigen Punkt im Universum, lass diesen Punkt anschwellen.

Das Rasseln von Ketten ertönte, und Bond spürte, wie seine Handschellen über den Haken gelegt wurden. Dann folgte ein Augenblick der Desorientierung, als die Seilwinde in Bewegung gesetzt wurde. Seine Füße verloren den Bodenkontakt. Er schwankte hin und her und drehte sich, während ihn die Kette in die Höhe zog. Heftige Schmerzen, als sein

Gewicht an seinen gefesselten Handgelenken hing. Seine Arme wurden überdehnt und ausgerenkt. Dann wieder Taubheit. Die unbequeme Lage war nicht wirklich schlimm, denn die eisigen Temperaturen dienten als Betäubungsmittel. Seltsamerweise war es das Schaukeln und Drehen, das Bond zu schaffen machte. Normalerweise machte ihm Orientierungsverlust nicht viel aus, das hatten Belastungstests während seiner jährlichen Gesundheitskontrolle ergeben.

Doch nun spürte er Galle seine Kehle hochsteigen, während das Schaukeln – wie bei einem Pendel – regelmäßiger wurde und sich das Drehen verlangsamte, erst in die eine Richtung, dann in die andere.

Seine Augen zu öffnen, war so schmerzhaft wie alles andere. Auf seinen Lidern hatte sich bereits leichter Frost gebildet. Doch es ging nicht anders, da er sich dringend auf einen Punkt konzentrieren musste. Die eisbedeckten Wände der Höhle tauchten vor ihm auf, das grelle Licht von oben wirkte farbig – gelb, rot und blau. Es war ihm unmöglich, seinen Kopf oben zu behalten, während seine Arme das ganze Körpergewicht hielten.

Bonds Kopf sackte vorwärts. Unter sich sah er ein breites dunkles Auge, daneben sich bewegende Gestalten. Das Auge drehte sich langsam und starrte ihn an. Sein vor Kälte betäubtes Gehirn brauchte einen Moment, um zu erkennen, dass sich dieses Auge nicht bewegte. Die Illusion entstand durch die Schaukelbewegung am Ende der Kette. Die Nadeln stachen weiter auf seinen Körper ein. Im einen Moment schienen sie überall zu sein, dann konzentrierten sie sich plötzlich auf eine Stelle – krallten sich in seinen Skalp, bewegten sich über seinen Oberschenkel oder kratzten an seinen Genitalien.

Konzentrier dich. Er kämpfte um eine klare Perspektive, doch die Kälte war wie eine Barriere, eine eiskalte Mauer, die sein Hirn davon abhielt, richtig zu funktionieren. Konzentrier dich stärker.

Schließlich konnte Bond das Auge richtig betrachten, nachdem die Schwing- und Drehbewegung nachgelassen hatte. Es war ein ins Eis geschnittener Kreis. Seine Dunkelheit war das kalte Wasser darunter. Langsam ließen sie ihn an der Kette herunter, sodass seine Füße direkt über dem Loch baumelten.

Eine Stimme erklang. Es war Tirpitz – Buchtman: »James, mein Freund, das wird jetzt ziemlich unangenehm. Sie sollten uns alles sagen, bevor wir weitermachen. Wissen Sie, was wir wollen? Antworten Sie einfach mit ja oder nein.«

Was wollten sie? Warum taten sie ihm das an? Bonds Hirn fühlte sich an, als würde es erfrieren. »*Was?* Nein«, hörte er sich krächzen.

»Ihre Leute haben einen unserer Männer. Zwei Fragen: Wo in London wird er festgehalten? Was hat er im Verhör verraten?«

Ein Mann? Festgehalten in London? Wer? Wann? Was hatte er verraten? Ein paar Sekunden lang klärten sich Bonds Gedanken. Der NSAA-Soldat, der im Hauptquartier am Regent's Park gefangen gehalten wurde. Was hatte er erzählt? Keine Ahnung, aber der Mann musste eine ganze Menge erzählt haben. Sag nichts.

Laut antwortete er: »Ich weiß von keinem Gefangenen, der verhört wurde.« Seine Stimme kam ihm fremd vor, als sie von den Mauern der Höhle widerhallte.

Die andere Stimme schwebte zu ihm hinauf. Bond kämpfte mit der Bedeutung jedes einzelnen Worts. »Okay, Jim, wie Sie wollen. Ich frage Sie in einer Minute noch mal.«

Über ihm rasselte etwas. Die Kette. Sein Körper bewegte sich auf das schwarze Auge zu. Wie aus dem Nichts hatte Bond plötzlich das Gefühl, dass er seinen Geruchssinn verloren hätte. Seltsam: Warum kein Geruchssinn? Konzentrier dich auf etwas anderes. Mit viel Mühe lenkte er seine Gedanken in eine neue Richtung. Ein Sommertag. Auf dem Land. Bäume in vollem Laub. Eine Biene summte über seinem Gesicht, und er konnte riechen – sein Geruchssinn war zurück–: eine Mischung aus Gras und Heu. Irgendwo in der Ferne schnurrte ein Traktor. Sag nichts. Du weißt und kennst nichts außer Heu und Gras. Nichts. Du weißt nichts.

Bond hörte das letzte Rasseln der Kette, als er in die Mitte des schwarzen Lochs gesenkt wurde. Sein Gehirn registrierte sogar, dass sich auf dem Wasser bereits wieder eine neue hauchdünne Eisdecke gebildet hatte. Dann tauchte er ein. Er musste geschrien haben, denn sein Mund füllte sich mit Wasser. Sonnenlicht. Die alte Eiche. Seine Arme wurden durch die schwere Kette nach unten gedrückt. Er konnte nicht atmen.

Es fühlte sich nicht wie beißende Kälte an, sondern nur wie eine extreme Veränderung. Es hätte auch genauso gut kochendes Wasser sein können. Bonds einziges bewusstes Empfinden nach dem ersten Schock war, dass sein Körper in blendenden Schmerz eingehüllt war, als würden seine Augen – Fenster zum Gehirn – von grellem weißem Licht geblendet.

Er lebte noch, obwohl er sich dessen nur durch die

Schmerzen bewusst war. Sein Herz pulsierte in seiner Brust und seinem Kopf.

Er hatte keine Ahnung, wie lange sie ihn in das Eiswasser tauchten. Er prustete und rang nach Luft, sein ganzer Körper zuckte, als sei er eine Marionette.

Als Bond seine Augen erneut öffnete, sah er, dass man ihn wieder an die Luft gezogen hatte. Dann setzte die wirkliche Kälte ein – das Zittern, während er hin und her schwang und sich die Nadelstiche in Stacheldraht verwandelten, der sich in seine Haut bohrte.

Nein. Sein Verstand durchbrach den Schmerz. Nein, das hier geschah nicht wirklich. Er dachte an das Gras, die Gerüche des Sommers, die Geräusche des Sommers, den näher kommenden Traktor und das Wehen einer sanften Brise in den Ästen der Eiche.

»Okay, Bond. Das war nur ein Vorgeschmack. Hören Sie mich?«

Er atmete normal, aber seine Stimmbänder schienen nicht richtig zu funktionieren. Schließlich: »Ich höre.«

»Wir wissen genau, wie weit wir gehen können, aber machen Sie sich nichts vor. Wir werden darüber hinausgehen, über die Grenze. Wo wird unser Mann in England festgehalten?«

Bond hörte seine eigene Stimme, aber wieder schien es so, als würde sie nicht zu ihm gehören: »Ich weiß nichts von einem Mann, der festgehalten wird.«

»Was hat er Ihren Leuten erzählt? Wie viel?«

»Ich weiß von keinem Mann, der festgehalten wird.«

»Wie Sie wollen.« Die Kette rasselte ihren Todesklang.

Sie ließen ihn, beschwert durch die Kette, eine lange Zeit

unter Wasser – oder er blieb dieses Mal länger bei Bewusstsein. Er rang um Luft, der rote Nebel vermischte sich mit einem weißen Licht, dass jeden Muskel, jede Ader und jedes Organ zu erfüllen schien. Dann folgte die gesegnete Erleichterung der Dunkelheit, die schon bald vom Schmerz vertrieben wurde, als sein nackter Körper wieder über dem Eisbecken herumschwang.

Die kalte Luft des Kerkers machte das zweite Mal umso schlimmer. Dieses Mal waren es keine Nadeln, sondern winzige Tiere, die sich in sein taubes Fleisch fraßen. Seine empfindlicheren Organe standen in Flammen, sodass Bond an seinen Fesseln riss, weil er mit den Händen die Lenden bedecken wollte.

»Irgendwo in England wird ein Mitglied der Nationalsozialistischen Aktionsarmee festgehalten. Wo ist er?«

Der Sommer. Denk … denk an den Sommer. Aber da war kein Sommer, nur die schrecklichen Zähne, klein und scharf, die sich durch die Haut in Muskeln und Fleisch bissen.

Der NSAA-Mann war im Hauptquartier am Regent's Park. Was war schon so schlimm daran, es ihnen zu verraten? Sommer. Die grünen Blätter des Sommers.

»Hören Sie mich, Bond? Sagen Sie mir, was ich wissen will, und alles wird einfacher.«

Der Sommer ist gekommen,

Kuckuck, singe …

»Weiß nicht. Ich weiß nichts von Gefangenen … niemand …« Dieses Mal kam die Stimme direkt aus seinem Kopf, der Satz wurde abgeschnitten, als die Kette nach unten sauste und ihn in die eisigen Fluten stürzte.

Er versuchte, sich zu befreien, obwohl er keine Ahnung hatte, was er tun würde, wenn es ihm tatsächlich gelingen sollte. Es war ein reiner Reflex: der Körper kämpfte automatisch um sein Leben, gefangen in einem Element, in dem er nicht lange existieren konnte. Er war sich darüber bewusst, dass seine Muskeln nicht mehr reagierten und dass sein Gehirn langsam aufhörte, rational zu funktionieren. Anhaltende Schmerzen. Dunkelheit.

Am Leben und wieder hin und her schwingend. Bond überlegte, wie nah er sich an der Schwelle des Todes befand, denn der weiß glühende Schmerz war nun mitten in seinem Kopf – eine blendende, versengende Explosion innerhalb seines Schädels.

Die Stimme brüllte, als versuche sie, ihn über eine weite Entfernung zu erreichen. »Der Gefangene, Bond. Wo halten sie ihn fest? Seien Sie kein Idiot. Wir wissen, dass er sich in England befindet. Sagen Sie uns einfach den Standort. Den Namen. Wo ist er?«

Mein Hauptquartier. Das Gebäude am Regent's Park. Transworld Export. Hatte er es gesagt? Nein, die Worte hatten sich nur in seinem Gehirn geformt und warteten darauf, herauszuspringen.

Die grünen Blätter des Sommers, der Sommer ist gekommen, Sommerzeit, des Sommers letzte Rose, der Altweibersommer …

Vipern stürzten sich auf sein Gehirn. Dann die Worte – Bonds Stimme: »Kein Gefangener. Ich weiß nichts von einem Gefangenen …«

Um ihn das Krachen von Eis, die rot glühende blendende Flüssigkeit, dann die einsetzenden Todesqualen. Wieder draußen, schwingend und tropfend, nach Luft keuchend, jeder Zentimeter von ihm in Fetzen gerissen. Das Gehirn, das bis jetzt extreme Temperaturen, Schmerz wie kleine beißende Tiere, Schlangen und Nadeln ausgehalten hatte, kam schließlich auf die wahre Schmerzensquelle. Die Kälte. Eine tödliche Kälte. Tod durch langsames Erfrieren.

Die Sonne brannte grell. So heiß, dass Bond der Schweiß von der Stirn in die Augen lief. Er konnte seine Augen nicht öffnen, wusste aber, dass er zu viel getrunken hatte. Er war sturzbetrunken. Warum hieß es sturzbetrunken?

Das Gleichgewicht war weg. Gelächter: Bond lachte. Normalerweise betrank er sich nicht, aber das hier war etwas anderes. Er war bester Stimmung. Aber wieso? Was hatte er zu feiern? Zumindest fühlte er sich gut. Er ließ die Welt an sich vorbeiziehen.

Ihm war schwindlig … wieder Dunkelheit. Meine Güte, er würde gleich wirklich ohnmächtig werden. Sich übergeben. Nein, dafür fühlte er sich zu gut. Er war glücklich … zu glücklich. Die Dunkelheit um ihn herum kam immer näher. Nur ein Hauch dessen, was geschehen würde, wenn ihn die Nacht wirklich verschlang. Ihm war kalt.

»James … James …« Die Stimme klang vertraut. Sie war weit entfernt, kam von einem anderen Planeten. »James …« Eine Frau. Die Stimme einer Frau. Dann erkannte er sie.

Wärme. Er wurde hingelegt und gewärmt. Ein Bett? War es ein Bett?

Bond versuchte, sich zu bewegen, und die Stimme wiederholte seinen Namen. Ja, er war in Decken gehüllt, er lag auf einem Bett und der Raum war warm.

»James …«

Vorsichtig öffnete Bond seine Augen – auch wenn seine Lider brannten. Dann bewegte er sich, ganz langsam, denn jede Bewegung war schmerzvoll. Schließlich drehte er seinen Kopf in Richtung der Stimme. Seine Augen brauchten ein paar Sekunden, um sich zu fokussieren.

»Oh James, du bist in Ordnung. Sie haben dich künstlich beatmet. Ich habe den Alarm ausgelöst. Man hat gesagt, dass ich hier sein soll, wenn du wieder zu Bewusstsein kommst.«

Der Raum wirkte wie jedes Krankenzimmer, aber dieses hatte keine Fenster. Im anderen Bett lag Rivke Ingber, die Beine im Streckverband und eingegipst. Ihr Gesicht wirkte lebendig und glücklich.

Dann kehrte der Albtraum zurück, und Bond wurde klar, was er durchgemacht hatte. Er schloss seine Augen, aber sah nur das kreisförmige dunkle Auge des Eiswassers. Er bewegte seine Handgelenke, und dort, wo der Stahl seine Haut aufgeschlitzt hatte, kehrte der Schmerz zurück.

»Rivke«, war alles, was er herausbrachte, denn seine Gedanken wurden bereits von anderen Dämonen heimgesucht. Hatte er es ihnen gesagt? Was hatte er ihnen gesagt? Er konnte sich an die Fragen erinnern, aber nicht an seine Antworten. Eine Sommerszene flitzte durch seinen Kopf – Gras, Heu, eine Eiche, im Hintergrund ein Summen.

»Trinken Sie das, Mr Bond.« Er hatte die Frau vorher nicht bemerkt, aber sie trug eine Schwesterntracht und hielt ihm eine Tasse mit heißer Flüssigkeit an die Lippen. »Rinderbrühe. Heiß, aber Sie müssen viel Heißes trinken. Das wird schon wieder. Machen sie sich keine Sorgen.«

Bond hatte weder die Kraft noch die Absicht, zu widerstehen. Der erste Schluck der Brühe versetzte ihn in eine weit entfernte Vergangenheit – wie ein Lied, das eine längst vergessen geglaubte Erinnerung lebendig machte. Bond fiel seine Kindheit wieder ein: der beißende Geruch von Schulkrankenzimmern, mit Grippe zu Hause im Bett liegen. Er schluckte mehr und spürte, wie sich die Wärme in seinen Bauch schlich. Mit der inneren Wärme kehrten aber auch die Schrecken zurück: der Eiskerker und die schreckliche Kälte, als man ihn in das eiskalte Wasser getaucht hatte.

Hatte er geredet? So sehr sich Bond auch anstrengte, er konnte sich nicht erinnern. Inmitten dieser teuflischen Bilder der Folter war kein Platz dafür, was sonst noch zwischen ihm und seinen Peinigern geschehen war.

Traurig sah er zu Rivke. Sie starrte ihn an. Ihr Blick war sanft, wie in jenem Hotel am frühen Morgen. Ihre Lippen bewegten sich lautlos, doch Bond konnte es auch so verstehen: »James, ich liebe dich.«

Er lächelte und nickte, während ihm die Schwester erneut die Tasse mit der Brühe an die Lippen führte.

Er war am Leben. Rivke war hier. Solange er lebte, gab es noch eine Chance, die Nationalsozialistische Aktionsarmee aufzuhalten und ihren Führer von der neuen Weltkarte zu wischen, die er so schrecklich gern zeichnen würde.

16

KOMPLIZEN

Nach der Fleischbrühe wurde Bond eine Injektion gegeben, und die Schwester sagte etwas von Erfrierungen. »Aber machen Sie sich keine Sorgen«, sagte sie. »In ein paar Stunden sind Sie wieder wohlauf.«

Bond sah zu Rivke und wollte etwas sagen, doch dann glitt er in eine Wolke aus Schlaf. Später konnte er nicht sagen, ob es ein Traum gewesen war oder nicht, aber es schien eine Wachperiode zu geben, in der von Glöda am Fuß seines Betts stand. Der große Mann lächelte. »Sehen Sie, Mr Bond. Ich habe Ihnen doch gesagt, dass wir alles von Ihnen bekommen würden, was wir wollen. Besser als Drogen oder Chemie. Ihr Sexleben haben wir nicht ruiniert. Zumindest denke ich das. Jedenfalls vielen Dank für die Informationen. Sie waren uns eine große Hilfe.«

Nachdem Bond endlich aufgewacht war, machte er sich große Vorwürfe. Er war mehr oder weniger davon überzeugt, dass es sich nicht um einen Traum gehandelt hatte, so lebhaft war die Erinnerung an den Nazi an seinem Bett. Doch der Mann hatte ihn ebenfalls im Schlaf heimgesucht. Träume, in denen von Glöda in voller Nazi-Uniform vor einem Gericht stand, das an die Nürnberger Prozesse erinnerte.

Eine Welle des Schreckens durchströmte ihn, als die Erinnerung an die Eiswasserfolter zurückkehrte. Doch das ging schnell vorbei. Er fühlte sich jetzt besser, wenn auch sehr schläfrig und ein wenig durcheinander. Er war voller Tatendrang. Aber ihm blieb auch keine andere Wahl. Entweder würde er einen Weg aus von Glödas Labyrinth finden oder die unausweichliche Reise nach Moskau antreten, für die entscheidende letzte Kraftprobe zwischen ihm und dem, was einst SMERSCH gewesen war.

»Bist du wach, James?«

In den paar Sekunden, seit er in die Welt zurückgekehrt war, hatte Bond vergessen, dass Rivke ebenfalls im Zimmer war. Er drehte sich lächelnd zu ihr um. »Gemischte Sanatorien. Was werden sie sich als Nächstes einfallen lassen?«

Sie lachte und neigte ihren Kopf dabei in Richtung der zwei großen Klumpen Gips an Seilrollen, in denen ihre Beine steckten. »Aber wir können nicht viel machen. Wirklich schade. Mein verdammter Vater war vor einer Weile hier.«

Das gab den Ausschlag. Von Glödas Rede war also kein Traum gewesen. Bond fluchte. Wie viel hatte er ihnen verraten, unter Schmerzen und Verwirrung durch das Eiswassertauchen? Das konnte er nicht wissen. Schnell schätzte er die Erfolgsaussichten eines entschlossenen NSAA-Teams ein, ins Hauptquartier einzudringen. Die Chancen standen bei etwa achtzig zu eins. Aber sie würden nur einen einzigen Mann einschleusen müssen. Das würde die Chancen verbessern, und wenn er ihnen die Informationen gegeben hatte, war das entsprechende Team wahrscheinlich bereits instruiert. Zu spät, um M zu warnen. »Du wirkst besorgt. Was haben Sie dir Schreckliches angetan, James?«

»Sie haben mich im Winterwunderland schwimmen lassen, mein Liebling. Nichts Schlimmes. Aber was ist mit dir? Ich habe den Unfall gesehen. Wir dachten, dass du von einer echten Ambulanz und Polizei fortgebracht würdest. Offensichtlich haben wir uns geirrt.«

»Ich kam gerade über den letzten Hang und freute mich darauf, dich wiederzusehen. Dann, puff – gar nichts. Ich erwachte mit Schmerzen in den Beinen, und mein Vater stand über mir. Er hatte diese Frau bei sich. Ich glaube nicht, dass sie hier ist. Aber sie hatten so eine Art Krankenhaus organisiert. Beide Beine gebrochen und ein paar Rippen. Ich wurde eingegipst, dann fuhren sie lange mit mir durch die Gegend, und schließlich bin ich hier aufgewacht. Der Graf nennt es seinen Kommandoposten, aber ich habe keine Ahnung, wo wir sind. Die Krankenschwestern sind freundlich, verraten mir aber nichts.«

»Wenn meine Berechnungen stimmen …« Bond wälzte sich auf die Seite, sodass er leichter mit Rivke reden und sie dabei ansehen konnte. Sie wirkte erschöpft und hatte offensichtlich Schmerzen. »Wenn ich recht habe, befinden wir uns in einem großen Bunker, ungefähr zehn bis zwölf Kilometer östlich der finnischen Grenze. Auf der russischen Seite.«

»Russisch?« Rivke öffnete erstaunt den Mund und riss die Augen auf.

Bond nickte. »Dein geliebter Papa ist ganz schön gerissen.« Er schnitt eine Grimasse, sagte es aber mit einer gewissen

Bewunderung. »Wir haben überall nach Hinweisen gesucht, dabei agiert er die ganze Zeit vom unwahrscheinlichsten Ort aus – sowjetischem Gebiet.«

Rivke lachte leise. Es klang verbittert. »Er ist gerissen. Wer würde schon in Russland nach dem Hauptquartier einer Faschistengruppe suchen?«

»Genau.« Bond schwieg einen Moment. »Wie geht es deinen Beinen?«

Sie hob eine Hand – eine Geste der Hilflosigkeit. »Du siehst es ja.«

»Macht man eine Therapie mit dir? Laufen üben? Auf Krücken oder durchs Zimmer?«

»Du machst wohl Witze. Ich spüre nicht viel Schmerz. Es ist einfach nur ziemlich unangenehm. Warum?«

»Es muss einen Fluchtweg geben, und ich gehe nicht allein oder lasse dich zurück.« Er hielt inne, als würde er nachdenken. »Nicht jetzt, wo ich dich wiedergefunden habe, Rivke.«

Als er wieder zu ihr sah, dachte Bond, Tränen in ihren Augen zu sehen. »James, das ist wunderbar von dir, aber wenn man irgendwie von hier wegkommt, musst du es alleine versuchen, ohne mich.«

Bond runzelte die Stirn. Wenn ihm die Flucht gelang, würde er es rechtzeitig zurückschaffen? Hilfe mitbringen? »Ich glaube nicht, dass die Zeit auf unserer Seite ist, Rivke. Nicht wenn ich ihnen gesagt habe, was ich denke …«

»Was hast du ihnen denn gesagt?«

»Wenn man in fast gefrorenes Wasser getaucht wird, ist das ein wenig verwirrend. Ich bin ein paar Mal ohnmächtig geworden. Ich sollte ihnen zwei Fragen beantworten.«

»Was waren das für Fragen?«

In wenigen Worten erzählte ihr Bond von dem NSAA-Mann, der in London gefangen genommen worden war, bevor er sich umbringen konnte. »Dein Vater hat einen neuen Kommandoposten. Dieser Kerl hat genügend Informationen, um unseren Leuten zu verraten, wo dieser sein wird. Das Problem dabei ist, dass sich der Gefangene wahrscheinlich gar nicht darüber bewusst ist, es zu wissen. Dein verrückter Vater hat eine Gruppe zu seinem neuen Hauptquartier geschickt, bevor es nach London weiterging. Unsere Leute sind keine Idioten, genau wie deine vom Mossad. Die richtigen Fragen werden die Antworten bringen.«

»Also denkst du, dass dein Service bereits weiß, wo dieser neue Kommandoposten ist?«

»Ich würde kein Geld darauf wetten. Aber ich habe von Glödas Leuten gesagt, dass wir den Mann haben und dass er verhört wurde, also können sie sich den Rest denken. Ich erwarte, dass dein Vater diesen Ort hier schnell räumen lassen wird.«

»Du sagtest, sie hätten zwei Fragen gehabt?«

»Oh, sie wollten noch wissen, wo wir den Gefangenen festhalten. Das ist eigentlich kein Problem. Es besteht zwar die Chance, dass ein Mann an ihn herankommen würde, aber ein direkter Angriff steht außer Frage.«

»Warum, James?«

»Wir haben im Keller unseres Hauptquartiers in London ein besonderes Verhörzentrum. Da steckt er.«

Rivke biss sich auf die Lippe. »Und du denkst wirklich, dass du ihnen das erzählt hast?«

»Es besteht die Möglichkeit. Du sagtest, dass dein Vater vorhin hier war. Ich kann mich dunkel daran erinnern. Er hat so getan, als hätte ich es erzählt. Du warst wach …«

»Ja.« Sie sah einen Moment weg, um ihm nicht in die Augen zu sehen.

Agenten des Mossad, dachte Bond, würden eher eine Suizidkapsel schlucken, als sich einem Verhör auszusetzen, das sie kompromittieren könnte. »Denkst du, ich habe meinen Service im Stich gelassen«, fragte er Rivke, »und diese unheilige Allianz, in der wir uns angeblich befinden?«

Rivke zögerte eine Sekunde. Dann: »Nein, James. Nein. Du hattest offensichtlich keine Wahl. Nein, ich habe darüber nachgedacht, was mein Vater gesagt hat – keine Ahnung, warum ich ihn immer noch so nenne. Er ist mir nie ein Vater gewesen. Als er hereinkam, sagte er etwas darüber, dass du Informationen geliefert hast. Ich habe gedöst, aber er klang sarkastisch. Er dankte dir für die Informationen.«

Bond spürte Verzweiflung in sich hochsteigen. M hatte ihn blind in eine kompromittierende Situation geschickt, obwohl er seinem Chef dafür keine Schuld geben konnte. M hatte wahrscheinlich gedacht, je weniger Bond wusste, umso besser. Wie er selbst war mit ziemlicher Sicherheit auch M über das, was sich wirklich zugetragen hatte, im Unklaren gewesen: Brad Tirpitz' Eliminierung, Kolja Mosolows Doppelspiel mit von Glöda. Und dann war da noch das falsche Spiel von Paula Vacker. Die Verzweiflung entstammte dem Wissen, dass er sein Land enttäuscht und seinen Service im Stich gelassen hatte. Für Bond waren das die Todsünden. Inzwischen machte sich von Glöda wahrscheinlich an die Standardroutinen seines

Umzugs: Packen, den Transport organisieren, die Panzerwagen mit so viel Waffen und Munition wie möglich bestücken, Dokumente schreddern. Bond fragte sich, ob von Glöda neben seinem neuen Hauptkommandoposten einen vorübergehenden hatte. Er musste jetzt so schnell wie möglich hier raus, aber es konnte bis zu vierundzwanzig Stunden dauern.

Bond sah sich um, ob man ihm seine Kleidung gelassen hatte. Gegenüber dem Bett war ein Spind, aber er war nicht groß genug, um Kleidung zu enthalten. Der Rest des Raums hatte nur das Allernötigste eines Krankenzimmers: ein weiterer kleiner Spind gegenüber Rivkes Bett, in einer Ecke ein Tischchen mit Gläsern, einer Flasche und medizinischer Ausrüstung. Dort sah Bond nichts Nützliches.

An jedem Bett befanden sich ein Vorhang und zwei Lampen – über dem Kopfende –, es gab eine weitere Lampe an der Decke und den üblichen kleinen Lüftungsschacht.

Ihm kam die Idee, eine Krankenschwester zu überwältigen, sie auszuziehen und zu versuchen, als Frau verkleidet herauszukommen. Aber dieser Plan war aus naheliegenden Gründen lächerlich, denn Bond hatte kaum den Körperbau, um sich als Frau auszugeben. Außerdem machte der Gedanke allein ihn wieder schwindlig. Er fragte sich, was sie ihm nach der Folter gespritzt hatten.

Wenn von Glöda seine Abmachung mit Mosolow einhalten wollte – was ziemlich unwahrscheinlich schien –, bestand Bonds einzige Chance in einer Flucht aus der Obhut des Russen.

Draußen auf dem Gang war ein Geräusch zu hören. Die Tür öffnete sich, und die Schwester kam herein, sauber und gestärkt. »Also«, begann sie ohne Vorrede, »ich habe Neuigkeiten. Sie beide werden bald von hier entlassen. Der Führer hat entschieden, Sie beide mit sich zu nehmen. Ich bin hier, um Sie vorzuwarnen, dass Sie in ein paar Stunden umgesiedelt werden.«

»Wir sind also Geiseln«, seufzte Bond.

Die Schwester lächelte freundlich und sagte, das dem wohl so sei.

»Und wie wird das vonstattengehen?« Bond dachte, dass es vielleicht half, sie am Reden zu halten, um zumindest ein paar Informationen zu sammeln. »Per Pistenwalze? Panzerwagen? Was?«

Das Lächeln der Schwester verrutschte nicht. »Ich werde mit Ihnen reisen. Sie sind vollkommen fit, Mr Bond, aber wir sind um Miss Ingbers Beine besorgt. Sie bevorzugt es wohl, Miss Ingber genannt zu werden. Ich muss bei ihr bleiben. Wir alle werden im Privatjet des Führers reisen.«

»Privatjet?« Bond war nicht einmal klar gewesen, dass es hier so etwas wie einen Flugplatz gab.

»Oh ja, hinter den Bäumen befindet sich eine Startbahn. Sie wird selbst im schlimmsten Wetter frei gehalten. Wir haben hier ein paar leichte Flugzeuge – natürlich an die Witterung hier angepasst – und den Privatjet des Führers, eine umgebaute Mystère-Falcon. Sehr schnell, und sie kann auf fast jedem Untergrund landen …«

»Kann sie auch von jedem Untergrund starten?« Bond dachte an Eis und Schnee zwischen den Bäumen.

»Wenn die Startbahn frei ist.« Die Krankenschwester schien unbekümmert. »Keine Sorge. Wir lassen immer das Eis wegschmelzen, bevor er abhebt.« Sie blieb in der Tür stehen. »Kann ich Ihnen etwas bringen?«

»Fallschirme?«, schlug Bond vor.

Zum ersten Mal verlor die Schwester ihren Gleichmut. »Sie werden noch etwas zu essen bekommen, bevor wir starten. Bis dahin habe ich anderes zu tun.« Die Tür schloss sich, und sie hörten das Klicken eines Schlüssels, der sich draußen im Schloss drehte.

»Das war es also«, sagte Rivke. »Wenn du je darüber nachgedacht haben solltest, lieber James, es wird für uns wohl kein kleines Häuschen mit Rosen vor der Tür geben.«

»Ich habe daran gedacht, Rivke. Ich gebe die Hoffnung nie auf.«

»Wie ich meinen Vater kenne, wird er uns in sechstausend Metern Höhe aus dem Flugzeug werfen.«

Bond schnaubte. »Daher die Reaktion der Krankenschwester, als ich von Fallschirmen gesprochen habe.«

»Pssst.« Rivke legte ihren Zeigefinger auf den Mund. »Da ist jemand. Draußen vor der Tür.«

Bond sah zu ihr. Er hörte nichts, aber Rivke schien plötzlich sehr nervös. Bond bewegte sich – er war überrascht, dass seine Beine mit solcher Leichtigkeit und Geschwindigkeit funktionierten. Tatsächlich schien die Aktion eine neue und plötzliche Wachheit in ihm zu bewirken. Das Schwindelgefühl verschwand und Bond verfluchte sich erneut, denn jetzt wurde ihm klar, dass er eine weitere elementare Regel gebrochen hatte, indem er Rivke sein Herz ausgeschüttet hatte, ohne vorher zu überprüfen, ob sie belauscht wurden.

Unbeeindruckt von seiner Nacktheit sprang Bond zum

Tisch in der Ecke, schnappte sich ein Glas und kehrte schnell zum Bett zurück. Dann flüsterte er Rivke zu: »Ich kann es jederzeit zerschlagen. Es ist überraschend, wie effektiv zerbrochenes Glas auf Fleisch sein kann.«

Sie nickte und lauschte weiter. Noch immer hörte Bond nichts. Dann, mit einer Plötzlichkeit, die selbst Bond überrumpelte, flog die Tür auf und Paula Vacker stand im Zimmer.

Sie bewegte sich lautlos – »wie ein geölter Blitz«, um es mit den Worten von Bonds Haushälterin May zu sagen. Bevor Rivke und Bond reagieren konnten, hatte sich Paula zwischen die beiden Betten gestellt. Bond erhaschte noch einen Blick auf seine eigene P7 Automatik, bevor Paula die beiden Lampen mit zwei schnell abgefeuerten Schüssen zerstörte.

»Was …?«, begann Bond, als ihm klar wurde, dass dies kaum einen Unterschied machte, weil das meiste Licht ohnehin von der Deckenlampe kam.

»Sei einfach still«, riet ihm Paula. Sie bewegte sich zur Tür zurück, duckte sich, zog ein Bündel in den Raum und verschloss die Tür hinter sich. »Die Wanzen waren in den Glühbirnen der Bettlampen, James. Jedes Wort – deine ganze Unterhaltung mit der süßen kleinen Rivke hier – ist an Graf von Glöda übertragen worden.«

»Aber …«

»Genug.« Die P7 war auf Rivke, nicht Bond, gerichtet. Mit ihrem Fuß schob Paula das Bündel zu Bonds Bett. »Zieh das an. Du wirst für eine Weile Offizier in der Armee des Führers.«

Bond stand auf und öffnete das Bündel. Es enthielt Thermo-Unterwäsche, Strümpfe, einen dicker Rollkragenpullover und eine graue Winteruniform mit Jacke und Hose, dazu Stiefel, Handschuhe und eine Fellmütze. Schnell begann er, sich anzuziehen. »Was soll das alles, Paula?«

»Erklär ich später«, fauchte sie. »Mach einfach weiter. Wir müssen uns beeilen. Kolja ist abgehauen, also gibt es nur noch uns beide. Komplizen, James. Zumindest werden wir hier rauskommen.«

Bond war fast angezogen. Er stellte sich an die Türseite des Betts. »Was ist mit Rivke?«

»Was soll mit ihr sein?«

»Wir können sie nicht rausschaffen. Auf welcher Seite stehst du eigentlich?«

»Überraschenderweise auf deiner, James. Das ist mehr, als man über die Tochter des Führers sagen kann.«

Noch während sie das sagte, setzte sich Rivke in Bewegung. Paula trat einen Schritt zurück. Bond sah, wie Rivke mit erschreckender Leichtigkeit ihre Beine aus dem Streckverband zog und sich aus dem Bett schwang. In der Hand hielt sie eine kleine Pistole. An ihrem Körper war nicht eine einzige Wunde, und die angeblich gebrochenen Beine funktionierten wie die eines Athleten. Paula fluchte und befahl Rivke, die Waffe fallen zu lassen.

Bond, der noch dabei war, das letzte Kleidungsstück anzulegen, sah die ganze Sache wie in Zeitlupe: Rivke in nicht mehr als einer Unterhose, hob die Pistole, während ihre Füße den Boden berührten, Paula ging in Schussposition, Rivke bewegte sich weiter vorwärts, dann der Knall der P7, eine Rauchwolke und Rivkes Gesicht löste sich in einem feinen Nebel aus Blut und Knochen auf, während ihr Körper durch die Wucht des Schusses zurück aufs Bett geschleudert wurde.

Dann der Geruch von Schwarzpulver.

Paula fluchte erneut. »Das wollte ich vermeiden, wegen des Lärms.«

Es war einer der wenigen Momente in Bonds Leben, in denen er das Gefühl hatte, keinerlei Kontrolle mehr zu haben. Er hatte begonnen, sich in Rivke zu verlieben. Er kannte Paulas Verrat. Er bereitete sich auf einen letzten verzweifelten Versuch vor: einen Sprung nach Paulas Waffenarm. Aber sie warf ihm die P7 einfach zu und schnappte sich Rivkes kleine Pistole.

»Die nimmst du besser, James. Vielleicht wirst du sie brauchen. Wir könnten Glück haben. Ich habe den Schlüssel der Krankenschwester gestohlen und ihr irgendeinen idiotischen Auftrag gegeben, um sie fortzuschicken. In diesem Flügel ist niemand, also vielleicht wurde der Schuss nicht gehört. Aber wir müssen uns jetzt wirklich beeilen.«

»Wovon sprichst du?«, fragte Bond. Noch während er sprach, dämmerte ihm die Wahrheit.

»Das erzähle ich dir alles später, verstehst du das denn nicht? Du hast ihnen unter der Folter nichts verraten, also haben sie dich hier mit Rivke zusammengesteckt. Du hast seiner Tochter alles verraten, weil du ihr vertraut hast. Sie ist Papas kleiner Liebling, ist sie immer schon gewesen. Soweit ich verstanden habe, wollte sie irgendwann der erste weibliche Führer werden. Kommst du jetzt endlich? Ich muss versuchen, dich hier rauszuschaffen. Ich habe doch gesagt, wir sind Komplizen.«

17

EIN DEAL IST EIN DEAL

Über der Uniform, in der Bond Paula das letzte Mal gesehen hatte, trug sie nun einen schweren, aber gut geschnittenen Mantel. Die Stiefel waren unter dem Mantel sichtbar, und um den Effekt noch zu verstärken, hatte sie eine militärische Fellmütze aufgesetzt.

Bond warf einen Blick auf das Bett, in dem Rivke bis eben noch gelegen hatte. Die Gipsbeine im Streckverband waren offensichtlich leere Fälschungen, was Paulas Anschuldigungen unterstützte. Der Anblick an der Wand dahinter – ein surrealistisches Gemälde aus Blut und Hirn – verursachte ihm ein wenig Übelkeit. Man konnte Rivke noch im Raum riechen.

Er wandte sich ab und nahm die Offiziersmütze, die Paula für ihn besorgt hatte. Während des gesamten Verlaufs der *Operation Eisbrecher* hatten die Beteiligten mehrfach die Seiten gewechselt. Paulas wahre Absichten kannte er noch immer nicht, aber zumindest schien sie ihn ernsthaft aus dem Bunker schaffen zu wollen. Das bedeutete, Distanz zwischen sich und von Glöda zu bringen, was eine höchst verlockende Aussicht darstellte.

»Soweit es die Wachen betrifft, handle ich ihm Auftrag des Führers«, sagte Paula. »Es gibt einen Standardpassierschein für jeden von uns.« Sie reichte ihm eine kleines weißes Stück Plastik, ähnlich einer Kreditkarte. »Wir gehen nicht in die Nähe der Hauptwerkstätten oder der Waffenlager. Behalte den Kopf unten, falls wir jemandem begegnen, der dich schon gesehen hat, und bleib dicht hinter mir. Überlass mir das Reden, James. Wir kommen nur durch den kleinen Bunker ins Freie, aber die Chancen stehen sehr gut. Sie rennen wie aufgescheuchte Hühner durcheinander, seit von Glöda den Marschbefehl gegeben hat – *nachdem* du Rivke alles ausgeplaudert hast …«

»Was das angeht, ich …«, begann Bond.

»Nicht jetzt«, unterbrach ihn Paula. »Alles zu seiner Zeit. Vertrau mir einfach mal. Wie du bin ich hier auch nicht zum Spaß.« Ihre behandschuhten Finger legten sich eine Sekunde auf seinen Arm. »Glaub mir, James, sie haben dich erwischt, indem sie dieses Mädchen benutzt haben, und ich konnte dich nicht warnen. Der älteste Trick der Welt. Stecke einen Gefangenen mit jemandem, dem er vertraut, in einen Raum und belausche die Unterhaltung.« Sie lachte. »Ich war bei von Glöda, als sie ihm die Abhörbänder gebracht haben. Er ist vor Freude in die Luft gesprungen. Idiot – er war sich so sicher, dass er sich keine Sorgen machen musste, weil du seine Folter überstanden hast, ohne etwas zu sagen. Und jetzt bleib dicht hinter mir, James.«

Paula schloss die Tür auf, und sie betraten den Korridor. Sie warteten einen Moment, während Paula die Tür schnell von außen wieder abschloss. Der Gang war leer und weiß gefliest – steril mit einem Hauch Desinfektionsmittel in der Luft. Nach links und rechts ging es zu anderen kleinen Krankenhausabteilungen, und am Ende des Gangs – der zu ihrer Linken lag – befand sich eine Stahltür. Von Glöda war auf jeden Fall sehr organisiert.

Paula ging zur Stahltür voran. »Halte die Waffe außer Sichtweite, aber sei auf Custers letztes Gefecht gefasst«, warnte sie ihn. »Wenn wir in eine Schießerei geraten, stehen unsere Chancen nicht so gut.« Ihre eigene Hand steckte tief in ihrer rechten Manteltasche, wo sie Rivkes Pistole aufbewahrte.

Der Gang war hübsch geschmückt – Tapeten und ein paar gerahmte Bilder ähnlich denen, die Bond vor von Glödas persönlichem Arbeitszimmer gesehen hatte. Allein daraus schloss er, dass sie sich tief im Inneren des Bunkers befanden, wahrscheinlich parallel zu den Gängen, durch die man zum Büro des Führers gelangte.

Paula bestand darauf, ein wenig vorauszugehen. Bond, dessen behandschuhte Finger auf der P7 in seiner Tasche lagen, blieb immer zwei Schritte hinter Paula. Es war fast die Standardposition für einen Leibwächter.

Nach ein paar Minuten teilte sich der Gang. Paula wandte sich nach rechts und stieg die mit Teppichboden ausgekleideten Stufen hinauf. Die Treppe war steil und führte zu einem sehr kurzen Stück Flur, an dessen Ende eine Doppeltür mit kleinen Sichtfenstern wartete. Durch diese gelangten sie in einen Hauptgang. Hier herrschten wieder die nackten Wände und die sichtbaren Versorgungsleitungen vor. Paula sah alle paar Sekunden über ihre Schulter, um sicherzugehen, dass Bond noch hinter ihr war. Dann bogen sie nach links ab, und

Bond spürte, dass es leicht bergauf ging.

Als der Anstieg steiler wurde, erreichten sie einen Laufsteg zur Rechten, ähnlich dem, über den sie den Bunker betreten hatten, einschließlich des Handlaufs. Hier gingen, genau wie bei dem größeren Eingang, Gänge zu den Seiten ab. Zum ersten Mal, seit er den Krankenhausbereich verlassen hatte, hörte Bond Geräusche – Stimmen, Schritte, einen gelegentlichen Ruf oder den Klang von Stiefeln.

Als er in die Seitengänge blickte, sah Bond alle Anzeichen gehetzter, wenn auch kontrollierter Aktivität. Männer trugen persönliche Habseligkeiten, Metallschränke, Schachteln und Ordner umher. Andere schienen Offiziere zu sein und schleppten sogar Koffer. Die meisten strebten nach links, was Bonds Orientierungssinn bestätigte. Er war sich jetzt sicher, dass sie sich im Haupttunnel befanden, der sie zu dem kleineren Bunkereingang bringen würde.

Eine Gruppe von sechs Soldaten kam ihnen entgegen. Doch sie salutierten Paula und Bond nur zu und marschierten weiter.

Nun stand zwischen ihnen und der Freiheit nur noch eine kleine Truppe an der letzten Hürde. Der Tunnel endete abrupt in einem massiven Stahlrolltor. In der Nähe der Decke konnte Bond die Hydraulik erkennen, die das Rolltor öffnete, aber an der rechten Seite befand sich außerdem eine kleine, mit einem schweren Bolzen versperrte Tür.

»Jetzt gilt's«, murmelte Paula. »Sei überzeugend. Nicht zögern, und lass mich um Gottes willen reden. Sobald wir hier raus sind, geh nach links.«

Als sie sich dem Eingang näherten, sah er, dass die Truppe

aus einem Offizier und vier Männern bestand, die alle bewaffnet waren. Neben der Tür stand eine kleine Maschine – wie eine Fahrkartenkontrolle in der U-Bahn.

Vier Schritte vom Ausgang entfernt sagte Paula auf Deutsch: »Lassen Sie uns raus. Wir sind im persönlichen Auftrag des Führers unterwegs.«

Einer der Soldaten ging zur Tür und der Offizier trat einen Schritt vor, neben die Maschine. »Haben Sie beide einen Passierschein?«

Sie standen jetzt sehr nah.

»Natürlich«, sagte Paula. Sie zeigte ihm die Plastikkarte. Bond tat es ihr nach.

»Gut.« Der Offizier hatte das humorlose Gesicht eines Bürokraten, der alles streng nach Vorschrift machte. »Wissen sie etwas über diesen plötzlichen Marschbefehl? Wir haben nur Gerüchte gehört.«

»Ich weiß eine ganze Menge.« Paulas Stimme wurde hart. »Sie werden zu gegebener Zeit informiert.«

Jetzt standen sie vor dem Offizier. »Es heißt, wir sollen innerhalb von vierundzwanzig Stunden unsere Zelte hier abbrechen. Ziemlich schweißtreibend.«

»Wäre nicht das erste Mal«, erwiderte Paula vollkommen emotionslos, während sie ihm ihre Karte reichte.

Der Offizier nahm beide Passierscheine in Empfang, steckte sie einen nach dem anderen in einen kleinen Schlitz an der Maschine und wartete, während eine Reihe von Lämpchen aufblinkte, um schließlich zwei Mal zufrieden zu summen.

»Viel Glück mit Ihrer Mission.« Er gab ihnen die Karten

wieder. Bond nickte. Der Soldat an der Tür zog bereits den Riegel zurück. Paula dankte dem Offizier und Bond folgte ihrem Beispiel, indem der den Nazigruß machte. Hacken wurden zusammengeschlagen und Befehle erteilt, während die Tür aufschwang. Ein paar Sekunden später waren sie draußen, und die beißende Kälte traf sie wie ein Eisregen. Es war dunkel, und Bond – der keine Armbanduhr trug – hatte jegliches Zeitgefühl verloren. Er konnte nicht sagen, ob es später Nachmittag oder früh am Morgen war. Die vollkommene Dunkelheit vermittelte den Eindruck, dass es mitten in der langen arktischen Nacht war.

Sie gingen nach links und folgten den kleinen blauen Lichtern an der Außenmauer des Bunkers. Unter dem Schnee konnte Bond das harte Metall der »Maschendrahtstraße« spüren, die um den Kommandoposten herum ausgelegt worden sein musste. Auf der Startbahn sah es bestimmt ähnlich aus.

Die Haupttore des Bunkers ragten vor ihnen auf, und als sie an ihnen vorbeigingen, wurde Bond klar, wohin Paula ihn brachte – zu dem kleinen Betonbunker, in dem die Schneemobile aufbewahrt wurden. Jetzt erkannte er auch das kleine Wäldchen zu seiner Rechten wieder und erinnerte sich, wie Kolja ihn hergelockt hatte, um ihn gefangen nehmen zu lassen.

Paula schien an alles gedacht zu haben. Sobald sie das kleine Gebäude erreicht hatte, zog sie einen Schlüsselring hervor.

Die Garage roch nach Benzin und Öl, und der Schalter am Tor sorgte nur für trübes Licht. Die Schneemobile waren ordentlich geparkt und wirkten wie gigantische Insekten, die sich im Winterschlaf zusammengedrängt hatten.

Paula ging zum ersten, das ihrer Absicht genügte – einer langen schwarzen Yamaha, viel größer als die, auf denen Kolja sie über die Grenze geführt hatte.

»Es macht dir doch nichts aus, wenn ich fahre.« Paula überprüfte bereits den Benzinstand. In diesem schwachen Licht konnte sich Bond nicht sicher sein, meinte aber, ein verschmitztes Lächeln auf Paulas Gesicht zu erkennen. »Und wohin fahren wir, Paula?«

Sie sah auf und starrte Bond an. »Meine Leute haben etwa zehn Kilometer entfernt einen Beobachtungsposten.« Sie zeigte Richtung Süden. »Er ist teilweise bewaldet, aber hoch gelegen. Von dort kann man den ganzen Eispalast und die Landebahn sehen.« Sie hievte das Schneemobil in Position, sodass sie gerade durch die Tür hinausfahren konnten. Bonds Hand schloss sich um den Griff seiner P7. »Du musst mir verzeihen, Paula. Wir kennen uns schon lange, aber mein Eindruck ist, dass du irgendwie mit von Glöda oder Kolja unter einer Decke steckst. Diese Operation war von Anfang an nicht das, was sie zu sein schien. Niemand war das, was er zu sein vorgab. Ich würde nur gerne wissen, auf welcher Seite du stehst und wer ›deine Leute‹, von denen du gesprochen hast, wirklich sind.«

»Ach, komm schon, James. Alle unsere Akten über dich sagen, dass 007 einer der besten britischen Agenten ist. Ach nein, du bist ja gar nicht mehr offiziell 007, oder?«

Langsam zog Bond seine P7 hervor. »Paula? Meine Instinkte sagen mir, dass du für den KGB arbeitest.«

Sie legte den Kopf in den Nacken und lachte. »KGB? Falsch, James. Komm schon, wir haben nicht viel Zeit.«

»Ich komme mit, sobald du es mir gesagt hast. Ich erwarte hinterher Beweise – selbst wenn du vom KGB bist.«

»Du Idiot.« Sie lachte gutmütig. »James, ich gehöre zur SUPO, und zwar seit weit vor unserer ersten Begegnung. Tatsächlich war es kein Zufall, dass wir uns kennengelernt haben. Dein eigener Geheimdienst ist inzwischen informiert.«

SUPO? Vielleicht stimmte das, SUPO war die Abkürzung für Suojelupoliisi – die für den Staatsschutz zuständige Sicherheitspolizei. Praktisch der finnische Geheimdienst.

»Aber …«

»Ich werde es dir innerhalb der nächsten paar Stunden beweisen«, versprach sie. »Doch jetzt lass uns endlich abhauen, James. Es gibt eine Menge zu tun.«

Bond nickte. Er setzte sich hinter Paula auf das Schneemobil. Sie startete den Motor, legte einen Gang ein und fuhr langsam aus dem Bunker. Sobald sie draußen waren, stieg sie ab, um das Tor hinter ihnen zu schließen. Innerhalb weniger Sekunden waren sie dann zwischen den Bäumen verschwunden.

Eine gute Minute lang schaltete Paula nicht mal den Scheinwerfer ein. Danach klammerte er sich nur noch verzweifelt fest. Sie fuhr die Yamaha, als wäre sie ein Teil ihres Körpers, mit einer Genauigkeit, die Bond den Atem raubte. Sie hatte eine Schutzbrille aufgesetzt und war dick eingepackt, doch Bonds einziger Schutz war Paulas Körper, während der Wind ihnen entgegenpeitschte.

Seine Arme waren fest um ihre Taille gewickelt. Irgendwann nahm Paula lachend ihre Hände vom Steuer und hob Bonds Arme, sodass seine Hände nun dort lagen, wo sich unter dem dicken Mantel ihre Brüste befanden.

Ihre Route war alles andere als leicht. Sie fuhren am Fuß eines Hügels entlang, durch dicht stehende Bäume, dann rasten sie den Abhang hinauf, immer im Zickzack, um den Bäumen auszuweichen. Und doch bremste Paula selten. Trotz ihrer verrückten und zum Teil gefährlichen Manöver behielt sie stets die Kontrolle über die Maschine.

Endlich wurde sie langsamer, als sie auf einen natürlichen Pfad fuhr. Plötzlich erhoben sich neben dem Weg zwei Gestalten. Da seine Augen inzwischen an die Dunkelheit gewöhnt waren, konnte er gegen den Schnee Maschinenpistolen erkennen.

Paula blieb stehen und hob einen Arm. Bond tastete nach seiner P7. Es folgte eine kurze gemurmelte Unterhaltung zwischen Paula und dem größeren der beiden Männer, der eine Samentracht und einen großen Schnurrbart trug, der ihn noch stärker nach einem Straßenräuber aussehen ließ.

Der andere war lang und schmal und hatte eines der bösesten Gesichter, die Bond jemals gesehen hatte – scharf und wieselähnlich, mit kleinen Augen und einem bohrenden Blick, der wild umherwanderte. Bond hoffte um seinetwillen, dass Paula wirklich die Wahrheit gesagt hatte. Er wäre diesen beiden wirklich nur ungern ausgeliefert.

»Sie haben sich von den beiden Koten hier oben ferngehalten«, sagte Paula zu Bond. »Insgesamt habe ich hier vier Männer. Zwei waren regelmäßig unterwegs, um die Funkausrüstung zu kontrollieren und die Feuer am Laufen zu halten.

Wie es scheint, ist alles sicher. Die beiden anderen sind gerade im Lager. Ich habe gesagt, wir werden direkt zu den Koten gehen – du wirst Hunger haben, und ich muss über Kurzwelle eine Nachricht nach Helsinki schicken. Sie werden sie nach London weiterleiten. Willst du deinem Chef M etwas mitteilen?«

»Nur Einzelheiten darüber, was hier vor sich geht und wo ich bin. Wissen wir, wohin von Glöda verschwinden will?«

»Das sage ich dir, nachdem ich mit Helsinki gesprochen habe«, erklärte sie, während sie die Maschine erneut startete.

Bond nickte energisch. »Okay.« Sie bewegten sich in Schrittgeschwindigkeit, und die beiden Samen gingen vor und hinter ihnen. Bond lehnte sich vor und flüsterte: »Paula, wenn du mich reinlegst, bringe ich dich um.«

»Halt die Klappe und vertrau mir. Denn ich bin hier die *Einzige*, der du vertrauen kannst. Verstanden?«

Ein paar Schritte von den Bäumen entfernt standen zwei Zelte am Bergkamm. Die Rentierhaut, die ihren an einen Wigwam erinnernden Aufbau bedeckte, sah gegen den Schnee schwarz aus. Von unten würde man sie zwischen den hohen Tannen und Kiefern nur schwer entdecken können, dachte Bond. Paula hielt die Yamaha an, und sie stiegen ab.

»Ich werde jetzt direkt das Funkgerät benutzen.« Paula deutete auf die rechte Kote, und Bond bemerkte zwischen den Stangen an der Spitze eine Antenne.

»Da drin sind meine anderen beiden Jungs. Ich habe Aslu angewiesen, draußen Wache zu halten.«

Sie deutete auf den böse wirkenden Samen. »Niiles wird mit dir zur anderen Kote gehen. Dort gibt es Essen.«

Der Same mit dem großen Schnurrbart – Niiles – grinste und nickte ermunternd. Seine Maschinenpistole deutete auf den Boden.

»In Ordnung, Paula«, sagte Bond. Der Geruch von Holzrauch erreichte ihn, noch bevor er die Kote erreicht hatte. Niiles hob ein Stück Rentierhaut und schaute hinein. Als er nachgesehen hatte, ob alles sicher war, winkte der Same Bond zu sich. Zusammen betraten sie die Kote, und sofort begannen Bonds Augen durch den Rauch zu tränen. Er hustete, wischte sich über die Augen und sah sich um. Der dünne Rauchnebel stieg langsam zur Öffnung an der Spitze des Zeltdachs. Er war vermischt mit einem starken und köstlichen Essensgeruch, und schnell gewöhnten sich Bonds Augen an die neuen Lichtverhältnisse, um Schlafsäcke, Decken und Teller zu erkennen, die sorgfältig im Zelt verstaut waren.

Niiles legte seine Waffe ab und bedeutete Bond, sich zu setzen. Er zeigte auf den Topf, der über dem Feuer brodelte. Das Lagerfeuer brannte in einem Quadrat, das man aus dem Boden gegraben hatte. Niiles berührte seinen Mund. »Essen.« Er nickte freudig. »Essen. Gut. Du essen.«

Bond nickte zurück.

Niiles nahm einen Teller und einen Löffel, ging zum Feuer, beugte sich über den Topf und begann, den Teller mit etwas zu füllen, das wie Eintopf aussah.

Im nächsten Moment lag der Same schreiend im Feuer. Man hatte ihm die Füße weggezogen. Eine der Decken schien menschliche Gestalt angenommen zu haben, aber bevor Bond seine Pistole ziehen konnte, erklang auf der anderen Seite des Feuers leise Koljas Stimme.

»Denken Sie nicht mal daran, James. Sie werden tot sein, bevor Ihre Hand den Griff berührt.« Dann sagte er etwas auf Finnisch zu Niiles, der aus dem Feuer gerollt war und nun seine verbrannte Hand umklammerte.

»Ich hätte es wissen sollen.« Bond sprach ebenso leise wie Kolja. »Es war alles zu leicht. Paula hat mich ganz schön an der Nase herumgeführt.«

»Paula?« Koljas Gesicht war einen Augenblick im Schein des Feuers gut zu erkennen.

»Ich habe diesem Banditen hier gesagt, dass er mir seine Maschinenpistole geben soll. Ich werde ihn töten, wenn er eine Dummheit macht. Ich persönlich wäre gerne besser bewaffnet, wenn Paula hereinkommt. Sehen Sie, James, ich bin allein. In der Unterzahl. Aber ich habe Freunde, die auf mich warten, und ich habe nicht vor, mit leeren Händen nach Moskau zurückzukehren.«

Im Hinterkopf begann Bond, das auf der Hand liegende Problem zu bearbeiten – sollte er versuchen, Paula zu warnen? Wie konnte er hier und jetzt mit Kolja Mosolow fertigwerden? Sein Blick wanderte im dunklen Zeltinneren umher, während Niiles – der furchtbare Schmerzen haben musste – die automatische Waffe mit dem Fuß in Koljas Richtung schob.

»Und ich nehme an, ich soll mitkommen?« Bond starrte weiter durch das Halbdunkel.

»Das war die Abmachung, die ich mit diesem faschistischen Schwein von Glöda getroffen habe.« Koljas Lachen klang aufrichtig. »Er dachte wirklich, dass er damit davonkommt, von der Sowjetunion aus eine Nazi-Operation zu leiten.«

»Nun, er hat es getan. All seine terroristischen Operationen waren erfolgreich. Er hat russische Waffen benutzt und nun entkommt er.«

Langsam schüttelte Kolja seinen Kopf. »Von Glöda hat keine Möglichkeit, zu entkommen.«

»Er wollte mich mitnehmen. In seinem Privatjet. Vielleicht ist er schon fort.«

»Nein. Ich habe zugesehen und zugehört. Sein geliebter kleiner Privatjet hat die Startbahn noch nicht verlassen und wird es auch vor Sonnenaufgang nicht versuchen. Wir haben noch zwei Stunden.«

Zumindest hatte Bond nun eine ungefähre Zeitvorstellung. »Wie wollen Sie ihn aufhalten?«, fragte er geradeheraus.

»Das alles läuft schon. Von Glöda hat eine militärische Macht auf sowjetischem Boden. Sie wird im Morgengrauen ausgebombt werden. Unsere Luftstreitkräfte werden diesen Bunker in ein Inferno verwandeln.« Im Schein der Flammen veränderte sich Koljas Gesicht. »Leider wird unsere Basis in Blue Hare dabei ebenfalls zerstört werden. Ein unglücklicher Fehler, aber er löst all unsere Probleme.«

Bond dachte einen Augenblick nach. »Sie werden also von Glöda und seine kleine Armee ausschalten. Sie brechen Ihren Teil der Abmachung, halten aber seinen?«

»Mein lieber James – ein Deal ist ein Deal. Manchmal haut es für einen der Teilnehmer eben nicht so hin wie gewünscht. Wie könnte ich Sie gehen lassen, mein Freund? Besonders, nachdem meine Abteilung – die Sie noch als SMERSCH kennen – schon so lange versucht, Sie zu erwischen. Nein, meine Abmachung mit von Glöda war immer schon ein wenig einseitig.«

18

DIE FECHTER

Es folgten einige Sekunden Schweigen, dann sprach Mosolow ein paar Worte mit dem vor Schmerzen stöhnenden Niiles.

»Kein Grund, gutes Essen verkommen zu lassen«, bemerkte Kolja Mosolow. »Ich habe ihm gesagt, er soll den Kessel wieder aufrichten und das Feuer neu anfachen. Ich glaube nicht, dass er etwas Dummes anstellen wird. Sie sollten wissen, dass ich ein paar meiner Männer hier habe und dass sie Paula bereits überwältigt haben. Ich denke, es ist also am besten …« Er hielt mitten im Satz inne und schnappte nach Luft.

Der Rauch verdichtete sich einen Augenblick, dann hatte Niiles das Feuer entfacht. Bond sah, dass Mosolows Kopf zurückgezogen wurde. Eine Hand griff nach seinem Haar, während eine andere ein funkelndes Rentiermesser an seine Kehle hielt. Die Flammen begannen zu prasseln, und hinter Koljas Schulter war nun das böse Gesicht von Aslu zu erkennen.

»Tut mir leid, James.« Paula stand mit einer schweren Maschinenpistole in der Hand im Zelteingang. »Ich wollte es dir nicht sagen, aber meine Jungs haben gesehen, wie sich Kolja vor ein paar Stunden hier reingeschmuggelt hat. Du warst mein Lockvogel.«

»Das hättest du mir ruhig sagen können.« Bonds Stimme klang bitter. »Ich bin daran gewöhnt, als Köder missbraucht zu werden.«

»Es tut mir wirklich leid.« Paula betrat die Kote. »Wir hatten auch noch andere Probleme. Genosse Mosolow hatte ein paar Spielkameraden mitgebracht. Sechs von ihnen. Aslu und Niiles haben sich um das kleine Grüppchen gekümmert, nachdem sie gesehen hatten, wie sich Kolja hier drin versteckt hat. Darum bin ich jetzt eine freie Frau und keine KGB-Gefangene …«

»Es gibt noch viel mehr …«, begann Mosolow, besann sich dann aber eines Besseren.

»Seien Sie vorsichtig, Kolja«, sagte Paula fröhlich. »Das Messer, das Aslu an Ihre Kehle hält, ist so scharf wie eine Guillotine. Er könnte Ihnen mit einem gut ausgeführten Streich den Kopf abschneiden.« Sie wandte sich an Niiles und sprach ein paar schnelle Worte.

Auf dem Gesicht des großen Samen breitete sich ein Grinsen aus. Der Ausdruck wirkte im flackernden Feuerschein teuflisch. Er ging zu Mosolow, holte sich seine eigene Maschinenpistole zurück und durchsuchte den Russen. Dabei achtete er auf seine verbrannte Hand.

»Sie sind wie ein Haufen Kinder«, meinte Paula. »Ich habe ihnen gesagt, dass sie ihn ausziehen, in den Wald bringen und an einen Baum fesseln sollen.«

»Sollten wir ihn nicht besser so lange wie möglich bei uns

behalten?«, schlug Bond vor. »Du hast gesagt, er hatte Verstärkung.«

»Um die wir uns gekümmert haben.«

»Es könnten noch mehr sein. Im Morgengrauen wird es einen Luftangriff geben. Nachdem ich Kolja schon mal in Aktion gesehen habe, möchte ich ihn nur ungern wieder aus den Augen lassen.«

Paula dachte einen Moment nach. Dann gab sie den Samen neue Befehle. Kolja schwieg, fast trotzig, als sie seine Hände und Füße fesselten, ihm einen Knebel verpassten und ihn in eine Ecke der Kote schubsten.

Paula nickte Bond zu und führte ihn zum Ausgang. Vor dem Zelt senkte sie ihre Stimme. »Du hast natürlich recht. Es könnten sich noch mehr seiner Männer hier herumtreiben. Am besten behalten wir ihn hier. Wir sind erst in Finnland wieder sicher. Aber …«

»Aber du willst genau wie ich sehen, was mit dem Eispalast passiert.« Bond lächelte.

»Genau«, gab sie zu. »Sobald das vorüber ist, können wir ihn losbinden und ihn von seinen Freunden finden lassen – außer du willst seinen Kopf mit nach London nehmen.«

Bond erwiderte, dass es eine ziemliche Belastung wäre, Mosolow mitzuschleppen. »Wir werden ihn besser los, bevor wir abreisen«, war sein endgültiges Urteil. In der Zwischenzeit hatten sie noch Arbeit vor sich – Paulas Meldung nach Helsinki und Bonds an M.

Im Funkzelt begann Bond seine Taschen abzutasten.

»Suchst du nach denen?« Paula hielt ihm das Zigarettenetui und sein Feuerzeug hin.

»Du denkst auch an alles.«

»Vielleicht kann ich dir das später noch beweisen.« Trotz der Anwesenheit der Samen im Funkzelt legte Paula Vacker Bond die Hand in den Nacken und küsste ihn. Erst sanft, dann voller Leidenschaft.

Sie hatten einen leistungsstarken Kurzwellentransmitter mit der Möglichkeit, zu morsen oder zu sprechen. Außerdem konnte er eine Übertragung aufzeichnen und im Bruchteil einer Sekunde durchlaufen lassen, damit sie auf der anderen Seite wieder verlangsamt und dekodiert werden konnte. Diese Botschaften klangen in den Ohren möglicher Lauscher wie Piepsen und Rauschen.

Bond sah ein paar Minuten zu, wie Paula ihre eigene Meldung an Helsinki übermittelte. Es bestand kein Zweifel, dass sie für die SUPO arbeitete – etwas, das er schon vor Jahren hätte herausfinden müssen, in Anbetracht der Tatsache, wie lange sie sich schon kannten. Er hatte bereits nach ihrem Decknamen gefragt, und hatte erfreut erfahren, dass sie in dieser Operation gegen von Glöda als Vuobma bekannt war, dem alten samischen Wort für die Einfriedung, in der man Rentiere fing und für die Zucht hielt.

Da seine ganze Ausrüstung – mit Ausnahme der Heckler & Koch P7 – verschwunden war oder sich im Kofferraum des Saabs vor dem Hotel Revontuli befand, konnte Bond sein Signal nicht verschlüsseln. Während Paula an dem Transmitter arbeitete, stand einer der zwei Samen neben ihr. Der andere behielt draußen den Bunker und die Startbahn im Auge.

Schließlich gelang es Bond, eine angemessene Klarnachricht zu verfassen:

ÜBER GCHQ CHELTENHAM AN M STOPP EISBRECHER ZERBROCHEN ABER ZIEL SOLLTE HEUTE IM MORGENGRAUEN ERREICHT WERDEN STOPP KEHRE SO SCHNELL WIE MÖGLICH ZURÜCK STOPP SEHR DRINGEND WIEDERHOLE SEHR DRINGEND STOPP HOLEN SIE IHRE BESTE FLASCHE AUS DEM KELLER STOPP ICH ARBEITE MIT VUOBMA ZUSAMMEN 007 ENDE

Das 007 würde ein paar erhobene Augenbrauen zur Folge haben, aber das war nicht zu ändern. Seine Anweisung, den Gefangenen zu verlagern, war ziemlich offensichtlich. Nicht die beste Nachricht, aber sollte ein NSAA-Mitglied das Signal abfangen, würden sie wahrscheinlich ohnehin schon wissen, wo sich Ms Gefangener befand. Diese Botschaft würde, falls sie abgefangen wurde, lediglich auf den Umstand hinweisen, dass er verlegt werden würde. So kurzfristig und ohne seine Ausrüstung war es das Beste, was Bond tun konnte. Als Paula ihre Meldung beendet hatte, nahm sie Bonds Blatt Papier, fügte eine Kodierung hinzu, um sicherzustellen, dass die Nachricht über ihre eigene Kommunikationsabteilung nach GCHQ, Cheltenham ging, und schickte sie durch.

Als all das getan war, hielten sie eine Besprechung ab. Bond schlug vor, wie man den Bunker am besten rund um die Uhr bewachen konnte. Der Luftschlag im Morgengrauen stand bei ihm an erster Stelle. Danach war es notwendig, so schnell wie möglich zu verschwinden, Kolja Mosolow loszuwerden und die Grenze zu überqueren.

»Findest du den Weg zurück?«, fragte er Paula.

»Mit verbundenen Augen. Ich gebe dir später alle Informationen, aber was das angeht, gibt es keine Probleme. Außer dass wir von hier aus aufbrechen und dann mit dem Grenzübergang warten müssen, bis es dunkel genug ist.«

Durch Paula wies Bond an, das Funkzelt abzubauen und wegzupacken – die vier Samen hatten ihre Schneemobile in der Nähe versteckt – und organisierte Ruhepausen, wobei einer der Samen die Aufgabe erhielt, sie rechtzeitig zu wecken, um die andere Kote vor Sonnenaufgang abzubauen.

»Mosolow ist natürlich eine Belastung«, erklärte er. »Aber wir werden ihn so lange wie möglich bei uns behalten.«

Paula zuckte mit den Schultern. »Überlass das meinen Jungs. Sie werden sich schon um Kolja kümmern«, murmelte sie. Aber Bond wollte nicht, dass der Russe getötet wurde, außer es war unvermeidlich, also wurden Vorkehrungen getroffen und Anweisungen erteilt.

Während das Funkzelt auseinandergebaut wurde, gingen sie zur verbleibenden Kote zurück. Der Wind trug einen unheimlichen lang gezogenen Laut zu ihnen, gefolgt von einem weiteren ähnlich klingenden.

»Wölfe«, sagte Paula. »Auf der finnischen Seite hatte unsere Grenzpolizei ein Rekordjahr. Seit Weihnachten jede Woche mindestens ein Paar Wölfe und drei Bären. Es war ein besonders harter Winter, und du darfst nicht glauben, dass Wölfe nicht gefährlich seien. Während eines schlimmen Winters, wenn Nahrung knapp ist, greifen sie alles an: Männer, Frauen, Kinder.«

Niiles, dessen verbrannte Hand inzwischen verbunden

war, hatte bereits Kolja gefüttert, den er in einer Ecke der Kote untergebracht hatte. Zuvor hatte Bond Paula noch gewarnt, dass sie unter keinen Umständen vor ihm Pläne diskutieren sollten. Sie ignorierten den Russen, auch wenn die ganze Zeit ein bewaffneter Same in der Nähe war, um ihn zu bewachen.

Niiles' Rentiereintopf erwies sich als köstlich, und sie aßen mit Genuss – der Same nickte und freute sich, dass es ihnen schmeckte. In der kurzen Zeit, die er in Paulas Beobachtungsposten war, hatte er eine große Bewunderung für ihre zähen samischen Assistenten entwickelt. Während sie aßen, holte Paula eine Flasche Wodka hervor, und sie stießen auf gutes Gelingen an, indem sie die kleinen Pappbecher zusammenbrachten und »*Kippos*« sagten, das finnische Äquivalent zu »Prost«. Nach dem Essen machte es sich Paula mit Bond in einem der größeren Schlafsäcke gemütlich. Mosolow schien eingedöst zu sein, und das Paar schlief ebenfalls nach ein paar zärtlichen Umarmungen. Irgendwann wurden sie von Aslu geweckt, der Bonds Schulter schüttelte. Paula war bereits wach und von Aslu darüber informiert worden, dass es am Bunker Aktivität gab. »Es ist noch eine gute halbe Stunde bis Sonnenaufgang«, verkündete sie.

»In Ordnung.«

Bond übernahm die Führung. Sie würden die Kote jetzt sofort auseinanderbauen, und einer der Samen im Schutz der Bäume bleiben, um Mosolow zu bewachen, während sich die Übrigen an den Beobachtungspunkt stellen würden. Nach nur fünf Minuten gesellten sich Paula und Bond zu Niiles, der zwischen Felsen und Schnee auf der Anhöhe lag und das Geschehen unter ihnen mit einem Nachtsichtgerät verfolgte. Hinter ihnen waren Paulas andere Männer leise damit beschäftigt, das Lager abzubauen. Bond sah, wie Kolja zwischen die Bäume gebracht wurde. Aslu stieß ihn mit einer Halbautomatik voran. Bond war über den Anblick erstaunt, selbst in diesem Halblicht, das den in etwa zwanzig Minuten beginnenden Sonnenaufgang ankündigte. Von Paulas Beobachtungsposten aus war die Sicht auf die kleine Lichtung zwischen den Bäumen und dem riesigen Felsdach des Bunkers uneingeschränkt. Es war nun offensichtlich, dass der Eingang zum Eispalast selbst in eine Felswand gebaut worden war. Er wirkte wie ein gigantischer Trittstein inmitten eines dichten Walds. Die Bäume waren nur so weit gefällt, um ein wenig offene Fläche vor den Haupteingängen zu haben, während andere Wege - durch Bäume, Felsen und Eis hindurchgeschnitten - als Routen um den Bunker zu höher gelegenem freiem Gelände dienten.

Nach Süden hin und über den Felsausläufer wurde der dichte Wald von sorgfältig errichteten Wegen durchbrochen, die zu einer breiten Startbahn führten. Von einem Flugzeug war nichts zu entdecken. Bond nahm an, dass sich die Mystère-Falcon und die beiden kleineren Flieger noch in verborgenen Hangars befanden.

In diesem Licht und auf diese Entfernung war es nicht möglich, die genaue Länge der Startbahn einzuschätzen. Bond wusste nur, dass ein Start zwischen Bäumen nicht viel Spielraum für Fehler ließ. Und doch hatte von Glöda sein Können in den meisten Dingen bereits bewiesen, daher war es unwahrscheinlich, dass die Startbahn ein echtes Risiko darstellte.

Unter ihnen machte sich von Glödas Privatarmee auf den Weg. Die Flutlichter waren eingeschaltet und die großen Tore, die zur Fahrzeugrampe tief im Inneren des Eispalasts führten, standen offen.

Paula sprach ein paar Worte mit Niiles, dann wandte sie sich an Bond: »Bis jetzt ist nichts herausgekommen. Weder Fahr- noch Flugzeuge. Obwohl Niiles gesagt hat, dass es zwischen den Bäumen eine Menge Truppenaktivität gibt.«

»Lass uns hoffen, dass Kolja gründlich war«, erwiderte Bond, »und die Russen sie rechtzeitig erwischen.«

»Wenn sie ankommen, graben wir uns besser in den Schnee ein und tun so, als seien wir Felsen«, murmelte Paula. »Ich denke, Koljas Instruktionen waren akkurat genug, aber wir wollen ja kein verirrtes Geschoss abbekommen.«

Sie hatte die Worte kaum ausgesprochen, als in der Ferne das Heulen eines Düsentriebwerks erklang – wie ein Wehklagen, das vom Wind herübergetragen wurde. Genau in diesem Moment ging im Osten die blutrot glühende Sonne auf. Sie sahen einander an, und Bond überkreuzte zwei behandschuhte Finger, um ihnen Glück zu wünschen. Dann versuchten sich alle drei Beobachter tiefer in den Schnee zu graben. Bond zitterte. Er hatte nicht bemerkt, wie kalt ihm war – er hatte die Elemente vergessen, während er sich auf den Bunker unter ihnen konzentriert hatte. Doch dann ging selbst dieser kurze Moment des Unwohlseins vorüber, als eine doppelte Explosion die Luft um sie herum erfüllte. Weit im Nordosten erschien eine Reihe helloranger Blitzte, und von den dicht beieinander stehenden Bäumen stieg eine Rauchwolke auf.

»Blue Hare«, sagte Paula laut, als müsste sie gegen den Lärm anschreien. »Sie haben …« Ihre nächsten Worte wurden wirklich übertönt. Die Überschallschockwellen der Flugzeuge über ihnen eilten den Maschinen voraus. Paula, Bond und Niiles wurden von einem verzehrenden Dröhnen umgeben – ein schrecklicher Vorbote dessen, was im Morgengrauen folgen würde.

Das erste Paar Kampfflugzeuge ging bis auf Baumhöhe herunter und flog nach rechts. Doch es wurde weder geschossen noch etwas abgeworfen. Sie sahen wie präzise Silberpfeile aus, mit großen Lufteinlassöffnungen, hohen Hecks, und Tragflächen, die zusammen mit dem Höhenleitwerk eine einzige lange, Auftrieb gebende Oberfläche bildeten. Wie von einer Hand dirigiert hoben die beiden Flugzeuge ihren Bug gen Himmel und schossen beängstigend steil hinauf, bis sie nur noch winzige silberne Punkte waren, die sich nach Norden entfernten.

»Fechter«, stieß Bond hervor.

»Was meinst du?« Paula runzelte die Stirn.

»Der NATO-Deckname für diese Flieger lautet Fechter.« Bonds Blick wanderte unablässig umher. Er suchte den Himmel nach der nächsten Welle ab, die, wie er wusste, den ersten Angriff bringen würde. »Das sind Su-19er. Sehr gefährlich. Bodenangriffskampfbomber. Die führen üble Schläge aus, Paula.« Im Hinterkopf konnte Bond die Details des Fechters wie bei einer Computeranzeige durchklicken. Antrieb: zwei Nachbrenner-Bypasstriebwerke, Schubklasse 9.525 kg. Geschwindigkeit: Mach 1,25 auf Meereshöhe, Mach 2,5 auf optimaler Höhe. Dienstgipfelhöhe: 18.288 Meter, Anfangssteigflug 12.192 Meter pro Minute. Bewaffnung: eine 23 mm. GSch-23-Doppellaufkanone auf niedrigerer Achse und mindestens sechs Pylonen für eine Auswahl an Luft-Luft-, Luft-Boden-, gelenkten und ungelenkten Geschossen. Kampfreichweite: 800 Kilometer mit voller Bewaffnung. Das alles zusammen ergab eines der effizientesten und tödlichsten Kampfflugzeuge der Welt. Selbst die optimistischsten NATO-Flieger konnten das nicht abstreiten. Nachdem sie ihr Ziel erfasst hatten, würden die beiden Piloten den Rest ihres Geschwaders kontaktieren und ihnen die nötigen Koordinaten und Instruktionen weitergeben. Die Piloten waren wahrscheinlich bereits über die Angriffsfolge informiert, und der kurze Erkundungsflug deutete darauf hin, dass er in einer Reihe von Sturzflügen im Winkel von etwa fünfundvierzig Grad erfolgen würde – vielleicht aus verschiedenen Richtungen. Bond dachte an die sowjetischen Piloten – hervorragende Männer, um die Fechter zu fliegen –, die sich wahrscheinlich gerade auf ihre Elektronik konzentrierten, auf Geschwindigkeit, Höhe, zeitliche Koordination und den Sturzflugwinkel. Sie machten ihre Waffen scharf, hatten unablässig den Himmel im Blick und schwitzten in ihren Anti-G-Anzügen und Helmen.

Das erste Anflugsdröhnen kam von ihrer Linken, fast sofort gefolgt von einem zweiten scheinbar direkt über ihnen. »Jetzt geht's los!« Bond sah, wie Paula ihren Kopf drehte, während er nach oben blickte. Im inzwischen hellblauen, klaren Himmel links von ihnen erschienen die doppelten Kondensstreifen. Er hatte recht gehabt. Die Fechter kamen paarweise und mit nach unten zeigendem Bug in einem klassischen Bodenangriffssturzflug. Sie sahen ganz klar, wie die ersten Raketen abgeschossen wurden – lange weiße Flammen, dann die orangen Spuren der tödlichen Munition. Zwei von jedem Flugzeug, alle vier trafen die Vorderseite des Bunkers und explodierten in riesigen orangen Feuerblüten, die sie sahen, lange bevor der ohrenbetäubende Donner ihre Ohren erreichte.

Die beiden ersten Kampfflieger verschwanden nach links, und das zweite Paar stürzte von Bonds und Paulas rechter Seite heran. Eine erneute Flammenblüte innerhalb des Zielbereichs. Die Geschosse gruben sich weit in den Fels, Stahl und Beton, bevor sie explodierten. Bond sah fasziniert zu und versuchte, die Waffentechnik zu identifizieren. Als das dritte Paar von ganz rechts heranflog, konnte er den Geschossen über ihre gesamte Flugbahn folgen. AS-7er, dachte er, bei der NATO Kerrys genannt. Sie kamen in verschiedenen Ausführungen, sowohl gelenkt als auch ungelenkt. Außerdem hatten sie auswechselbare Gefechtsköpfe, je nach Beschaffenheit des Ziels.

Nach nur drei Angriffen mit zwölf Kerry-Raketen sah der Eispalast aus, als würde er auseinanderfallen. Das Donnern der Explosionen hallte noch immer nach, und durch den unvermeidlichen Rauchmantel sahen sie das furchtbare dunkelrote Glühen von Feuer, das aus den offenen Haupttoren des Waffenlagers loderte.

Dann stieß eine vierte und fünfte Welle von Fechtern aus dem kalten Himmel. Ihre Raketen schienen einen Moment in der Luft zu verharren, dann schossen sie schnurgerade vorwärts, bis sie im Rauch und den Flammen verschwanden und mit einem Doppelknall explodierten, der mit jeder Rakete lauter zu werden schien.

Von ihrem Beobachtungspunkt aus konnten sich der Same, Paula und Bond einfach nicht von dem Anblick dieser absichtlichen Zerstörung abwenden. Der Himmel schien jetzt voller Flugzeuge zu sein – ein Paar folgte dem nächsten, mit der Genauigkeit eines eingespielten Teams. In ihren Ohren dröhnten die Überschallschockwellen, und in ihren Augen spiegelten sich die Lichtblitze wider, während die Raketen immer wieder ihr Ziel fanden.

Der Bunker wurde fast unsichtbar und seine Position war nur noch durch die schwarzen Rauchsäulen und die scharlachroten Flammenblüten innerhalb der dunklen Wolke auszumachen. Der Angriff, der wahrscheinlich erst seit sieben oder acht Minuten im Gange war, schien sich über Stunden zu ziehen. Schließlich kam ein weiteres Paar Fechter von links in einem ungewöhnlich niedrigen Angriffswinkel. Die Flieger hatten alle Raketen abgeschossen und begannen, Rauch und Flammen mit Kanonenfeuer zu überziehen.

Beide Flugzeuge flogen direkt durch den aufsteigenden Rauch. Gerade als sie in der schwarzen Wolke verschwunden waren, ertönte ein tiefes Dröhnen, gefolgt von einem fast vulkanischen Getöse. Zuerst dachte Bond, dass die Fechter über dem Ziel kollidiert waren. Doch dann verwandelte sich der schwarze Rauch in einen riesigen Feuerball, der weiter anschwoll, zuerst orange, dann weiß und schließlich scharlachrot. Der Boden erzitterte, und sie konnten spüren, wie sich Schnee und Erde unter ihnen bewegten, als sei wider alle Naturgesetze ein Erdbeben ausgelöst worden.

Während der Feuerball weiter aufstieg, peitschte Hitze gegen ihre Gesichter. Flammenzungen leckten nach ihnen und den Bäumen. Dann setzte der Kamineffekt ein wie ein Wirbelsturm, der das Ganze in ein gewaltiges Getöse einhüllte. Bond drückte Paulas Gesicht in den Schnee, während er sein eigenes ebenfalls begrub und den Atem anhielt. Die Hitze ließ schnell nach. Die beiden Kampfflieger waren fort. Verschwunden. Über sich konnten sie sehen, wie die anderen Flugzeuge an Höhe gewannen und zu kreisen begannen. Als Bond wieder herunterblickte, wurde das Bild klar.

Wo der Bunker gestanden hatte, befand sich jetzt nur noch ein riesiger Krater, umgeben von brennenden oder umgeknickten Bäumen. Aus der Tiefe drangen Flammen nach oben, und dazwischen konnte man inmitten der Trümmer immer wieder einen Blick auf unheimlich anmutende Reste Mauerwerk, Stufen und Stahlträger werfen. Es sah aus, als habe man ein zerbombtes Haus in einem Erdspalt versenkt.

Die Explosionen und Brände, verursacht durch das unablässige Bombardement mit Kerry-Geschossen, hatte schließlich alles, was an Munition, Bomben, Treibstoff und anderem Kriegsmaterial gelagert worden war, auf einmal in die Luft gejagt. Das Resultat war die vollkommene Zerstörung dessen, was er als von Glödas Eispalast kennengelernt hatte.

Rauch stieg auf und trieb davon. Gelegentlich brachen Flammen aus, vermischt mit den bereits brennenden Feuern. Abgesehen von dem seltsamen Knistern war es eigentümlich still. Nur der entsetzliche Gestank von Verwüstung brannte ihnen in der Nase, hoch über dem, was einst eine scheinbar uneinnehmbare Festung gewesen war.

»Kristos«, stieß Paula hervor. »Was auch immer sonst mit Kolja passiert, seine Rache hat er bekommen.« Erst als sie sprach, wurde ihnen klar, dass ihr Gehör zurückgekehrt war.

Noch immer leicht benommen von dem, was sie miterlebt hatten, kehrten sie zu Paulas Lager zurück, und Bond ging weiter zwischen die Bäume, wo Aslu Mosolow bewachte.

Er sah es vor jedem anderen, reagierte schnell und befahl den Samen, auszuschwärmen und sich zu ducken. Während er selbst in die Hocke ging, zog er Paula mit sich.

»Du bleibst hier.« Bond sprach ruhig, auch wenn alle seine Sinne alarmiert waren und die P7 schwer in seiner Hand lag. »Sag deinen Leuten, dass sie mir Rückendeckung geben sollen, wenn etwas passiert«

Paula nickte. Ihr Gesicht sah selbst gegen den Schnee sehr blass aus, als wüsste sie, dass etwas sehr Schreckliches passieren würde.

Bond huschte in geduckter Haltung durch die Bäume. Er war auf alles gefasst. Das böse Gesicht von Aslu schien im Tod noch bizarrer. Aus den Spuren im Schnee schloss Bond, dass er von vier Männern überwältigt worden war und sie Messer benutzt hatten, um ihn zum Schweigen zu bringen. Aslus Kehle war aufgeschlitzt, aber es gab noch weitere Wunden. Wahrscheinlich war dies nur der letzte Akt des Kampfs gewesen. Der Same hatte gekämpft, auch wenn sie ihn überrascht hatten.

Von Kolja Mosolow war keine Spur zu entdecken, und selbst dem Dümmsten wäre klar gewesen, dass dies nicht der gesündeste Ort zum Verweilen war. Als er zu Paula zurückging, fragte sich Bond, ob die Schneemobile noch intakt waren, und ob Kolja seinen Gegenangriff sofort starten würde. Später erzählte Paula Bond, dass Aslu viele Jahre für sie gearbeitet hatte und einer ihrer loyalsten Helfer auf der russischen Seite der Grenze gewesen war. Aber nun überbrachte sie den anderen die Neuigkeit ohne auch nur ein Zittern in ihrer Stimme. Nur bei sehr genauer Beobachtung konnte man sehen, wie schwer Aslus Tod sie getroffen hatte.

Bond verteilte Aufgaben – schnell, leise und genau. Einer der Samen sollte nach den Schneemobilen sehen. Wenn sie noch versteckt und intakt waren, sollten sie so schnell wie möglich von hier verschwinden. Die größte und offensichtlichste Befürchtung war, dass sich die Männer, die Kolja gerettet hatten, noch in der Nähe aufhielten und bereit zum Zuschlagen waren.

»Sorge dafür, dass deine Jungs bereit zum Kampf sind – und damit meine ich, dass sie sich ihren Weg hinauskämpfen sollen, falls notwendig«, sagte er Paula.

Niiles verschwand und kehrte ein paar Minuten später mit der Meldung zurück, dass die Schneemobile unangetastet waren und es keinen Hinweis darauf gab, dass sie entdeckt worden waren.

Bond verstand jetzt, warum die Samen der russischen Armee 1939 so starke Gegner gewesen waren. Sie bewegten sich so schnell und gerissen durch die Wälder, dass sie zwischenzeitlich selbst für Bond unsichtbar waren.

Paula blieb in der Nähe, denn sie sollte die Gruppe herausführen. Als Bond mit ihr die Schneemobile erreichte, starteten die Samen gerade die Motoren. Das Dröhnen der vier Schneefahrzeuge schien die Bäume zu erschüttern, und Bond erwartete halb, dass sie in einen Kugelhagel geraten würden.

Paula setzte sich mit Bond hinter sich auf die große Yamaha, und schon rasten sie davon, im Zickzack zwischen den Bäumen hindurch, Richtung Süden. Bis jetzt keine Probleme.

Die Fahrt dauerte gut zwei Stunden, und Bond war sich selbst in der kalten und unbequemen Position hinter Paula darüber bewusst, dass die drei Samen sie umkreisten und die Umgebung nach Hinterhalten absuchten. Als sie gerade über besonders unebenen Boden fuhren, gab es einen Moment, in dem Bond kurz das Gefühl hatte, er könne das Geräusch anderer Schneemobilmotoren hören. Wenn er sich bei einer Sache sicher war, dann der, dass ihn Kolja Mosolow nicht einfach so nach Finnland entkommen lassen würde. Er war irgendwo hinter ihnen oder wartete vielleicht bereits an der Stelle, von der er annahm, das Paula sie für den Grenzübergang gewählt hatte. Bond nahm an, dass sogar die entfernte Möglichkeit bestand, dass Kolja einen weiteren Luftangriff startete.

Endlich hielten sie an und errichteten ein provisorisches Lager. Sie waren in dem Wäldchen über dem großen Tal, das wie ein ausgetrocknetes Flussbett von Norden nach Süden verlief und Russland von Finnland trennte.

Bond entschied, dass sie sofort eine Verteidigungsposition einnehmen sollten. Er blieb mit Paula neben der großen Yamaha, während die drei Samen tiefer zwischen den Bäumen verschwanden und um Paula und Bond ein Dreieck bildeten. Dort würden sie bleiben, bis es dunkel genug war, um nach Finnland vorzudringen.

»Denkst du wirklich, dass du es schaffst?«, fragte Bond Paula lächelnd. »Ich meine, ich würde lieber nicht draufgehen, indem ich auf eine Mine trete.«

Paula sagte ein paar Sekunden lang nichts. Dann: »Wenn du lieber selbst den Weg suchen willst …«, begann sie gereizt.

»Ich habe vollstes Vertrauen in dich, Paula.« Bond lehnte sich vor und küsste sie. Sie zitterte, aber nicht von der Kälte, und James Bond wusste nur zu gut, wie sie sich fühlte. Wenn Kolja zuschlagen wollte, solange sie sich noch auf der russischen Seite befanden, würde es bald geschehen.

Langsam begann es zu dämmern, und Bond spürte, wie die Anspannung in ihm wuchs. Niiles hatte sich zwischen den Ästen einer Kiefer versteckt. Bond konnte ihn nicht sehen – er hatte nicht einmal mitbekommen, wie er hinaufgestiegen war – und wusste es nur, weil der Same Paula genau gesagt hatte, wohin er gehen würde. Egal wie sehr sich Bond anstrengte, er konnte den Mann einfach nicht entdecken. Und das jetzt schnell schwächer werdende Licht machte es immer schwieriger. Plötzlich war »die blaue Stunde« angebrochen – dieses Tiefblau, das vom Schnee reflektiert wurde und die Perspektive veränderte.

»Bereit?« Bond drehte sich zu Paula um und sah sie nicken.

In der Sekunde, in der sein Blick den Baum verließ, in dem sich Niiles versteckte, hörten sie den ersten Schuss. Er kam direkt aus der Kiefer. Offenbar hatte der Same etwas gesehen und darauf reagiert. Der Schuss hallte noch nach, als schon die nächsten folgten. Sie schienen aus einem Halbkreis zwischen den Bäumen zu kommen: einzelne Schüsse, gefolgt vom tödlichen Knattern einer Maschinenpistole.

Es war unmöglich, die Stärke des Gegners einzuschätzen oder zu sagen, ob sie Fortschritte machten. Bond wusste nur, dass sich vor ihnen ein heftiger Schusswechsel entwickelte.

Auch wenn »die blaue Stunde« sie noch nicht in vollkommene Dunkelheit hüllte, hatte es keinen Sinn, länger zu warten. Paula hatte bereits gesagt, dass die Samen bereit waren, sich allem entgegenzustemmen, was Kolja auf Lager hatte, während sie zu entkommen versuchten. Nun war der Moment gekommen, dieses Versprechen einzulösen.

»Los«, rief Bond Paula zu.

Paula zögerte nicht. Der Motor der Yamaha heulte auf, und Bond war hinter Paula, als sie die Maschine ins Freie und den rutschigen Abhang hinabsteuerte, auf das Tal zu, das in Sicherheit führen würde.

Die Schüsse wurden lauter, und das Letzte, was Bond sah, war eine Gestalt, die aus der Kiefer zu Boden stürzte. Es war nicht der richtige Augenblick, um Paula zu sagen, dass Niiles jetzt bei seinem Freund Aslu war. Als sie etwa einen halben Kilometer hinter sich gebracht hatten, war es richtig dunkel geworden. Hinter ihnen waren noch immer Schüsse zu hören. Die beiden Samen kämpften bis zum Letzten, auch wenn Bond wusste, dass es nur eine Frage der Zeit war. Und viel hing auch von Koljas Stärke ab. Würde er versuchen, sie mit Schneemobilen einzuholen? Oder würde der Russe, ganz der Taktiker, das Tal mit Explosionen überziehen?

Die Antwort kam, als sie sich der tiefsten Stelle des Tals näherten. Es lagen noch drei oder vier Kilometer schwieriger Strecke vor ihnen, bevor sie den Abhang auf der anderen

Seite und die Sicherheit der Bäume erreichen würden. Über dem Lärm des Motors bemerkte Bond hoch über ihnen ein Geräusch. Dann wurde das Terrain von einer Fallschirmleuchtfackel erhellt, die Eis und Schnee in ein unheimliches rotes Licht tauchte.

»Ist es sicher, im Zickzack zu fahren?«, brüllte er Paula ins Ohr. Dabei hatte er die Minenfelder im Hinterkopf. Sie drehte ihren Kopf zu ihm um und brüllte zurück: »Das werden wir gleich herausfinden.« Sie riss die Lenkstangen herum, und sie schlitterten zur Seite. Bond hörte das Unheil verkündende Jaulen von Schüssen links von ihnen. Wieder riss sie an den Lenkstangen, mit einer Stärke, die aus den versteckten Reserven zu kommen schien, die Menschen in verzweifelten Situationen entdeckten. Das Schneemobil rutschte und schwankte, manchmal im Zickzack, manchmal seitlich, dann wieder geradeaus. Paula drückte weiter aufs Gas.

Die erste Leuchtfackel erstarb, aber um sie herum knallten noch immer Schüsse, und Bond sah rechts und links neben sich Glimmspuren der Kugeln.

Beide machten sich auf dem Schneemobil so klein wie möglich, und Bond verspürte eine seltsame Mischung aus Wut und Frustration. Er brauchte einen Moment, um die Ursache zu finden, dann wurde ihm klar, seine Instinkte wollten, dass er auf der russischen Seite blieb und Kolja Mosolow bekämpfte, anstatt vor ihm davonzulaufen. In seinem Kopf hörte er immer wieder den Spruch: »Wer kämpft und wegläuft, kann später weiterkämpfen.« Aber es lag nicht in Bonds Natur, vor einem Kampf davonzulaufen. Tief in seinem Inneren wusste er jedoch, dass es notwendig war.

Paula und er hatten eine Aufgabe zu erfüllen – lebend zurückzukehren –, und dies war ihre einzige Chance.

Es wurde weitergeschossen, selbst nachdem die Fackel erloschen war. Dann kündigte eine weitere kleine Explosion eine zweite Leuchtfackel an, und dieses Mal wurde das Feuer eingestellt. Stattdessen ertönte das furchterregende Geräusch eines schnell herannahenden Expresszugs: zumindest klang es so, bis die Mörsergranate links hinter ihnen aufkam. Ihrer ohrenbetäubenden Explosion folgten zwei weitere, alle hinter ihnen.

Paula brachte die Yamaha an ihre Grenzen. Sie nutzte noch immer Vermeidungsstrategien und verließ sich auf die geraden Strecken, um schneller zu werden. Es gab Momente, in denen der sich an sie klammernde Bond meinte, sie würden vom Boden abheben.

Das Kreischen der Mörsergranaten ertönte erneut, dieses Mal rechts vor ihnen. Drei grelle Lichtblitze, die ihre Sicht in der Dunkelheit stark beeinträchtigten und heftige Nachbilder auf ihrer Netzhaut hinterließen.

Am meisten beunruhigte Bond die Platzierung der Mörsergranaten. Zuerst waren sie hinter ihnen eingeschlagen, jetzt vor ihnen. Das konnte nur eines bedeuten: Koljas Männer klammerten ihr Ziel ein. Die nächsten Bomben würden wahrscheinlich auf ihrer Höhe explodieren, außer Paula konnte ihnen davonfahren. Sie tat auf jeden Fall ihr Bestes.

Durch die weiße Finsternis war in der Ferne der Hang – zu den Bäumen auf finnischem Boden hinauf – bereits sichtbar. Es gab noch einen haarigen Moment, als sie das Zischen fallender Bomben das letzte Mal hörten. Doch Paulas Bleifuß hatte ihnen einen Vorsprung gegeben. Dieses Mal gab es ein halbes Dutzend Explosionen, aber alle weit hinter ihnen. Wenn das Schneemobil jetzt nicht auf eine Mine traf – und es hatte dazu schon reichlich Gelegenheiten gegeben –, würden sie es schaffen.

Während Paula und Bond verzweifelt auf die finnische Grenze zurasten, stiegen zwei Männer von den Felsen nahe den brennenden Ruinen des Eispalasts. In der Dämmerung bemerkte sie niemand.

Seit den Schrecken des morgendlichen Angriffs hatten die Männer hektisch im einzigen Teil des Bunkers weitergearbeitet, der wie durch ein Wunder unversehrt geblieben war – ein kleiner Verschlag aus Stahl und Beton, in dem sich eine kleine graue Cessna 150 Commuter mit Kufen an ihrem Fahrgestell befand. Als es dunkel wurde, gelang es ihnen endlich, das verzogene Tor zu öffnen.

Das Flugzeug schien unbeschädigt, auch wenn die Startbahn voller Trümmer lag. Der größere der beiden Männer gab seinem Begleiter, der so hart gearbeitet hatte, freundlich Anweisungen. Bereitwillig stapfte der Mann auf die Startbahn und räumte sie frei, so gut er konnte.

Die Maschine startete mit einem unregelmäßigen Gurgeln und verfiel dann in ein angenehmes Summen.

Die andere Gestalt kehrte zurück, kletterte neben den größeren Mann hinein, und der kleine Flieger glitt vorwärts, als wollte sein Pilot die Stärke der Startbahn testen. Dann drehte er sich zu seinem Begleiter um, hielt einen Daumen hoch und aktivierte die Klappensteuerung, um maximalen Auftrieb zu erreichen. Eine Sekunde später gab er sanft Gas. Der Motor ging auf maximale Umdrehungszahl, und die Cessna hüpfte vorwärts, immer schneller. Der Pilot sah hinaus und steuerte das Flugzeug hin und her, um den schlimmsten Abschnitten der Startbahn auszuweichen.

Vor ihnen rasten Bäume heran und wurden jede Sekunde größer. Der Pilot spürte den Moment, in dem seine Maschine das Gewicht sicher in die Tragflächen umleitete. Sanft zog er den Steuerknüppel zurück. Die Nase der Cessna ging nach oben. Sie schien einen Moment zu zögern, schoss dann vorwärts und stieg leicht in die Luft. Der Pilot zog den Knüppel weiter nach hinten, seine rechte Hand drückte den Gashebel voll durch. Der Bug fiel ein wenig, doch dann griff der Propeller die Luft und schickte sie über die Oberfläche der Maschine, bis die kleine Cessna stabil war und stieg. Sie verfehlten die Spitzen der Bäume um Haaresbreite.

Graf von Glöda lächelte, setzte einen Kurs und steuerte die Cessna auf sein nächstes Ziel zu. Dieser Tag mochte eine Niederlage gewesen sein, sogar eine vernichtende, aber er war noch nicht erledigt. Es gab Männer, Legionen von Männern, die darauf warteten, ihm zu dienen. Aber zuerst hatte er noch eine Rechnung zu begleichen. Dankbar nickte er Hans Buchtman zu, den Bond als »Bad« Brad Tirpitz gekannt hatte.

Paula und Bond erreichten das Hotel Revontuli gegen zwei Uhr nachts, und Bond ging direkt zu seinem Saab, um eine sorgfältig formulierte Meldung an M zu schicken. Als er zum Empfang kam, wartete eine Nachricht auf ihn. Sie lautete:

Wir sind in Suite Nr. 5, mein liebster James. Können wir bitte ausschlafen und erst nachmit-

tags nach Helsinki aufbrechen? Alles Liebe, Paula.
PS Ich bin eigentlich gerade gar nicht müde und habe Champagner und den in diesem Hotel ausgezeichneten Räucherlachs bestellt.

Mit einer gewissen Zufriedenheit erinnerte sich Bond an Paulas verborgene Vorzüge und ihr spezielles Können. Ungeduldig ging er zum Aufzug.

19

LOSE ENDEN

Im Saab unterhielten sie sich fast den ganzen Weg zurück nach Helsinki.

»Es gibt immer noch eine Menge Dinge, die ich wissen muss«, begann Bond, kurz nachdem sie Salla verlassen hatten. Er war nun frisch geduscht und hatte saubere Kleidung angezogen.

»Zum Beispiel?« Paula war in sehr selbstgefälliger Stimmung. Sie trug einen Pelz und sah wieder mehr wie eine Frau aus und weniger wie das, was sie selbst als »Bündel aus Thermounterwäsche« bezeichnet hatte. Sie schüttelte ihr hübsches blondes Haar und legte den Kopf an Bonds Schulter.

»Wann hat die SUPO Aarne Tudeer, oder Graf von Glöda, wie er sich auch nennt, zum ersten Mal verdächtigt?«

Sie lächelte und wirkte sehr zufrieden mit sich. »Das war mein Werk. Weißt du, James, ich habe nie verstanden, warum du mir nicht schon vor Jahren auf die Schliche gekommen bist. Ich weiß, dass meine Tarnung gut war, aber hattest du noch nicht mal einen Verdacht?«

»Ich war dumm genug, dich für bare Münze zu nehmen«,

erwiderte Bond und holte tief Luft. »Allerdings *habe* ich dich einmal überprüfen lassen. Ohne Ergebnis. Heute sagt sich das leicht, aber es gab Zeiten, in denen ich mich fragte, wie wir es schafften, uns ständig an so weit entfernten Orten zufällig über den Weg zu laufen.«

»Ah.«

»Und du hast meine Frage nicht beantwortet«, beharrte Bond.

»Nun, wir wussten, dass er etwas vorhatte. Ich meine, diese ganze Geschichte darüber, dass ich eine Schulfreundin von Anni Tudeer war, ist absolut wahr. Ihre Mutter brachte sie tatsächlich wieder zurück in ihr Heimatland. Doch als ich lange nach meiner Rekrutierung durch die SUPO hörte, dass Anni dem Mossad beigetreten war, konnte ich es einfach nicht glauben.«

»Warum nicht?«

Für eine Sekunde verließ Bonds Aufmerksamkeit die Straße. Jede Erwähnung von Anni Tudeer brachte unangenehme Erinnerungen mit sich.

»Warum ich nicht geglaubt habe, dass sie eine echte Mossad-Agentin ist?« Paula zögerte nicht. »Ich kannte sie zu gut. Sie war Aarne Tudeers Augenstern. Und sie liebte ihn ebenfalls von ganzem Herzen. Nur eine könnte das erkennen. Teilweise waren es die Dinge, die sie sagte, und teilweise Intuition. Jeder wusste über ihren Vater Bescheid – natürlich wussten es alle –, es war nie ein Geheimnis. Annis Geheimnis war, dass er ihr eine Gehirnwäsche verpasst hatte. Ich glaube, dass er ihr bereits eine Rolle zugedacht hatte, als sie noch ein Kind war. Er stand mit ziemlicher Sicherheit in ständiger Verbindung zu ihr, gab ihr Ratschläge und Anweisungen. Er war die einzige Person, die Anni beibringen konnte, wie man den Mossad unterwanderte.«

»Was ihr hervorragend gelungen ist.« Bond schaute in das hübsche Gesicht neben sich. »Warum hast du mir gegenüber ihren Namen erwähnt? Dieses erste Mal – als ich dich nach dem Messerangriff in deiner Wohnung befragt habe?«

Sie seufzte. »Was glaubst du wohl, James? Ich befand mich in einer sehr schwierigen Situation. Es war für mich die einzige Möglichkeit, dir eine Art Hinweis zu geben.«

»In Ordnung. Jetzt erzähl mir die ganze Geschichte.«

Paula Vacker hatte von Anfang an alles über die ganze NSAA-Sache gewusst – sogar noch vor dem ersten Zwischenfall in Tripoli. Die SUPO wusste durch Informanten und Beobachtungen, dass Tudeer nach Finnland zurückgekehrt war, den Namen von Glöda angenommen hatte und scheinbar etwas in Russland, direkt auf der anderen Seite der Grenze, vorhatte. »Nachdem wir wegen der Nationalsozialistischen Aktionsarmee die Mithilfe jeder möglichen Geheimdienstorganisation angefordert hatten, äußerte ich die Vermutung, dass Tudeer dahinterstecken könnte«, erzählte sie ihm. »Als Lohn für meine Mühen befahlen mir meine Vorgesetzten, ihn zu infiltrieren. Also begab ich mich an die entsprechenden Orte und sagte die entsprechenden Dinge. Es funktionierte. Ich war ein guter, gesunder arischer Nazi.« Irgendwann nahm von Glöda Kontakt zu ihr auf. »Schließlich teilte er mich als Einwohnerin von Helsinki seinem Stab zu. Mit anderen Worten: Ich fungierte mit dem vollen Wissen meiner Vorgesetzten als Doppelagentin.«

»Und deine Vorgesetzten unterließen es, diese Informationen an meinen Service weiterzuleiten?« Es gab immer noch eine Menge Dinge, die Bond verwirrten.

»Nein. Tatsächlich bereitete die SUPO ein Dossier vor. Dann brach im Eispalast alles zusammen – wegen Blue Hare –, und es bestand keine Notwendigkeit mehr für irgendwelche Berichte. Koljas Vorgesetzte riefen *Operation Eisbrecher* ins Leben, und ich sollte zu deinem Schutz anwesend sein. Ich vermute, dein Service wurde – zu spät – über alles informiert, nachdem du zum Eispalast aufgebrochen warst.«

Bond grübelte für die nächsten paar Kilometer darüber nach. Schließlich sagte er: »Das alles ist schwer zu verdauen – diese ganze Geschichte über *Operation Eisbrecher* und das Abkommen mit Kolja.«

»Es muss schwer zu glauben sein, es sei denn, man war tatsächlich dort und hat von Glödas Doppelzüngigkeit und Kolja Mosolows Gerissenheit wahrhaftig erlebt.« Sie ließ ihr wundervolles Lachen erklingen. »Sie waren beide machtgierige Egomanen – allerdings jeder auf seine eigene Weise, musst du wissen. Ich habe die Reise von Helsinki in die Arktis und über die Grenze zum Bunker ein Dutzend Mal unternommen. Ich war auch dort, in einer Vertrauensposition, als die Sache in Blue Hare implodiert ist.«

»Wirklich?«

»Ja, man muss wirklich den Hut vor von Glöda ziehen. Er hatte Mut. Unglaublichen Mut. Ich glaube allerdings, die Sowjets haben ihn besser im Auge behalten, als er vermutete.«

»War dem so?« Bond nahm die nächste vereiste Kurve ein

wenig zu schnell, fluchte, trat auf die Bremse, schlitterte heftig und brachte das Auto innerhalb von Sekunden wieder unter Kontrolle. »Weißt du, dass ein britischer General mal gesagt hat, die Russen sollten eine Auszeichnung für Unfähigkeit erhalten? Sie können wirklich die dämlichsten Dinge anstellen. Erzähl mir, was in Blue Hare passiert ist.«

»Ich war ein voll und ganz akzeptiertes Mitglied im inneren Kreis des sogenannten Führers. Er ließ uns selten vergessen, wie schlau es von ihm gewesen war, diese dummen Unteroffiziere in Blue Hare zu bestechen. Er bezahlte ihnen tatsächlich einen Hungerlohn für die Ausrüstung, und sie schienen keinen Gedanken daran zu verschwenden, dass man sie erwischen könnte.«

»Aber sie wurden erwischt.«

»Allerdings. Ich war dort, als es passierte. Der fette kleine Offizier kam zum Bunker gelaufen. Wie der Rest von ihnen war er eigentlich nur ein Bauer in Uniform. Er stank zum Himmel, aber von Glöda ging wundervoll mit ihm um. Ich muss zugeben, dass der Mann in Krisensituationen außergewöhnlich ruhig bleiben konnte. Aber natürlich glaubte er an sein Schicksal als neuer Führer. Nichts konnte schiefgehen, und jeder Mann hat seinen Preis. Ich hörte, wie er zu dem kommandierenden Offizier von Blue Hare sagte, er solle die Leute von der Armee dazu bringen, die GRU anzurufen. Er wusste, dass sie es an den KGB weiterleiten würden. Seltsamerweise funktionierte es. Innerhalb kürzester Zeit war Kolja Mosolow da.«

»Und verlangte meinen Kopf auf einem Silbertablett.«

Paula schenkte ihm ein verschwiegenes Lächeln. »Ganz so

war es nicht. Kolja hatte nicht vor, von Glöda davonkommen zu lassen. Er spielte einfach mit und gab ihm ein wenig Spielraum. Du kennst doch die Russen. Koljas einzige Schwäche war, dass er das Blue-Hare-Problem begraben wollte. Andererseits glaube ich, dass von Glöda sich selbst als den Teufel sah, der Christus in Versuchung führt. Er bot Kolja tatsächlich die Erfüllung seines Herzenswunschs an.«

»Und Kolja sagte: James Bond?«

»Von Glödas irrer Traum handelte von der Macht, die ganze Welt zu kontrollieren. Kolja dachte nicht in so großen Maßstäben. Er wollte lediglich Blue Hare begraben – was bedeutete, dass er von Glödas Organisation loswerden musste. Er hätte das alles innerhalb weniger Tage ganz allein bewerkstelligen können. Doch da von Glöda nun einmal der Mann war, der er war, brachte er seinen eigenen Größenwahn ins Spiel. Und dieser regte wiederum Koljas Fantasie an.«

Bond nickte. »Kolja, was wollen Sie am allermeisten auf der Welt? Kolja überlegt: *Sie* aus dem Weg räumen, Genosse von Glöda, und die Blue-Hare-Sache vertuschen. Ruhm und eine Beförderung für mich. Und dann sagt er laut: Bond – James Bond.«

»So ist es. Die alte SMERSCH-Organisation – Abteilung V, wie sie nun heißt – wollte dich. Also verlangte er nach dir.« Sie lachte. »Dann hatte von Glöda die Frechheit, ein Abkommen zu treffen, was bedeutete, dass Kolja sehr hart arbeiten musste. Immerhin sorgte Kolja selbst dafür, dass die CIA, der Mossad und dein Service mit an Bord geholt wurden. Kolja sorgte dafür, dass du, James, persönlich angefordert wurdest. Kolja war derjenige, der das alles organisierte.«

»Unter von Glödas Anweisungen? Das klingt irgendwie überzeugend.«

»Nein. Nein, James, das tut es nicht. Du musst erst die Persönlichkeiten in Betracht ziehen, die daran beteiligt waren – und ihre Beweggründe. Ich sagte doch schon, dass Kolja nicht vorhatte, von Glöda davonkommen zu lassen. Aber sein eigenes persönliches Verlangen nach Macht und Beförderung erlaubte es ihm, von Glödas ganze Operation für einen einzigen Zweck zu benutzten: dich nach Russland zu locken. Es erforderte eine Menge Arbeit – die speziell gedruckten Karten, Tirpitz' Austausch ...«

»Rivke ins Team zu holen?«, führte Bond den Gedanken weiter aus.

»Von Glöda schlug vor, dass Kolja nach ihr verlangen sollte, genau wie er vorschlug, Tirpitz von den Amerikanern zu holen. Kolja wollte natürlich dich – er verbrachte Stunden an von Glödas Telefon und führte Gespräche mit der Zentrale in Moskau. Anfangs waren sie recht zögerlich, aber Kolja tischte ihnen irgendeine Geschichte auf. Seine Vorgesetzten stimmten zu und schickten ihre formellen Anfragen nach Amerika, Israel und Großbritannien. Alle waren rasend vor Wut, als man dich nicht sofort auftreiben konnte. Dieser Buchtman traf als Erster ein. Er war einer von von Glödas Kontakten, und sie schickten ihn los, um den echten Tirpitz abzufangen und aus dem Weg zu räumen. Dann kam Rivke in Finnland an. Das war sehr beunruhigend. Ich musste mich einen Großteil der Zeit versteckt halten, damit ich ihr nicht über den Weg lief. Von Glöda machte mich zum Verbindungsoffizier für Kolja, was praktisch war, und zu diesem

Zeitpunkt hatte die Zentrale in Moskau Kolja völlige Handlungsfreiheit gegeben. Sie dachten, er würde einfach nur ein Dissidentenlager an der Grenze zu Finnland auslöschen und bezüglich Blue Hare reinen Tisch machen, indem er die Amerikaner, die Briten und die Israelis als Sündenböcke benutzte, falls etwas schiefging. Ich vermute, sie gingen davon aus, dass es sich bei der NSAA nur um eine kleine Fanatikerzelle handelte.«

Sie hielt inne, nahm sich eine von Bonds Zigaretten und fuhr dann fort: »Für mich war Rivke der schwierigste Faktor. Ich wagte es nicht, mich mit ihr zu treffen, und Kolja wollte ihr in Helsinki Botschaften zukommen lassen. Ich musste das mithilfe einer dritten Person bewerkstelligen. Dann warteten alle nur noch auf eine Gelegenheit, dich schutzlos anzutreffen. Rivke kam ins Spiel, als von Glöda seinen kleinen Plan austüftelte. Sie sollte als Ersatzperson fungieren …«

»Welchen Plan meinst du genau?«

Sie seufzte. »Den, der mich sehr eifersüchtig machte. Rivke sollte sich einen Weg in dein Herz erschleichen und dann verschwinden, falls von Glöda sie brauchen würde, um dich in die Falle zu locken. Die Sache auf der Skipiste war verdammt schwer zu organisieren – und Anni musste wirklich starke Nerven beweisen. Aber sie war schon immer eine gute Turnerin … Wie du zweifellos selbst feststellen konntest«, fügte sie spitz hinzu.

Bond schnaubte. »Meinst du, von Glöda hatte eine Ahnung, dass man ihm nicht gestatten würde, damit davonzukommen?«

»Oh, er verdächtigte Kolja durchaus. Er vertraute ihm

nicht. Deswegen setzte er mich als Verbindungsoffizier bei den Russen ein. Von Glöda musste alles wissen. Dann kamen wir natürlich an den Punkt, an dem unser edler Führer von dem Mann erfahren musste, den deine Leute in England geschnappt hatten. Dein Todesurteil war bereits unterschrieben. Koljas ebenfalls. Von Glödas Plan sah vor, all seine Leute nach Norwegen zu schaffen.«

»Norwegen? Hatte er dort seinen neuen Kommandoposten errichtet?«

»Das behaupten zumindest meine Vorgesetzten. Aber sie wussten auch von einem weiteren Versteck, das er in Finnland hatte. Ich vermute, dort wollten alle hin, als Koljas Luftangriff angefordert wurde.«

Sie fuhren eine Weile lang schweigend weiter. Bond ging im Geiste die Fakten durch. »Tja«, sagte er schließlich, »mein Problem ist, dass von Glöda der erste echte Feind ist, mit dem ich meinen Verstand auf große Entfernung messen musste. Bei den meisten meiner Aufträge komme ich sehr nah an die Zielperson heran. Ich lerne den Mann, mit dem ich es zu tun habe, gut kennen. Von Glöda ließ nie zu, dass ich wirklich nah an ihn herankam.«

»Das war seine Stärke. Niemand genoss sein uneingeschränktes Vertrauen – nicht einmal diese Frau, die er an seiner Seite hatte. Ich glaube Anni – Rivke – war die Einzige, die ihn wirklich kannte.«

»Und du kanntest ihn nicht?« In Bonds Stimme klang Argwohn mit.

»Was meinst du damit?« Paulas Tonfall wurde kalt, als wäre sie beleidigt.

»Ich meine, dass es Augenblicke gibt, in denen ich mir, was dich betrifft, nicht vollkommen sicher bin, Paula.«

Sie keuchte schockiert auf. »Nach allem, was ich getan habe?«

»Selbst nach allem, was du getan hast. Was ist zum Beispiel mit den beiden Schlägern in deiner Wohnung? Den Messerattentätern?«

Sie nickte stumm. »Ich habe mich schon gefragt, wann du wieder darauf zu sprechen kommen würdest.« Sie rückte ein Stück von ihm weg und drehte sich in seine Richtung. »Glaubst du wirklich, ich würde dich in eine Falle locken?«

»Der Gedanke ist mir gekommen.«

Paula biss sich auf die Lippe. »Nein, mein lieber James.« Sie seufzte. »Nein, ich habe dich nicht in eine Falle gelockt. Ich habe dich im Stich gelassen. Wie kann ich das erklären? Wie ich schon sagte, spielten weder von Glöda noch Kolja fair. Alle befanden sich in einer aussichtslosen Situation, bei der am Ende keiner gewinnen würde. Ich arbeitete sowohl unter Anweisung der SUPO als auch unter von Glödas Befehlen. Die Situation wurde unmöglich, als ich als Verbindungsoffizier für Kolja eingesetzt wurde. Er tauchte ständig in Helsinki auf und verschwand dann wieder. Du bist vollkommen unerwartet eingetroffen, und ich musste meine Vorgesetzten darüber informieren. Ich habe dich im Stich gelassen, James. Ich hätte nichts sagen sollen.«

»Willst du damit sagen, dass die SUPO dir befahl, Kolja zu informieren? Verstehe ich das richtig?«

Sie nickte. »Er sah eine Möglichkeit, dich in Helsinki zu erwischen und dich dann auf eigene Faust in die Arktis und schließlich nach Russland zu schleusen. Es tut mir leid.«

»Und was ist mit den Schneepflügen?«

»Was für Schneepflüge?« Ihre Stimmung veränderte sich. Vor ein paar Augenblicken war Paula noch verteidigend gewesen, dann zerknirscht. Jetzt war sie einfach nur überrascht. Bond erzählte ihr von seinen Problemen auf dem Weg von Helsinki nach Salla.

Sie grübelte eine Minute lang darüber nach. »Ich schätze, dass Kolja dahintersteckte. Ich weiß, dass er den Flughafen und die Hotels durch seine eigenen Leute überwachen ließ – in Helsinki, meine ich. Sie müssen gewusst haben, wo du hinwolltest. Ich denke, Kolja hätte eine Menge auf sich genommen, um dich ohne von Glödas Pläne nach Russland zu schaffen.«

Am Ende der Reise war Bond von Paulas Erklärungen durchaus überzeugt. Wie er selbst gesagt hatte, hatte er nie wirklich Zeit gehabt, richtig nah an den selbstherrlichen von Glöda heranzukommen. Und aufgrund seiner früheren Erfahrungen wusste er, was passieren konnte, wenn zwei fest entschlossene und machtgierige Männer wie von Glöda und Kolja aufeinandertrafen.

»Zu dir oder zu mir?«, fragte Bond, als sie die Außenbezirke von Helsinki erreichten. Paulas Antworten hatten ihn fast zufriedengestellt, das stimmte schon, aber am Rande seines Verstands verblieb ein nagender Zweifel, denn bei *Operation Eisbrecher* war letztendlich nichts so gewesen, wie es geschienen hatte. Nun war es an der Zeit, seinen Trumpf auszuspielen.

»Wir können nicht zu mir gehen.« Paula hustete leise. »In

meiner Wohnung herrscht schreckliche Unordnung – dort wurde eingebrochen, James, wirklich. Ich hatte nicht mal Zeit, die Polizei zu informieren.«

Bond fuhr das Auto an den Straßenrand und hielt an. »Ich weiß.« Er öffnete das Handschuhfach, holte von Glödas Ritterkreuz und Ärmelschild heraus und ließ sie auf Paulas Schoß fallen. »Die hier habe ich auf deinem Schminktisch gefunden, als ich vor meinem Aufbruch in die Arktis noch mal zu deiner Wohnung gefahren bin und sie vollkommen verwüstet vorgefunden habe.«

Für eine Sekunde war Paula wütend. »Warum zum Teufel hast du sie dann nicht benutzt? Du hättest sie Anni zeigen können.«

Bond tätschelte ihre Hand. »Das habe ich. Sie identifizierte sie. Was mich beunruhigte und mich auch sehr misstrauisch machte. Misstrauisch in Bezug auf dich. Wo hast du sie her?«

»Von von Glöda natürlich. Er wollte sie reinigen lassen. Der Mann war so stolz auf sie, dass es schon an Besessenheit grenzte. Er war von diesen Orden genauso besessen wie von seinem Schicksal.« Sie stieß einen angewiderten kehligen Laut aus. »Oh verdammt, ich hätte wissen müssen, dass dieses Miststück sie gegen mich einsetzen würde.«

Bond nahm die Orden und warf sie zurück ins Handschuhfach. »Okay«, sagte er erleichtert. »Ich glaube dir. Und jetzt sollten wir uns belohnen. Wir nehmen die Flitterwochensuite im Inter-Continental. Was hältst du davon?«

»Ziemlich viel.« Sie drückte seine Hand und fuhr mit einem Finger über seine Handfläche.

Sie hatten beim Einchecken keine Probleme, und der

durchgängige Zimmerservice des Inter-Continental versorgte sie innerhalb kürzester Zeit mit Essen und Getränken. Die Fahrt, die Erklärungen und ihre lange Beziehung miteinander schienen alle Zweifel aufgehoben zu haben.

»Ich werde schnell duschen«, verkündete Paula. »Danach können wir uns nach Herzenslust vergnügen. Ich weiß ja nicht, wie es dir geht, aber ich denke, für die nächsten vierundzwanzig Stunden besteht kein Grund, unsere jeweiligen Geheimdienste darüber zu informieren, dass wir wieder zurück in Helsinki sind.«

»Meinst du nicht, wir sollten uns offiziell zurückmelden? Wir könnten ja sagen, dass wir noch unterwegs sind«, schlug Bond vor.

Paula dachte darüber nach. »Oh, vielleicht rufe ich später bei meinem automatischen Anrufdienst an. Wenn mein Vorgesetzter irgendwas Dringendes für mich hat, hinterlässt er mir eine Nummer. Was ist mit dir?«

»Geh ruhig duschen, ich warte damit, bis du fertig bist. Ehrlich gesagt glaube ich nicht, dass M es zu schätzen wissen würde, wenn ich mich vor morgen früh bei ihm melde.«

Sie schenkte ihm ein strahlendes Lächeln und verschwand mit ihrer kleinen Reisetasche ins Badezimmer.

20

SCHICKSAL

James Bond träumte. Es war ein Traum, den er recht oft hatte: Sonne und ein Strand, den er nur zu gut als die Uferpromenade in Royale-les-Eaux erkannte. Es war natürlich die alte acht Kilometer lange Promenade von früher, nicht die geschmacklose Touristenhochburg, zu der der Ort mittlerweile geworden war. In Bonds Traum standen das Leben und die Zeit still. Dies war der Ort, an den er sich aus seiner Kindheit und Jugend erinnerte. Eine Kapelle spielte. Die dreifarbigen Beete mit Salbei, Steinkraut und Lobelien blühten in einer wahren Farbexplosion. Es war warm, und er war glücklich.

Er hatte den Traum oft, wenn er glücklich war, und diese Nacht hatte ihm zweifellos Glück gebracht. Gemeinsam waren Bond und Paula Kolja Mosolows Klauen entkommen, hatten sich nach Helsinki durchgeschlagen und dort – nun ja, waren die Dinge sogar noch besser gelaufen, als sie erwartet hatten.

Paula kam aus dem Badezimmer. Sie trug lediglich ein durchsichtiges Nachthemd, ihr Körper strahlte und ihr Duft war so verführerisch, wie Bond ihn in Erinnerung hatte.

Bevor er duschte, rief Bond in London an. Es war eine Nummer, die speziell für aufgezeichnete Nachrichten von M gedacht war. Falls es irgendetwas Neues gab – zum Beispiel eine Antwort auf die verschlüsselte Botschaft, die er in Salla vom Saab aus geschickt hatte –, würde er es jetzt erfahren. Und tatsächlich erklang Ms Stimme am anderen Ende der Leitung: Es war eine kurze verschlüsselte Nachricht, in der er Bond auf seine zurückhaltende Art beglückwünschte und außerdem bestätigte, dass Paula für die SUPO arbeitete. Nun konnte es keine weiteren Überraschungen mehr geben, dachte Bond.

Paula hatte für den Anfang die Initiative ergriffen und sich liebevoll seinem Körper gewidmet. Dann, nach einer kurzen Pause, während der Paula über ihre überstandene Beinah-Katastrophe sprach und lachte, hatte Bond dort weitergemacht, wo sie aufgehört hatte.

Nun herrschten Frieden, Sicherheit und Wärme. Wärme, abgesehen von einer kleinen kalten Stelle, die sich an seinem Hals, direkt hinter seinem Ohr bildete. Schlaftrunken wischte Bond mit der Hand über den kalten Fleck. Seine Finger trafen auf etwas Hartes und seltsam Unangenehmes. Er riss die Augen auf und spürte, wie der kalte Gegenstand gegen seinen Hals gedrückt wurde. Sofort war Royale-les-Eaux verschwunden und wurde durch die gnadenlose Realität ersetzt.

»Setzen Sie sich einfach ganz ruhig auf, Mr Bond.«

Bond drehte den Kopf und sah Kolja Mosolow, der von ihm zurücktrat. Eine schwere Stetschkin – die durch den Schalldämpfer am Lauf sogar noch klobiger wirkte – war außer Reichweite auf Bonds Kehle gerichtet.

»Wie …?«, begann Bond. Dann dachte er an Paula und drehte sich um. Sie lag tief schlafend neben ihm.

Mosolow lachte – ein helles Lachen, das nicht wirklich zu ihm passte, aber Kolja war ein Mann mit vielen Stimmen. »Machen Sie sich keine Sorgen um Paula«, sagte er ruhig und selbstsicher. »Sie müssen beide sehr müde gewesen sein. Ich konnte das Schloss knacken, ihr eine kleine Injektion verabreichen und mich im Zimmer bewegen, ohne einen von Ihnen aufzuwecken.«

Bond fluchte leise. Das war so untypisch für ihn. Normalerweise war er immer wachsam und ließ sich nie vollständig vom Schlaf überwältigen. Sonst hatte er an alles gedacht. Er erinnerte sich, wie er das Zimmer gleich nach ihrer Ankunft nach Abhörgeräten abgesucht hatte.

»Was für eine Injektion?« Er bemühte sich, nicht besorgt zu klingen.

»Sie wird für sechs oder sieben Stunden friedlich schlafen. Genug Zeit für uns, zu tun, was getan werden muss.«

»Und das wäre?«

Mosolow gestikulierte mit der Stetschkin. »Ziehen Sie sich an. Es gibt noch eine Aufgabe, die ich zu Ende bringen muss. Danach werden wir eine kleine Reise machen. Ich habe sogar einen nagelneuen Pass für Sie – nur um sicherzugehen. Wir verlassen Helsinki mit dem Auto, dann reisen wir per Hubschrauber weiter und später wird uns ein Jet erwarten. Wenn Paula wieder in der Lage sein wird, jemanden zu alarmieren, werden wir schon längst unterwegs sein.«

Bond zuckte mit den Schultern. Er konnte nicht viel machen, doch seine Hand bewegte sich unauffällig unter das

Kissen, unter das er vor dem Schlafengehen seine P7 gelegt hatte. Kolja Mosolow schob seine freie Hand in seine gefütterte Jacke, die er offen trug, und zeigte Bond die P7, die in seinem Hosenbund steckte. »Ich dachte, das wäre sicherer – für mich, meine ich.«

Bond stellte die Füße auf den Boden. Er sah zu dem Russen hoch. »Sie geben nicht so leicht auf, oder, Mosolow?«

»Meine Zukunft hängt davon ab, dass ich Sie ausliefere.«

»Tot oder lebendig, wie es scheint.« Bond stand auf.

»Vorzugsweise lebendig. Was das betrifft, war die Sache an der Grenze besonders beunruhigend. Aber jetzt kann ich beenden, was ich angefangen habe.«

»Ich verstehe das nicht.« Bond bewegte sich auf den Stuhl zu, auf dem seine gefaltete Kleidung lag. »Ihre Leute hätten mich in den vergangenen paar Jahren jederzeit schnappen können. Warum jetzt?«

»Ziehen Sie sich einfach an.«

Bond kam der Aufforderung nach, sprach aber weiter: »Sagen Sie mir, warum, Kolja. Warum jetzt?«

»Weil jetzt der richtige Zeitpunkt gekommen ist. Moskau will Sie seit Jahren. Es gab eine Zeit, in der sie Sie tot sehen wollten. Nun haben sich die Dinge geändert. Ich bin froh, dass Sie überlebt haben. Ich gebe zu, dass ich einen Fehler gemacht habe, indem ich zuließ, dass unsere Truppen auf Sie schossen – es geschah in der Hitze des Gefechts, das verstehen Sie sicher.«

Bond schnaubte.

»Also, wie ich schon sagte, die Dinge haben sich geändert«, fuhr Mosolow fort. »Wir wollen einfach gewisse Informationen überprüfen. Zuerst werden wir ein chemisches Verhör durchführen, um alles aus Ihnen herauszubekommen. Danach haben wir einen hübschen kleinen Gefangenen, den wir austauschen können. Sie haben ein paar von unseren Leuten, die in der Regierungskommunikationszentrale in Cheltenham hervorragende Arbeit geleistet haben. Ich bin sicher, dass zu gegebener Zeit ein Austausch in die Wege geleitet werden wird.«

»Hat Moskau dieser ganzen Operation deswegen zugestimmt? Den Spielchen, die Sie mit von Glöda und seinen verrückten Helfern getrieben haben?«

»Oh, teilweise.« Kolja Mosolow gestikulierte erneut mit seiner Pistole. »Hören Sie, beeilen Sie sich ein bisschen. Ich habe noch etwas anderes zu erledigen, bevor wir Helsinki verlassen.«

Bond zog seine Skihose an. »*Teilweise*, Kolja? *Teilweise*? Das war eine ganze schön kostspielige Operation, nicht wahr? Nur um mich zu schnappen – und Sie hätten mich dabei auch noch fast getötet.«

»Bei von Glödas irren Plänen mitzuspielen, war recht hilfreich, als es darum ging, andere kleine Unannehmlichkeiten zu beseitigen.«

»Wie Blue Hare?«

»Blue Hare und andere Dinge. Von Glödas Tod ist eine ausgemachte Sache.«

»*Ist*?« Bond schaute ruckartig auf.

Kolja Mosolow nickte. »Wirklich erstaunlich. War das nicht eine beeindruckende Darbietung, die uns unsere Schlachtflieger da geliefert haben? Man hätte nicht meinen sollen, dass das irgendjemand überleben könnte. Und doch gelang von Glöda die Flucht.«

Bond konnte das nur schwer glauben. M hatte das definitiv nicht gewusst. Er fragte, wo sich der Möchtegernführer des Vierten Reichs jetzt versteckte.

»Er ist hier.« Mosolow klang, als wäre die Information offensichtlich. »In Helsinki. Um sich neu zu gruppieren, wie er sagen würde. Sich neu zu organisieren. Er bereitet sich darauf vor, noch mal von vorne anzufangen, es sei denn, er wird aufgehalten. Ich muss ihn aufhalten. Es wäre gelinde gesagt peinlich, wenn wir von Glöda gestatten würden, seine Operationen fortzusetzen.«

Bond war nun fast angezogen. »Sie bringen mich außer Landes – zurück nach Russland. Außerdem haben Sie vor, sich um von Glöda zu kümmern?« Er richtete seinen Rollkragenpullover.

»Oh ja. Sie sind ein Teil meines Plans, Mr Bond. Ich muss auch unseren Freund von Glöda loswerden oder Aarne Tudeer oder wie auch immer der Name auf seinem Grabstein lauten soll. Das Timing ist gut …«

»Wie spät ist es?«, fragte Bond.

Kolja, stets der Profi, warf nicht einmal einen Blick auf seine Armbanduhr. »Etwa Viertel vor acht. Wie ich schon sagte, das Timing ist gut. Sehen Sie, von Glöda hat hier in Helsinki ein paar seiner eigenen Leute. Er bricht an diesem Morgen nach London auf und reist über Paris. Ich vermute, dieser Wahnsinnige geht davon aus, dass er in London eine Art Zusammenkunft inszenieren kann. Außerdem ist da, glaube ich, noch das Problem, dass Ihr Service einen Agenten der NSAA festhält. Natürlich will er sich an Ihnen rächen, Bond. Also halte ich es für das Beste, Sie als Ziel anzubieten. Dem kann er nicht widerstehen.«

»Wohl kaum«, antwortete Bond knapp. Er hatte bereits gespürt, wie ihn bei dem Gedanken daran, dass von Glöda noch lebte, eine depressive Stimmung zu überkommen drohte. Und nun sollte er als Köder benutzt werden – und zwar nicht zum ersten Mal, seit diese ganze Sache angefangen hatte. Bonds ganzer Geist rebellierte gegen diese Vorstellung. Es musste einen Weg geben. Wenn irgendjemand von Glöda ausschaltete, dann würde das Bond sein.

Mosolow sprach immer noch: »Von Glödas Flug geht um neun. Es wäre eine nette Geste, wenn James Bond in seinem eigenen Auto draußen vor dem Vantaa-Flughafen sitzen würde. Diese bloße Tatsache sollte genügen, um Genosse von Glöda aus der Abflughalle zu locken. Er wird nicht wissen, dass ich meine eigenen Methoden habe – vielleicht etwas altmodische Methoden –, um dafür zu sorgen, dass Sie im Wagen stillsitzen werden: Handschellen, eine weitere kleine Injektion, ein wenig anders als die, die ich Paula verabreicht habe.« Er nickte in Richtung des Betts, wo die Frau fest schlief.

»Sie sind verrückt.« Obwohl er das sagte, wusste Bond, dass er die einzige Person war, deren Anwesenheit von Glöda anlocken konnte. »Was würden Sie tun?«

Dieses Mal war Mosolows Lächeln durchtrieben. »Ihr Wagen, Bond. Ich glaube, er ist mit einem recht speziellen Telefon ausgestattet, richtig?«

»Das wissen nicht viele Leute.« Bond war aufrichtig verärgert darüber, dass Mosolow die Sache mit dem Telefon herausgefunden hatte. Er fragte sich, was der Russe sonst noch wusste.

»Nun, ich weiß es und ich kenne die Einzelheiten. Die Basiseinheit für Ihr Autotelefon muss an ein gewöhnliches Telefon angeschlossen werden, damit sich das System mit dem des Landes, in dem Sie operieren, verbinden kann. Zum Beispiel kann die Basiseinheit an das Telefon in diesem Zimmer angeschlossen werden. Also werden wir einfach Ihre Basiseinheit mit diesem Apparat hier verkabeln und dann zum Flughafen fahren. Wenn wir dort ankommen, werden Sie Handschellen tragen und nicht mehr in der Lage sein, sich zu bewegen. Doch kurz bevor wir eintreffen, benutze ich Ihr Autotelefon, um am Informationsschalter anzurufen und den Mitarbeiter zu bitten, von Glöda auszurufen. Er wird eine Nachricht erhalten – dass Mr James Bond draußen in einem parkenden Auto sitzt, und zwar allein und handlungsunfähig. Ich denke, ich könnte die Nachricht in Paulas Namen hinterlassen, das macht ihr sicher nichts aus. Wenn von Glöda dann rauskommt, werde ich in seiner Nähe sein.« Er tätschelte seine mit Schalldämpfer versehene Stetschkin. »Mit einer Waffe wie dieser werden die Leute denken, dass es sich um einen Herzinfarkt handelt – zumindest am Anfang. Wenn sie dann schließlich die Wahrheit herausfinden, werden wir schon weit weg sein. Ich habe bereits ein weiteres Auto bereitgestellt. Alles wird sehr schnell gehen.«

»Keine Chance. Damit werden Sie nie davonkommen«, entgegnete Bond laut, obwohl er wusste, wie wahrscheinlich es war, dass genau das Gegenteil der Fall sein würde. Er wollte dieses unbekümmerte, dreiste Verhalten vortäuschen, das so oft funktionierte. Doch letztendlich klammerte sich Bond damit an einen Strohhalm. Mosolow hatte einen Fehler gemacht – er glaubte, dass das Telefon des Saabs eine Verbindung der Basiseinheit mit dem Haupttelefonsystem benötigte. Bei dem Anruf würde es sich jedoch um ein Ortsgespräch handeln, und die Elektronik im Auto hatte eine Funktionsreichweite von etwa vierzig Kilometern. Ein Fehler wie dieser war genau das, was Bond brauchte.

»Also«, Kolja hielt die Stetschkin fest in der Hand, »geben Sie mir einfach die Autoschlüssel. Wir werden zusammen gehen. Sie können mir verraten, wie ich an die Basiseinheit gelange.«

Bond tat so, als würde er eine ganze Minute lang nachdenken. Mosolow wiederholte seine Aufforderung.

»Sie haben keine Alternative.«

»Sie haben recht«, sagte Bond schließlich. »Ich habe keine Alternative. Ich reise nicht gerne mit Ihnen nach Moskau, Mosolow, aber ich bin ebenso wie Sie erpicht darauf, von Glöda aus dem Weg zu räumen. An die Basiseinheit zu gelangen, ist nicht ganz einfach. Es gibt diverse Routinen mit den Schlössern des Verstecks, die ich durchlaufen muss, aber Sie können mich die ganze Zeit über mit Ihrer Waffe in Schach halten. Ich bin bereit. Warum erledigen wir das nicht jetzt sofort?«

Kolja nickte, warf einen Blick auf die reglos daliegende Paula und verstaute die Stetschkin dann in seiner Jacke. Er bedeutete Bond, die Auto- und den Zimmerschlüssel hervorzuholen und dann vor ihm herzugehen.

Den ganzen Weg durch den Flur blieb Mosolow gute drei

Schritte hinter Bond. Im Aufzug blieb er in einer Ecke – so weit weg wie möglich. Der Russe war gut ausgebildet, daran bestand kein Zweifel. Wenn Bond auch nur eine falsche Bewegung machte, würde die Stetschkin ihr gedämpftes Ploppen von sich geben und 007 ein klaffendes Loch in den Eingeweiden verpassen. Sie fuhren zum Parkplatz hinunter und gingen auf den Saab zu. Als er noch etwa drei Schritte vom Auto entfernt war, drehte Bond sich um.

»Ich muss die Schlüssel aus meiner Tasche nehmen. Okay?«

Kolja sagte nichts, nickte nur und bewegte die große Pistole unter seiner Jacke, um Bond daran zu erinnern, dass sie da war. Bond nahm die Schlüssel, seine Augen zuckten hektisch umher. Sie waren allein auf dem Parkplatz, weit und breit war keine Menschenseele zu sehen. Eis knirschte unter seinen Füßen, und er spürte den Schweiß, der unter der warmen Kleidung aus seinen Achseln rann. Es war schon vollkommen hell.

Sie erreichten das Auto. Bond schloss die Fahrertür auf und drehte sich dann zu Kolja um. »Ich muss die Zündung anlassen – nicht den Motor, aber die Elektrik muss funktionieren, damit ich das Schloss bedienen kann«, erklärte er.

Wieder nickte Kolja, und Bond lehnte sich über den Fahrersitz, schob den Schlüssel ins Zündschloss und sagte Kolja, er würde sich auf den Fahrersitz setzen müssen, um das Telefonfach öffnen zu können. Kolja nickte erneut. Bond spürte förmlich, wie sich die Mündung der Automatikpistole durch die Jacke des Russen bohrte, und wusste, dass Überraschung und Geschwindigkeit nun seine einzigen Verbündeten waren.

Fast schon beiläufig drückte Bond den eckigen schwarzen Knopf auf dem Armaturenbrett, während er die linke Hand in Position brachte. Ein leises Zischen ertönte, als die Hydraulikvorrichtung das verborgene Fach öffnete. Eine Sekunde später fiel der große Ruger Redhawk in Bonds linke Hand.

Da er dafür ausgebildet worden war, Waffen mit beiden Händen abzufeuern, verlor Bond keine Zeit damit, die Hand zu wechseln. Er drehte sich nur ganz leicht herum, und das Mündungsfeuer der Magnumpatrone verbrannte seine Hose und seine Jacke. Die Waffe hatte kaum das Versteck verlassen, als er abdrückte.

Kolja Mosolow wusste nicht, wie ihm geschah. Im einen Augenblick war er noch bereit, den Abzug der Stetschkin zu betätigen, die unter seiner Jacke verborgen war, und im nächsten erschien ein blendender Blitz, auf den ein kurzer Schmerz und dann Dunkelheit und ewige Vergessenheit folgten.

Die Kugel riss den Russen von den Füßen, erwischte ihn direkt unterhalb der Kehle und trennte ihm fast den Kopf ab. Seine Hacken kratzten über das Eis, als er nach hinten schlitterte, sich herumdrehte, auf dem Boden aufschlug und noch gute anderthalb Meter weiterrutschte.

Doch Bond sah das alles nicht. In dem Moment, in dem er geschossen hatte, hatte er schon mit der rechten Hand die Autotür zugezogen. Er warf den Redhawk zurück in das Fach und drehte den Schlüssel im Zündschloss ganz herum. Der Saab erwachte zum Leben, und Bonds Hand bewegte sich mit ruhiger, professioneller Zuversicht. Er drückte den Knopf, um das Fach mit dem Redhawk zu schließen. Er legte den ersten Gang ein, schnallte sich an, löste die Handbremse und parkte gekonnt aus, während seine Finger die Heißluftkontrollen und die Heckfensterheizung einstellten. Als er sich zurücklehnte, erhaschte Bond einen flüchtigen Blick auf die Überreste des Russen: ein kleiner Haufen auf dem Eis und eine größer werdende rote Pfütze. Er lenkte den Wagen auf die Mannerheimintie und ordnete sich in den spärlichen Verkehr ein, der in Richtung Vantaa-Flughafen fuhr.

Sobald er sich zwischen den anderen Autos befand, griff Bond nach unten und aktivierte das Funktelefon – das sich als Koljas tödlicher Fehler erwiesen hatte. Es handelte sich um ein einfaches Ortsgespräch, für das er keine Basiseinheit brauchte, denn Bond rief den ortsansässigen Agenten an, unter dessen Kontrolle er offiziell arbeitete. Der Anschluss des Manns sollte sich weniger als fünfzehn Kilometer von ihm entfernt befinden.

Bond tippte die Nummer ein und verließ sich dabei eher auf sein Gefühl als auf seine Augen, denn Letztere brauchte er nun anderswo. Im Hörer vernahm er ein Summen, während es am anderen Ende der Leitung zweifellos klingelte. Das Summen ging weiter, ohne dass jemand abnahm. In gewisser Weise war Bond froh darüber. Der ortsansässige Agent befand sich nicht in der Nähe seines Telefons, aber wenigstens hatte Bond die offiziellen Schritte verfolgt.

Er fuhr vorsichtig und achtete auf seine Geschwindigkeit, denn die finnische Polizei war extrem wachsam, wenn es um die Missachtung der zulässigen Höchstgeschwindigkeit ging. Der Uhr auf Bonds Armaturenbrett zufolge, die er auf Helsinki-Zeit umgestellt hatte, war es fünf nach acht. Er würde problemlos um halb neun am Vantaa-Flughafen eintreffen – vermutlich gerade noch rechtzeitig, um von Glöda zu erwischen.

Der Flughafen war so voll wie jeder andere internationale Flughafen, als Bond ihn betrat. Er hatte den Saab an einer leicht zu erreichenden Stelle geparkt und trug nun den klobigen Ruger Redhawk unter seiner Jacke mit sich. Den langen Lauf hatte er in seinen Hosenbund gesteckt und die Waffe dann ein wenig zur Seite gedreht. In der Ausbildung lernte man, dass man es nie so wie in den Filmen machen sollte, in denen die Leute ihre Waffen immer gerade in ihren Hosenbund steckten, sodass der Lauf direkt am Bein lag. Stattdessen sollte man den Lauf immer auf eine Seite drehen. Falls es einen Unfall gab, würde man bei der ersten Methode mit etwas Glück nur einen Teil des Fußes verlieren. Wenn man weniger Glück hatte, verlor man als Mann das, was einer von Bonds Ausbildern immer gern als »Kronjuwelen« bezeichnet hatte – ein Ausdruck, den Bond seltsam vulgär fand. Wenn man die Waffe jedoch am Griff zur Seite drehte, fing man sich nur eine Verbrennung ein, während die unglückliche Person neben einem die Kugel abbekam.

Die große Uhr im Bereich für die internationalen Flüge stand auf zwei Minuten vor halb neun.

Bond bewegte sich sehr schnell, bahnte sich mithilfe seiner Ellbogen einen Weg zum Informationsschalter und fragte nach dem Neun-Uhr-Flug nach Paris. Die junge Frau schaute kaum auf. Die Maschine um neun sei Flug AY 873 über Brüssel. Sie würden ihn erst in fünfzehn Minuten ausrufen, da es eine Verzögerung wegen des Caterings gäbe.

Bond entschied, dass es noch nicht nötig war, von Glöda ausrufen zu lassen. Wenn die Kollegen des Mannes hier waren, um ihn zu verabschieden, hätte er immer noch eine Chance, ihn auf dieser Seite des Flughafengebäudes in die Enge zu treiben. Falls nicht, würde Bond einfach bluffen müssen, um ihn dorthin zu bekommen, wo er ihn haben wollte.

Bond hielt sich so gut versteckt wie möglich und arbeitete sich auf diese Weise an den Kiosken vorbei. Er versuchte, sich in der Nähe des Durchgangs zu positionieren, der sich ganz links von dem Komplex befand, der zur Passkontrolle und den Loungebereichen führte.

Am anderen Ende dieses Teils des Abflugbereichs befand sich vor hohen Fenstern ein Café. Es war durch einen dünnen, mit Plastikblumen bedeckten Gitterzaun vom Hauptkomplex getrennt. Links davon, sehr nah an Bonds aktueller Position, war der Bereich für die Passkontrolle. In jeder der kleinen Kabinen saß ein Beamter.

Bond starrte auf die Gesichter in der Menge und hielt nach von Glöda Ausschau. Abreisende Passagiere bewegten sich unablässig durch die Passkontrolle, während das Café voller Reisender war, von denen die meisten an den niedrigen runden Tischen saßen.

Dann entdeckte Bond vollkommen unerwartet – fast aus dem Augenwinkel – seine Beute: Von Glöda erhob sich von einem der Cafétische.

Der Möchtegernerbe von Adolf Hitlers gefallenem Reich schien in Helsinki genauso gut organisiert zu sein, wie er es im Eispalast gewesen war. Seine Kleidung war makellos, und selbst in dem zivilen grauen Mantel haftete dem Mann etwas Militärisches an – ein gerader Rücken und eine Haltung, die ihn von den gewöhnlichen Leuten abhob. Kein Wunder, dachte Bond sofort, dass Tudeer glaubte, die Welt sei sein Schicksal.

Er war von sechs Männern umgeben, die alle schick gekleidet waren – jeder von ihnen sah wie ein ehemaliger Soldat aus. Söldner vielleicht? Von Glöda sprach leise mit ihnen und unterstrich seine Worte mit schnellen Handbewegungen. Bond brauchte eine Sekunde, um zu erkennen, dass die Bewegungen denen des verstorbenen Adolf Hitler ähnelten.

Das Lautsprechersystem klickte und spielte seinen kleinen Warnhinweis ab. Bond war sich sicher, dass gleich der Flug nach Paris ausgerufen werden würde. Von Glöda legte den Kopf schief, um zu lauschen, doch offenbar hatte er bereits vor dem Ende der Durchsage entschieden, dass es sich um seinen Flug handelte. Feierlich schüttelte er nacheinander die Hände der Männer und schaute sich nach seinem Handgepäck um.

Bond bewegte sich näher an den Gitterzaun heran. In dem Café waren zu viele Leute, daher wäre es zu riskant, von Glöda dort zu erledigen, entschied er. Der beste Ort wäre der Bereich zwischen dem Café und der Passkontrolle.

Bond nutzte weiterhin die Deckung der sich ständig bewegenden Menge und arbeitete sich nach links vor. Von Glöda schien sich umzuschauen, als witterte er eine Gefahr.

Die Durchsagenmelodie verstummte und die Stimme des Sprechers ertönte aus den zahllosen Lautsprechern. Sie war ungewöhnlich laut und deutlich, so sehr, dass es fast schon unerträglich war. Bond spürte, wie sich sein Magen umdrehte.

Er verharrte, behielt den Blick aber auf von Glöda gerichtet, der ebenfalls erstarrte. Sein Gesicht veränderte sich, als die Worte erklangen:

»Würde sich Mr James Bond bitte am Informationsschalter im zweiten Stock einfinden?«

Sie befanden sich im zweiten Stock. Bond schaute sich hektisch um, seine Augen suchten nach dem Informationsschalter. Ihm war klar, dass von Glöda sich ebenfalls umdrehte. Die Stimme wiederholte die Durchsage: »Mr James Bond, bitte kommen Sie zum Informationsschalter.«

Nun drehte sich von Glöda ganz herum. Er und Bond mussten die Gestalt, die am Informationsschalter stand, etwa im selben Moment entdeckt haben – Hans Buchtman, den Bond zuvor als Brad Tirpitz gekannt hatte. Als sich ihre Blicke trafen, bewegte sich Buchtman auf Bond zu. Sein Mund öffnete sich, Worte kamen heraus, verloren sich jedoch im allgemeinen Lärm und Trubel.

Für einen Augenblick starrte von Glöda Buchtman finster und ungläubig an. Dann entdeckte er schließlich Bond.

Die ganze Szene schien für den Bruchteil einer Sekunde zu erstarren. Dann sagte von Glöda etwas zu seinen Begleitern. Sie verteilten sich, während von Glöda nach seinem Handgepäck griff und schnellen Schrittes das Café verließ.

Bond trat aus seiner Deckung, um ihm den Weg abzuschneiden. Ihm war bewusst, dass sich Buchtman einen Weg durch die Menge bahnte. Bonds Hand berührte den Griff des Redhawks, als Buchtmans Worte endlich seine Ohren erreichten: »Nein! Nein, Bond! Nein, wir brauchen ihn lebend!«

Darauf wette ich, dachte Bond, als er den Redhawk zog

und sich weiter von Glöda näherte, der den Bereich vor ihm schnell durchquerte. Nun konnte Bond nichts mehr aufhalten. »Stehen bleiben, Tudeer!«, rief er. »Sie werden diesen Flug nie erwischen! Bleiben Sie stehen!«

Menschen begannen zu schreien, und Bond – der nur noch ein paar Schritte von von Glöda entfernt war – erkannte, dass der Anführer der Nationalsozialistischen Aktionsarmee eine Luger-Pistole in der rechten Hand hielt, die zur Hälfte von dem kleinen Koffer in seiner linken verdeckt wurde.

Bond zerrte noch immer an dem Redhawk, den er einfach nicht aus seinem Hosenbund bekam. Wieder rief er und schaute hinter sich, wo er sah, dass Buchtman auf ihn zugelaufen kam und dabei Leute zur Seite stieß. Inmitten der Panik, die um ihn herum ausbrach, hörte Bond, wie von Glöda hysterisch schrie, als er sich ganz zu Bond herumdrehte.

»Sie haben mich gestern nicht erwischt!«, brüllte von Glöda. »Das ist der Beweis für meine Mission! Der Beweis für mein Schicksal!«

Wie zur Antwort löste sich der Lauf des Redhawks aus dem Hosenbund. Von Glöda hob die Hand und zielte mit der Luger auf Bond, der sich schnell auf ein Knie sinken ließ und den Arm mit dem Redhawk ausstreckte. Von Glödas Hand und die Luger erfüllten Bonds Sichtfeld, als er rief: »Es ist vorbei, von Glöda! Seien Sie kein Idiot!«

Dann blitzte die Mündung der Luger auf, und Bond betätigte zwei Mal den Abzug des Redhawks.

Die Explosionen erfolgten gleichzeitig, und eine große Hand schien Bond zur Seite zu stoßen. Die Kabinen der Passkontrolle drehten sich vor ihm, und er landete ausgestreckt auf dem Boden, während sich von Glöda wand und aufbäumte wie ein verwundeter Hirsch. Noch immer schrie er: »Schicksal … Schicksal … Schicksal …«

Bond konnte nicht verstehen, warum er auf dem Boden lag. Er erhaschte einen vagen Blick auf einen Beamten der Passkontrolle, der hinter seiner Kabine in Deckung ging. Dann zielte er vom Boden aus auf von Glöda, der offenbar erneut seine Luger auf ihn richten wollte. Bond gab einen weiteren Schuss ab, und von Glöda ließ die Luger fallen. Dann trat er einen Schritt zurück und sein Kopf verschwand in einem dichten roten Nebel.

Erst jetzt holten Bond die Schmerzen ein. Er fühlte sich sehr müde. Jemand packte seine Schultern. Es gab eine Menge Lärm. Dann ertönte eine Stimme: »Da war nichts zu machen, Jimmy. Sie haben den Mistkerl erwischt. Jetzt ist alles vorbei. Man hat einen Krankenwagen gerufen. Sie kommen wieder in Ordnung.«

Die Stimme sagte noch mehr, aber das Licht schwand aus Bonds Sichtfeld und jegliche Geräusche verstummten, als hätte jemand absichtlich die Lautstärke heruntergedreht.

21

DAS KANN NICHT DER HIMMEL SEIN

Der Tunnel war sehr lang und weiß. Bond fragte sich, ob er wieder am Polarkreis war. Dann schwebte er. Ihm war abwechselnd warm und kalt … Stimmen … Leise Musik und das Gesicht einer jungen Frau, die sich über ihn beugte und seinen Namen sagte: »Mr Bond …? Mr Bond …?«

Die Stimme schien zu singen, und das Gesicht der Frau war wirklich schön. Sie hatte blondes Haar, und es wirkte, als wäre sie von einem Heiligenschein umgeben. James Bond öffnete die Augen und schaute sie an. Ja, ein blonder Engel mit einem strahlenden weißen Heiligenschein.

»Habe ich es tatsächlich geschafft? Das kann doch nicht sein. Das kann nicht der Himmel sein.«

Die Frau lachte. »Nicht der Himmel, Mr Bond. Sie sind im Krankenhaus.«

»Wo?«

»In Helsinki. Und hier sind einige Leute, die Sie besuchen möchten.«

Plötzlich fühlte er sich sehr müde. »Schicken Sie sie weg«,

murmelte er undeutlich. »Ich bin momentan zu beschäftigt. Im Himmel ist es toll.« Dann zog er sich zurück, verschwand wieder in dem Tunnel, der nun dunkel und warm war.

Er mochte Stunden, Wochen oder Monate geschlafen haben. Es gab keine Anhaltspunkte. Doch als Bond schließlich aufwachte, spürte er nur den Schmerz auf der rechten Seite seines Körpers. Der Engel war verschwunden. An seiner Stelle saß nun eine vertraute Gestalt auf dem Stuhl neben dem Bett.

»Sind Sie wieder bei uns, 007?«, fragte M. »Wie fühlen Sie sich?«

Die Erinnerungen kehrten wie eine Reihe von Ausschnitten aus einem alten Film zurück. Der Polarkreis, Schneemobile, Blue Hare, der Eispalast, Paulas Beobachtungsposten, die Bomben, dann die letzten Stunden in Helsinki.

Bond schluckte. Sein Mund war sehr trocken. »Nicht schlecht, Sir«, krächzte er. Dann erinnerte er sich an Paula, die betäubt auf dem Bett gelegen hatte. »Paula?«

»Es geht ihr gut, 007. Sie ist kerngesund.«

»Gut.« Bond schloss die Augen und rief sich alles ins Gedächtnis, was passiert war. M schwieg. Bond musste zugeben, dass er beeindruckt war. Sein Vorgesetzter verließ die sichere Umgebung des Gebäudes am Regent's Park nur äußerst selten. Irgendwann öffnete Bond erneut die Augen. »Beim nächsten Mal, Sir, vertraue ich darauf, dass Sie mir eine vollständige und ordentliche Unterweisung zukommen lassen.«

M räusperte sich. »Wir hielten es für besser, dass Sie das alles selbst herausfinden, 007. Die Wahrheit ist, dass wir uns bezüglich der Teammitglieder selbst nicht ganz sicher waren.

Die grundlegende Idee war, Sie in den Einsatz zu schicken, damit Sie die Aufmerksamkeit auf sich lenken.«

»Damit scheinen Sie Erfolg gehabt zu haben.«

Der blonde Engel kam herein. Es handelte sich natürlich um eine Krankenschwester. »Sie dürfen ihn nicht zu sehr anstrengen«, tadelte sie M in perfektem Englisch. Dann verschwand sie wieder.

»Sie haben zwei Kugeln abbekommen«, sagte M und wirkte dabei unbesorgt. »Beide im oberen Bereich der Brust. Sie haben keine ernsthaften Schäden davongetragen. In ein oder zwei Wochen werden Sie wieder auf den Beinen sein. Ich werde dafür sorgen, dass Sie danach einen Monat Urlaub bekommen. Tirpitz wollte uns Tudeer bringen, aber Sie hatten in dieser Situation keine Alternative.« M lehnte sich auf für ihn untypische Weise vor und tätschelte väterlich Bonds Hand. »Gut gemacht, 007. Ein gut ausgeführter Auftrag.«

»Nett von Ihnen, Sir. Aber ich dachte, Brad Tirpitz' richtiger Name wäre Hans Buchtman. Er war einer von von Glödas Spießgesellen.«

»Das musste ich Sie glauben lassen, Jimmy.« Zum ersten Mal realisierte Bond, dass Tirpitz ebenfalls im Zimmer war. »Tut mir leid, dass die Sache so enden musste. Alles ging schief. Ich musste bei von Glöda bleiben. Ich schätze, ich habe eine Sekunde zu lang gewartet. Es war reines Glück, dass wir nicht mit dem Rest getötet wurden. Die russische Luftwaffe hat eine ganz schön heftige Nummer abgezogen. Herrgott im Himmel. Das war die schlimmste Situation, in der ich mich je befunden habe.«

»Ich weiß. Ich habe es gesehen«, erwiderte Bond und war

trotz seines Zustands ein wenig wütend auf den Amerikaner. »Aber was sollte diese ganze Buchtman-Sache?«

Tirpitz erging sich in einer ausführlichen Erklärung. Vor etwa einem Jahr habe die CIA ihn angewiesen, Kontakt zu Aarne Tudeer aufzunehmen, den sie verdächtigte, Waffenhandel mit den Russen zu betreiben. »Ich traf ihn in Helsinki«, erklärte Tirpitz. »Ich spreche gut genug Deutsch und hatte mir einen erfundenen Hintergrund für Hans Buchtman ausgedacht. Ich stellte mich ihm als Buchtman vor und deutete an, eine mögliche Waffenquelle zu sein. Außerdem ließ ich ein paar sehr eindeutige Hinweise fallen, dass ich eine große äußerliche Ähnlichkeit mit einem CIA-Agenten namens Brad Tirpitz hätte. Das diente der Absicherung und zahlte sich aus. Ich glaube, ich bin einer der wenigen Menschen, die sich selbst umbringen durften, wenn Sie verstehen, was ich meine.«

Die Schwester kehrte mit einem großen Krug Gerstenwasser zurück und warnte sie, dass sie sich nur noch ein paar Minuten lang unterhalten dürften. Bond fragte, ob er stattdessen einen Martini haben könne. Die Schwester bedachte ihn mit einem formellen Lächeln.

»Gegen die Folter konnte ich nichts ausrichten und ich konnte Sie auch nicht früher rausholen«, fuhr Tirpitz fort. »Ich konnte Sie nicht mal vor Rivke warnen, weil ich nichts wusste. Von Glöda vertraute mir nicht viel an und erzählte mir erst viel zu spät von dem abgekarteten Spiel mit dem Krankenhaus. Und die Informationen meiner eigenen Leute waren gelinde gesagt ziemlich unvollständig.«

Unvollständig trifft es ganz gut, dachte Bond vage. Dann

schlief er ein, und als er ein paar Augenblicke später wieder aufwachte, befand sich nur noch M im Zimmer.

»Wir sammeln immer noch die Überreste ein, 007«, sagte M. »Die NSAA. Ich glaube, wir haben sie endgültig ruiniert.« M klang zufrieden. »Ich kann mir nicht vorstellen, dass jemand das, was jetzt noch übrig ist, noch einmal reaktivieren kann – dank Ihnen, 007. Trotz des Mangels an Informationen.«

»Das gehört alles zum Service«, erwiderte Bond sarkastisch.

Doch die Bemerkung prallte an M ab und beeindruckte ihn nicht weiter.

Nachdem M gegangen war, kehrte die Schwester zurück, um dafür zu sorgen, dass Bond es bequem hatte.

»Sie sind eine Krankenschwester, oder?«, fragte Bond misstrauisch.

»Natürlich. Aber warum fragen Sie, Mr Bond?«

»Ich wollte nur sichergehen.« Bond brachte ein Lächeln zustande. »Wie wäre es heute mit Abendessen?«

»Sie müssen eine strenge Diät einhalten, aber wenn Sie etwas essen möchten, bringe ich Ihnen gerne unsere Menüauswahl …«

»Ich meinte Sie – ein Abendessen mit mir.«

Sie trat einen Schritt vom Bett zurück und schaute ihm direkt in die Augen. Bond fand, dass sie eine klassische Schönheit war und eine Figur hatte, die man heutzutage nicht mehr oft sah. Nur gelegentlich. Wie bei Rivke. Oder bei Paula.

»Ich heiße Ingrid«, erwiderte die Schwester kühl. »Und ich würde liebend gern mit Ihnen zu Abend essen, sobald Sie sich vollständig erholt haben. Und ich meine *vollständig* erholt. Erinnern Sie sich noch, was Sie zu mir gesagt haben, als Sie nach Ihrer Verletzung zum ersten Mal das Bewusstsein wiedererlangten?«

Bond schüttelte seinen Kopf auf dem Kissen.

»Sie sagten: ›Das kann nicht der Himmel sein.‹ Mr Bond – James – vielleicht werde ich Ihnen zeigen, dass es doch der Himmel ist. Aber erst wenn es Ihnen sehr viel besser geht.«

»Was noch eine ganze Weile dauern wird.« Die Stimme kam von der Tür. »Und wenn irgendjemand Mr Bond zeigen wird, wie himmlisch Helsinki sein kann, dann werde ich das sein«, entschied Paula Vacker.

»Ah.« Bond lächelte schwach. Er musste zugeben, dass Paula selbst neben der beeindruckenden Schwester Ingrid das gewisse Extra hatte.

»Allerdings, James. Ich drehe dir nur einmal kurz den Rücken zu, und schon wirst du angeschossen und flirtest mit Krankenschwestern. Dies ist meine Stadt, und solange du hier bist …«

»Aber du hast geschlafen.« Bond schenkte ihr ein müdes Grinsen.

»Ja, aber jetzt bin ich hellwach. Oh James, ich habe mir solche Sorgen gemacht.«

»Um mich solltest du dir nie Sorgen machen.«

»Nein? Nun, ich habe mich um alles gekümmert. Dein Vorgesetzter – er ist übrigens recht niedlich – sagt, dass ich mich ein paar Wochen um dich kümmern kann, sobald du aus dem Krankenhaus entlassen wirst.«

»Niedlich?«, wiederholte Bond ungläubig. Dann lehnte er

den Kopf zurück und schlief wieder ein, während sich Paula über ihn beugte, um ihn zu küssen.

In dieser Nacht schlief James Bond trotz all der Erinnerungen – an die Arktis, die Schrecken und die doppelten und dreifachen Spiele – ohne Träume oder Albträume.

Er wachte kurz auf, als der Morgen dämmerte, döste dann aber wieder ein. Dieses Mal träumte er – wie immer, wenn er zufrieden war – von Royale-les-Eaux. Wie es damals gewesen war.

James Bond kehrt zurück in

JAMES BOND 19: EINE FRAGE DER EHRE

DOCTOR WHO
ROMANE
Ein Abenteuer mit dem Kriegsdoktor!
Das erste Roman-Abenteuer mit dem zwölften Doktor!
DOCTOR WHO: KRIEGS-MASCHINEN
von George Mann
Taschenbuch | 296 Seiten | € 12,80
ISBN: 978-3-86425-292-1
DOCTOR WHO: DIE BLUTZELLE
von James Goss
Taschenbuch | ca. 320 Seiten | € 12,80
ISBN: 978-3-86425-792-6
Mai 2015
DOCTOR WHO: SILHOUETTE
von Justin Richards
Taschenbuch | ca. 320 Seiten | € 12,80
ISBN: 978-3-86425-799-5
August 2015
WWW.CROSS-CULT.DE
cross × cult